古典文獻研究輯刊

二三編

潘美月・杜潔祥 主編

第 9 冊

《群書治要》史部研究
——從貞觀史學的致用精神談起

洪觀智 著

國家圖書館出版品預行編目資料

《群書治要》史部研究——從貞觀史學的致用精神談起／洪觀智
著 — 初版 — 新北市：花木蘭文化出版社，2016〔民 105〕
序 2+ 目 2+186 面；19×26 公分
（古典文獻研究輯刊 二三編；第 9 冊）
ISBN 978-986-404-848-9（精裝）
1. 群書治要 2. 研究考訂
011.08   105015204

ISBN-978-986-404-848-9

9 789864 048489

古典文獻研究輯刊
二三編 第九冊   ISBN：978-986-404-848-9

《群書治要》史部研究——從貞觀史學的致用精神談起

作　　者　洪觀智
主　　編　潘美月　杜潔祥
總 編 輯　杜潔祥
副總編輯　楊嘉樂
編　　輯　許郁翎、王筑　美術編輯　陳逸婷
企劃出版　北京大學文化資源研究中心
出　　版　花木蘭文化出版社
社　　長　高小娟
聯絡地址　235 新北市中和區中安街七二號十三樓
　　　　　電話：02-2923-1455／傳真：02-2923-1452
網　　址　http://www.huamulan.tw 信箱 hml 810518@gmail.com
印　　刷　普羅文化出版廣告事業
初　　版　2016 年 9 月
全書字數　166993 字
定　　價　二三編 21 冊（精裝）新台幣 40,000 元　　　版權所有·請勿翻印

《群書治要》史部研究
——從貞觀史學的致用精神談起

洪觀智　著

作者簡介

洪觀智，國立臺灣大學中國文學系學士、碩士，並獲教育部中等學校教師資格檢定考試通過。曾參加素書樓文教基金會所舉辦的齊魯文化國學夏令營「尋根──儒家文化探源」，到孔子的故鄉，儒家文化發祥地山東曲阜去文化尋根。喜愛中國傳統文化，仰慕古人高風亮節，期能在亂世之中，學習北宋橫渠先生之志：為往聖繼絕學，為萬世開太平。

提　　要

　　「政治」與「歷史」二者密切相關，是貞觀思潮的重要內涵。貞觀史學素有鑒戒史學之稱，好以史為鑒，而目的則指向現實政治之用。此種思維型態，是貞觀君臣論政論學的主軸。編成於貞觀五年的《羣書治要》，正是此思潮之典型呈現。

　　以往學界對《治要》的研究，偏重在輯佚、校勘等文獻學價值的闡發，《治要》流傳中、日之間所涉及的文化交流議題，與《治要》所反映的政治思想等等；本文則試圖從貞觀的重「史」意識切入，指出《治要》的編纂背景、全書宗旨、呈現形式與內在意向，都與此重「史」精神密切相關，為《治要》的解讀提供一種新途徑。

　　《治要》是魏徵等大臣為唐太宗所編纂的一部治道精選集，內容為經、史、子六十餘部典籍的節鈔。此書的編成，背後是貞觀重「史」用「史」的思想主流，其「致用」宗旨十分明確，與類書截然不同。就學術傾向來看，期於為治的終極指向，使此書無愧於帝王學的高標；而書中對經史子諸部典籍的節選，又在在顯露出與「史」相仿的特質，印證了貞觀重「史」的思想特色。

　　從《治要》史部的刪節去取 得以直接觀察《治要》展現的史學精神。比照典籍原本與《治要》的節鈔內容，編者的取捨過程於焉顯露；而取捨過程必然反映出某種價值觀，對此價值觀加以梳理，正能與貞觀史學的特質相互發明。約而言之，編者所重在於具體切近之人事，且力求有用，故多選錄具代表性的「言」與「事」，而不惜犧牲時間軸線的完整性，對史書體例、體裁等形式常規亦不甚措意；取捨之間所蘊藏的「致用」意向，則在教訓、修身勵德、現實施政、增篤情義等面向盡情彰顯。至於《治要》及貞觀「致用」史學的影響與侷限，本文於結論處亦有論及。

序 言

　　與《羣書治要》的相遇，始於碩一修習的「六朝文史資料討論」。當時在課堂上，張蓓蓓老師藉著《羣書治要》的材料，談的是中古子學。後來在「中國經學史」這門課裡，聽何澤恆老師講到貞觀時代的經學是「活經學」，一時間有所啓發。「活經學」三字，隱隱約約喚起某種潛藏在心底的情懷，它並不隸屬於某個特定的人物、時代或學說，而是一種關於中文系的遙遠的想望。在二十一世紀的大環境裡，內聖外王、道德仁義都已漸漸淡出生命的實踐；然而自己身爲中文系的學子，對「古道」多少懷著崇敬與歆慕，依然暗暗想著「立修齊志、讀聖賢書」，暗暗希望自己也能讀古人讀的書、養成同古人那般寬闊高潔的德行與濟世安民的襟懷。貞觀時代的「活經學」令人登時想起《羣書治要》。魏徵剛正不阿、犯顏直諫的風骨，眾所周知；當時只是想，透過《治要》，我也有機會讀他當年讀過的典籍，或許還可以從《治要》的重點節鈔裡，體會他學思歷程的一點片段。

　　後來才發現，這點單純得近乎天眞的想頭，其實是沒辦法拿來作「學術研究」的。說來慚愧，寫作這本論文的過程中，我也並不曾眞正踏實地下一番古人下過的功夫。囿於才智學力，要徹底認識魏徵、虞世南等《治要》編者的廣博學問，對我來說太困難；但面對古人治學的心思、用世的熱忱，我始終懷著眞誠的敬意，這份敬意支持著我，使我終究能夠心平氣和地度過一路上遭遇的困惑與難關。雨霽天青的時刻，回首過往種種，以及那一千三百年前孕育出貞觀盛世的學術豐壤，很慶幸自己有這樣的機會親近古人的心靈、走進古人胸中的世界；從《治要》裡仰望巍峨光燦的盛世風華、剛健正直的賢良風骨、學以致用的淑世懷抱，尊敬之外，唯有謙卑。

在台大中文系的日子，將近八個寒暑。感謝所有師長的教導與栽培，帶領我一步一步進入中華文化莊嚴而豐美的聖殿。尤其要感謝指導教授張蓓蓓老師。記得大三的時候修了張老師的「世說新語」，又旁聽「四史導讀」，當時只覺每一堂課都撼動人心。老師在課堂上談說的種種，使我領會到中國學術特有的氣質，內涵深厚而穩重，穩重當中通貫著一種清晰的學理思維；能夠從精微處析辨，也能夠在大局上圓融，更重要的是，時時回歸到立身精神的提點。在精神光芒的鑑照下，我感受到千年不絕的文化溫度，也彷彿尋得了尚友古人的階梯。寫作論文的過程中，感謝張老師的循循善誘、悉心指導，在困頓時予我鼓勵與安慰，使我從一片茫然懵懂，逐漸學會辨認方向、獨立思考、找到自己的路；感謝何澤恆老師總在關鍵時刻以幽默化解徒然的壓力，讓我在寬闊的天地間懂得調整步伐；感謝同道王詩涵，許多言談間的契心默會，說明著道德實踐之路並不孤獨，我由衷珍惜；最後，感謝口試委員閻鴻中老師、張素卿老師，毫無保留地將許多珍貴的意見教給我，讓我再次領略學術研究的嚴謹與學問之海的浩瀚。

誠如釋家所云，「法不孤起，仗境方生」，這本論文的完成使我明白一切成果俱非偶然，點點滴滴都令人感恩。感恩父母師長，感恩三寶，感恩大眾。

目

次

表目錄

第一章　緒　論

　　《羣書治要》五十卷，書成於貞觀五年（631）。〔註1〕以「治要」爲名，表明此書以探求治國要領爲導向，與現實政治密切相關。就性質而言，《治要》是以匯集理政要道爲宗旨的一種典籍節選本，雖有宗旨，而無類別，內容全是「經、史、百氏」之言的節錄，僅刺取典籍原文，並未附加編者的論述或點評意見。書中引錄典籍至少六十五種（引錄在注文裡的還不算在內）；所節選的人物、事件、言論等內容，集中在「上始五帝，下盡晉年」的時間區段之內。正文編次以經部典籍十二種居先，史部六種次之，子部四十七種居最末。這樣的編次狀態，很能印證唐代成熟的「經、史、子、集」四部分類的觀念。書前有序，爲魏徵所作；序言及各卷卷目之下，均署「秘書監鉅鹿男臣魏徵等奉　敕撰」。《治要》由魏徵領銜主編，無庸置疑；根據歷史記載，除了魏徵之外，虞世南、褚亮、蕭德言等也都參與了《治要》的編修。〔註2〕書成之後，太宗甚爲嘉許，「太子諸王，各賜一本」。〔註3〕

　　《治要》的四位編者，並以學識見重。魏徵、虞世南更是經常與太宗論學論政的當朝重臣，獻可替否，啓沃功深；太宗亦引此二人爲正身標竿，常相左右。史載太宗「臨朝視事，及園苑閒遊賞，皆召魏徵、虞世南侍從，或與謀議政事、講論經典」。〔註4〕而魏徵尤其是太宗登基之後最信重的宰輔大

〔註1〕 〔宋〕王浦：《唐會要》（臺北市：世界書局，1960），卷36，〈修撰〉：「貞觀五年九月二十七日，秘書監魏徵撰《羣書政要》上之。」頁651。

〔註2〕 見《新唐書》卷198〈蕭德言傳〉：「太宗欲知前世得失，詔魏徵、虞世南、褚亮及德言裒次經史百氏帝王所以興衰者上之，帝愛其書博而要，曰：『使我稽古臨事不惑者，公等力也！』賚賜尤渥。」

〔註3〕 見〔唐〕劉肅：《大唐新語》（北京：中華書局，1984），卷9，〈著述〉，頁133。

〔註4〕 見〔唐〕吳兢撰，謝保成集校：《貞觀政要集校》（北京：中華書局，2003），卷

臣，也是鑄成「貞觀之治」的關鍵推手。雖然魏徵曾事建成，太宗卻能既往不咎，胸懷寬大，唯賢是任；而魏徵亦喜逢知己之主，知無不言，盡心竭節，引古論今，犯顏切諫。在魏徵的堅持與懇切勸說之下，以仁義治國的理政方針在太宗心裡確定下來，並身體力行。貞觀之治的昇平氣象，因太宗的「力行不倦」〔註5〕而成就；而太宗的力行不倦，又以魏徵的期勉與勸諫為堅強厚實的支柱。太宗曾盛讚魏徵：「貞觀之後，盡心於我，獻納忠讜，安國利人，成我今日功業，為天下所稱者，惟魏徵而已。」〔註6〕類似的話語，太宗曾說過不下數次。魏徵是貞觀著名的政治家，也是重要的史學家。他曾受詔對貞觀年間所修的《梁》、《陳》、《齊》、《周》、《隋》等五代史「總加撰定」，並作《隋史》序論，與《梁》、《陳》、《齊》各史總論，「時稱良史」。〔註7〕

　　貞觀三年，魏徵以秘書監參預朝政。〔註8〕《治要》一書，正是魏徵在秘書監任上編成，背景則是貞觀初年君臣同心、汲汲求治的朝堂風光。《治要》編纂之時，五代史的修撰工作也正在進行。一邊是回溯古昔、總結歷朝的成敗得失，一邊是指導現世、決策理國的政治施為；二者在貞觀君臣「取鑒致治」〔註9〕的意態裡匯流為一。政治與歷史雙股交融的精神風貌，是貞觀史學的一大核心質素，反映在五代史的修撰裡，體現在君臣的論政對談中，更透過《治要》一書的編纂完美呈現。

　　《治要》雖是傳統經、史、子籍的精節本，全書煥發著貞觀君臣對於美政的理想期望，然而因著某些內在、外在的因素，此書在中國佚散已久。〔註10〕《兩唐志》於《治要》一書尚有著錄，南宋以降即便是秘閣藏本都已不全。〔註11〕然此書東傳日本之後，很受古代皇室看重，幾乎成為歷代天

〔註5〕　見《貞觀政要集校》卷1，頁36。

〔註6〕　見《貞觀政要集校》卷2，頁63。

〔註7〕　見《舊唐書》卷71〈魏徵傳〉。

〔註8〕　《新唐書》卷2〈太宗紀〉：「（貞觀三年）二月戊寅，房玄齡為尚書左僕射，杜如晦為右僕射，尚書右丞魏徵為祕書監，參預朝政。」

〔註9〕　語出盧華語教授〈論魏徵的史學思想〉，文中曾以「取鑒致治的歷史意識」作為魏徵史學思想之一項重要內容。見《西南師範大學學報》，1998年04期。

〔註10〕《治要》在中國散佚的原因，周少文曾舉出三種：此書內容侷限，流傳未廣，安史亂後之戰火及宮殿祝融等。詳見周少文：《〈羣書治要〉研究》，第四章第一節「貳、《羣書治要》的中日流傳」，頁62～64。

〔註11〕《舊唐書·經籍志》子部雜家類：「《羣書理要》五十卷。魏徵撰。」《新唐書·經籍志》子部雜家類：「魏徵《羣書治要》五十卷。」並錄有劉伯莊《羣書治

皇必讀之書，也得到相對完整的保存。〔註12〕據《日藏漢籍善本書目》，日藏《治要》今可見四種版本，分別爲：1. 日本平安時代（794～1185）寫本，共十三卷（殘本）。2. 日本鎌倉時代（1192～1330）寫本，即金澤文庫本，共四十七卷（殘本）。3. 日本後水尾天皇元和二年（1616）銅活字本，即江戶初期「駿河版」。4. 「天明版」，亦即「尾張本」，此爲後桃園天皇天明元年（1781）尾張家大納言宗睦，據駿河版與金澤文庫本相對校刊，再版梓行，歷五年而成書。〔註13〕至於《治要》回傳中國之因緣，嚴紹璗先生云：「光格天皇寬政八年（1796）尾張藩主家有感於《群書治要》在中國國內已經失傳，便以印成的『天明版』五部送達長崎職役近藤重藏，托其轉送中華。近藤氏以一部存長崎聖堂（孔廟），一部存放諏訪神社，另外三部托唐商館轉交中國國內。」〔註14〕嘉慶七年（1802）編刻的《知不足齋叢書》收錄《群書治要》五十卷，即爲尾張藩刊本；〔註15〕阮元亦將天明本《群書治要》編入《宛委別藏》；而後《連筠簃叢書》、《粵雅堂叢書（三編）》等又自《宛委別藏》輯入《群書治要》。〔註16〕《治要》的回傳，引起清代學界的關注，

要音》五卷。《宋史・藝文志》子家類雜事類著錄「《羣書治要》十卷」，注云「秘閣所錄」，未標明作者。《玉海》卷 54 引《中興書目》云：「《羣書治要》十卷，秘閣所錄唐人墨迹，乾道七年寫副本藏之。起第十一、止二十卷，餘不存。」乾道爲南宋孝宗年號，則《宋志》此條著錄蓋以《中興書目》爲依據。詳見陳樂素《宋史藝文志考證》。相關討論參金光一《〈群書治要〉研究》第三章第一節，周少文《〈羣書治要〉研究》第四章。

〔註12〕《治要》一書在日本受重視的情形，嚴紹璗先生有説：「此書（指《治要》）在古代日本爲歷代天皇必讀之書。仁明天皇承和五年（838），天皇命直道廣公於朝廷清涼殿開設《群書治要》的講筵。其後，醍醐天皇昌壽元年（898），天皇命紀長谷雄於朝廷再開《群書治要》的講筵。9 世紀藤原佐世調查朝廷各官廳以及宮内漢籍收藏，編撰爲《本朝見在書目錄》，在『雜家第卅』中著錄『《群書治要》五十卷，魏徵撰』。確證此書當時在日本中樞流傳。」見氏著：《日本藏漢籍珍本追踪紀實：嚴紹璗海外訪書志》（上海：上海古籍出版社，2005），頁 176。

〔註13〕參見嚴紹璗編著：《日藏漢籍善本書錄》（北京：中華書局，2007），子部雜家類，頁 1113～1114。又金光一《〈群書治要〉研究》第三章、第四章，周少文《〈羣書治要〉研究》第四章第二節，俱有論及。

〔註14〕同注 12，頁 177～178。

〔註15〕鮑廷博《知不足齋叢書》第二十一輯〈孝經鄭注序〉云：「考《群書治要》，凡五十卷，唐魏鄭公撰，其書久佚，僅見日本天明七年刻本。」

〔註16〕同注 14。除《連筠簃叢書》本、《粵雅堂叢書（三編）》本外，《四部叢刊》本《治要》亦以天明刊本爲底本。本文所依據的《治要》版本，爲民國二十五年《四部叢刊》縮印本，內頁有「上海商務印書館縮印日本尾張藩刻本」字樣。

也爲清代的學術成果帶來不小的貢獻。

這樣一部亡佚多時又復出的典籍，最初在中國是以文獻學的價值受到學者青睞的。阮元《四庫未收書目提要》介紹《羣書治要》時，除了概括其「專主治要」的宗旨，與「關乎政術、存乎勸戒」的內容之外，更提出以下兩點：

> 所采各書，並屬初唐善策，與近刊多有不同。如《晉書》二卷，尚爲未修《晉書》以前十八家中之舊本。又桓譚《新論》、崔寔《政論》、仲長統《昌言》、袁準《正書》、蔣濟《萬機論》、桓範《政要論》，近多不傳，亦藉此以存其梗概。洵初唐古籍也。〔註17〕

一方面爲現存古籍提供了版本校勘的參照，另一方面則爲失傳古籍保存了珍貴的輯佚資源。阮元的說法頗具代表性。事實上不只是阮元，清代還有不少學者都肯定《治要》這兩方面的價值。〔註18〕而清代學者在古籍整理上所以能得到亮眼成績，相當程度上還得歸功於《治要》。這同樣表現在兩個方面，一方面是作爲學術研究基礎的文字校勘，〔註19〕一方面則是輯佚。〔註20〕嚴可均所輯中古子書之所以較其他輯本更爲優勝，運用《治要》便是很重要的一項因素。馬國翰不用《治要》，故大不如。〔註21〕

這條從校勘、輯佚等文獻學角度切入的研究路向，從清代中晚期一直到民國，幾乎是《治要》研究的主流。〔註22〕時至二十世紀後期，這股風潮依

〔註17〕 〔清〕阮元撰，鄧經元點校：《揅經室集》（北京：中華書局，1993），〈揅經室外集〉卷二，頁1216，〈羣書治要五十卷提要〉。

〔註18〕 在清代多位學者爲《治要》所撰的介紹中，都可以看出這兩方面的論述。詳參王維佳《〈群書治要〉的回傳與嚴可均的輯佚成就》（復旦大學碩士論文，2013年），頁7。

〔註19〕 在著作中引用《羣書治要》進行考證的情況，在清代中期以後相當普遍：王維佳《〈群書治要〉的回傳與嚴可均的輯佚成就》之「附錄二」——「部分著作引用《群書治要》概況」曾做過相當詳細的考察。對《治要》引用尤多者，如王念孫《讀書雜志》、汪繼培《潛夫論箋》、孫詒讓《墨子閒詁》、王先謙《荀子集解》、《漢書補注》、王先慎《韓非子集解》等。

〔註20〕 除嚴可均外，錢熙祚《慎子》、錢培名輯《徐氏中論》、汪繼培輯《尸子》、錢保塘輯《傅子》，也都運用了《治要》的材料。參王維佳《〈群書治要〉的回傳與嚴可均的輯佚成就》，頁9，注51。

〔註21〕 張蓓蓓老師〈略論中古子籍的整理——從嚴可均的工作談起〉一文，論之甚詳。見《漢學研究》32卷第1期，頁39～72。王維佳《〈群書治要〉的回傳與嚴可均的輯佚成就》亦有論。

〔註22〕 周少文《〈羣書治要〉研究》第五章第二節，即從校勘、輯佚兩個部份，將「《羣書治要》的文獻利用」作一番探討。王維佳《〈群書治要〉的回傳與嚴可均的輯佚成就》亦有詳細的考察，清代的部分見「附錄二」，民國的部分見頁2，注11。

然不退，甚至隨著新文獻的問世與文獻比較的興起，而有更加隆盛的趨勢。
〔註 23〕學者們把探索的觸角伸得更遠，直接考察珍藏於日本的《治要》古寫本（亦即金澤本），雖則同樣是以文字校勘爲研究課題，跨海資源的獲得卻是現今獨享的優勢。〔註 24〕

　　近來中日學術交流日漸發達，日本學者對《治要》的研究成果也廣爲中國學者知悉。《治要》之東渡日本、在日本流傳的情況、與回傳中國的過程，牽涉到中、日兩國在文化上長期的往來互動。倘從文化交流史的角度切入，便映照出《治要》的另一重意義。〔註 25〕這是《治要》研究的另一新熱點。

　　《治要》的價值，在古籍文獻的輯佚校勘、中日文化交流的兩大脈絡下，已能煥發相當的光彩。然而，在這兩重脈絡中，《治要》仍只是一種材料或憑藉，貢獻於其他專業領域的深入及延展；而《治要》本身，則似乎並不構成研究焦點。《治要》的編纂特點，《治要》反映的思想特質，以及《治要》背後廣闊的貞觀時代背景等等，均未獲得學者足夠的關注。

　　近幾年來，《治要》頗受大陸官方的重視。他們有意向傳統文化取經，使《治要》這部貞觀時代的「治國寶典」，在千餘年後的今日重現其指導治國的實用價值。由此遂開闢出一條新興的研究途徑。〔註 26〕有探討《治要》之當

〔註 23〕鍾焓：〈《黃石公三略》西夏譯本注釋來源初探——以與《群書治要》本注釋的比較爲中心〉，《寧夏社會科學》，2007 年 05 期。林溢欣：〈從《群書治要》看唐初《孫子》版本系統——兼論《孫子》流傳、篇目次序等問題〉，《古籍整理研究學刊》，2011 年 03 期。劉佩德：〈《群書治要》、《說郛》所收《鶡子》合校〉，《管子學刊》，2014 年 04 期。

〔註 24〕吳金華：〈略談日本古寫本《群書治要》的文獻學價值〉，《文獻季刊》，2003 年 7 月第 3 期。吳氏所謂「古寫本」，亦即金澤文庫本，爲十三世紀鎌倉幕府時代的手寫本，據學者研究，此本淵源於唐高宗時代的寫本，擁有很高的文獻價值。在研究上的具體運用則如沈芸博士《古寫本〈群書治要·後漢書〉異文研究》（復旦大學博士論文，2010 年）。金光一博士也指出，清代學者的輯佚工作固然得力於《治要》，但彼時所據之尾張本仍有訛誤存焉；故金氏論文中，便根據《治要》金澤本，就《治要》所錄之佚存典籍，重新進行文本校勘，見第五章《群書治要》所存佚書略考。此外尚有林溢欣：〈從日本藏卷子本《群書治要》看《三國志》校勘及其版本問題〉，《中國文化研究所學報》53 期，2011，頁 193～216。

〔註 25〕呂效祖《群書治要》及中日文化交流》曾有簡述，《渭南師專學報》，1998 年第 6 期，頁 22～25。關於此議題的全面探討，見金光一博士《〈群書治要〉研究》，金氏詳細梳理了《治要》在中國的散佚、傳入日本、回傳中國的過程，以及《治要》在日本文化史上的地位，見第三章、第四章。

〔註 26〕周勵曾簡述《治要》近年地位提升的經過：「……2011 年 10 月 28 日，《群

代意義者，好比韓麗華〈聖賢教育拯救危機——《群書治要》的聖賢教育思想與民族復興中國夢〉，〔註27〕韓星〈《群書治要》的治道思想及其當代意義〉。〔註28〕有從《治要》中抽出某一政治要領，作主題式聚焦歸納者，如胡曉利〈試論《群書治要》中官吏清廉的生成機制〉，〔註29〕劉余莉、劉紅利〈民貴君輕　富而後教——《群書治要》民本思想研究〉，〔註30〕劉余莉、谷文國〈《群書治要》論用人大忌〉等等。〔註31〕此類研究的重點顯然在現實政治的應用，帶有某種前瞻性，學者目光所向，在於二十一世紀的今日、甚或未來。既然帶有政治實用的前提，則《治要》本身的思想價值與學術定位，包含其編纂背景、形式內容、精神意態等等，仍非他們的研究焦點所在。

　　另有少數學者則試圖對《治要》做一種全方位的統合研究。臺灣方面，有周少文《〈羣書治要〉研究》；〔註32〕大陸方面，有金光一《〈群書治要〉研究》。〔註33〕兩部學位論文都全面論及《治要》的編纂背景、編纂宗旨、編撰者的學思經歷，《治要》的屬性與體例，《治要》在中、日兩國的流傳往返情形，《治要》的文獻價值等等。金光一博士更深入考究《治要》對日本

書治要》與中國古代治國思想座談會在中央黨校召開，引起中國高層和學界的重視，被中央黨校定為學員必讀教材，有學問大德稱其為『中國傳統文化復興的瑰寶』。」文見〈千古奇書《群書治要》涅槃重生〉，《西部大開發》，2012 年 07 期。而大陸國家社會科學基金之下，也隨之出現「《群書治要》政治倫理思想研究」一項目，因而產出不少《治要》相關研究，此段所提及的部分篇章，即是此項目之下的階段性研究成果。除了國家級的研究計畫之外，《治要》的相關研究也出現在各省市的計畫之中，如「《群書治要》的聖賢教育思想研究」即屬「泰安市哲學社會科學規劃項目」之一。

〔註27〕 《江南大學學報》，2014 年 04 期。
〔註28〕 《觀察與思考》，2014 年 11 期。
〔註29〕 《吉林師範大學學報》，2013 年 9 月第 5 期。
〔註30〕 《中共貴州省委黨校學報》，2013 年 05 期。
〔註31〕 《中共貴州省委黨校學報》，2014 年 03 期。此類文章近日來在大陸急遽增多，相似的例子還包括：劉余莉、劉紅利：〈《群書治要》論奢靡之害〉，《中共中央黨校學報》，2014 年 02 期。劉廣普、康維波：〈《群書治要》中的用人思想初探〉，《山東農業大學學報》，2014 年 04 期；〈《群書治要》的治政理念研究〉，《理論觀察》，2014 年 11 期；〈《群書治要》的農業思想研究〉，《理論觀察》，2014 年 12 期。劉余莉、谷文國：〈《群書治要》的得人之道〉，《理論探索》，2014 年 04 期。余洪波、劉余莉：〈《群書治要》中的觀人之法〉，《領導科學》，2014 年 06 期。韓麗華：〈《群書治要》修身治國、為政以德的德治思想探析〉，《太原理工大學學報》，2014 年 04 期。
〔註32〕 國立台北大學古典文獻學研究所碩士論文，2007 年。
〔註33〕 復旦大學博士論文中國語言文學系博士論文，2010 年。

的影響，並運用《治要》古寫本（金澤本）對校勘輯佚工作進行補充；此作應屬目前所見《治要》研究中最為完整的成果。另外一本以《治要》為研考對象的學位論文，為吳剛《從〈群書治要〉看貞觀君臣的治國理念》。〔註34〕此文則專注一趣，直接就《治要》原文分析，並對照兩《唐書》、《通鑑》等史料，歸納出貞觀時代重要的政治思想，比較能觸及《治要》的思想內容本身。

以上簡略地概括了過去兩世紀學界對《治要》的研究情形。由於《治要》久佚，約十九世紀初才回傳中國，相較於其他唐代文獻，《治要》在中國學界尚屬新興的研究議題，雖也在某幾個面向累積了一些研究成果，仍有不少可再深入探討的空間。尤其是《治要》本身所蘊藏的豐富訊息，大有進一步發掘探索的價值：

首先，對於《治要》經部與《治要》子部，或多或少已有學者進行過考察，而《治要》史部則似乎還未出現專門的討論。〔註35〕

其次，關於《治要》的編纂背景及宗旨，周少文與金光一雖曾有專章討論，不少地方仍未深入究竟，仍可商榷或再加補充。

其三，《治要》以典籍節鈔為編纂形式，此形式並不只是外部呈現的樣貌那樣簡單，當中大有玄機，不可等閒視之。節鈔的過程必然經過取捨，而取捨的動作則牽涉到編者內心的價值判斷。過去已有學者注意到《治要》、《通典》等書對《管子》的「輯錄」各不相同，足以「顯示出不同的思想取向」，〔註36〕此意極富啟發性；若能循此意對《治要》全書加以爬梳分析，應能把《治要》的旨趣理解得更深刻。〔註37〕

《治要》一書，因著貞觀初年的風雲際會而編成，為了君臣共期的治國

〔註34〕陝西師範大學碩士論文，2009 年。

〔註35〕談論《治要》經部者，如宋維哲：〈《群書治要》引經述略〉，《有鳳初鳴年刊》2 期，2006，頁 147〜160。談論《治要》子部者，如潘銘基：〈「昭德塞違，勸善懲惡」——論《群書治要》所引先秦諸子與治國之道〉，《諸子學刊》，2014 年 02 期。以《治要》史部為對象的研究，目前僅見日石濱純太郎有〈群書治要の史類〉一文，收錄於《東洋學叢編》第一冊。然此文旨在討論《治要》史部的文獻價值，至於編選內容的用意與整體精神，則似未論及。

〔註36〕耿振東：〈淺談《群書治要》、《通典》、《意林》對《管子》的輯錄〉，《湖南學院學報》，2009 年 03 期。

〔註37〕金光一《〈群書治要〉研究》第二章，將《治要》「節鈔文獻的底本」與「節鈔篇章」條列甚詳；對於《治要》之節鈔背後所反映的精神意態等等，則發揮較少。

大業而展開。它的出現，說到底，即是供「一時」之用，為求治心切的太宗貢獻一部理政之暇得以尋閱搜檢的肘後方。這樣的「一時」之用，是太宗所望於《治要》的、也是魏徵等大臣所奉獻於《治要》的價值。《治要》的失傳，恰恰證明了它的「一時」性，它的效用，要在特定的時空環境之下才能啟動，要在貞觀君臣心照不宣的默契之中才能明白。錯過了貞觀時代，《治要》便只是一種唐代「文獻」而已，而唐太宗和魏徵又沒有留下什麼評點意見，後人視之，除了輯佚校勘方面勉強還有一點可利用性，簡直是食之無味，棄之可惜。

認清《治要》的「一時」性，反而更能證明《治要》的地位。「一時」性，代表著《治要》所體現的思維模式、所重視的精神價值，都是貞觀時代的特殊產物，也只有在貞觀時代能夠被充分地理解和運用。換言之，要進入貞觀君臣的精神世界，《治要》便成了最可貴的第一手資料之一。它雖然不像虞世南《帝王略論》，有「論」附於事「略」之後，以對問的形式直接表現出撰者的思想；也不像唐太宗的《帝範》，綱舉目張地明示十二項為君治國的重點條目；但它作為典籍「精選」，在取捨刪節的過程中，同樣也灌注著編纂者的思想，且應該包含著比發為言論的思想更深層的主觀意識。

有鑑於此，本文嘗試從貫徹貞觀精神的重「史」意識切入，為《治要》的解讀提供一種新的途徑。

在貞觀君臣眼中，「政治」和「歷史」兩者之間是緊密相關的，這一點可以從他們的政治思想得到證明，也可以從他們的史學思想得到證明。瞿林東先生已指出，為君的唐太宗，對「政治跟史學之間的關係」擁有「較深刻的認識和較多的言論」，〔註38〕為臣的魏徵亦然。是以魏徵的史論不僅有史學價值，也具「政治意義」；魏徵的政論也不只是政事言論，更有深厚的「歷史底蘊」。〔註39〕這樣的特殊關懷，在政治上造就了貞觀之治的盛世光輝，在史學上則形成別具一格的「鑒戒史學」，後者尤其開風氣之先，成為後來《資治通鑑》的先導。〔註40〕牛致功先生把鑒戒史學的特質講得很直接：

〔註38〕 見瞿林東：《唐代史學論稿》（北京：北京師範大學出版社，1989），頁20。

〔註39〕 瞿林東先生分別寫作兩篇文章討論魏徵「史論」和「政論」之間密不可分的關係：〈評《隋書》史論〉，原載《歷史研究》1979年第8期，收錄於《唐代史學論稿》頁173～188；〈魏徵政論的歷史底蘊〉，《北京師範大學學報》，2012年第5期，頁85～93。

〔註40〕 牛致功先生曾說：「由於統治者的親身感受，直接從政治上總結歷史的經驗和

　　他們（唐太宗與魏徵）這種政治觀點與史學思想的完全一致，正是

　　鑒戒史學的鮮明特點。〔註41〕

《治要》一書，正是在政治與史學的交會點上編就的成品。因此，在解讀《治要》時，不僅可以從政治的角度，反覆歸納貞觀君臣的治國理念；亦可從史學的角度，回頭剖析貞觀史學的精神內涵。

　　如果廣義地來看所謂貞觀史學，一方面固然包含前朝正史、國朝史的修撰等史籍著作；另一方面，貞觀時代的人物對於「史」的認知、評價、思維或運用，以及因「史」而生發的情意態度等等，雖然不屬於學術上嚴格意義的史學，卻眞實的反映出貞觀時代對於「史」的總體關懷，也應當能夠納入貞觀史學的範疇一併討論。作爲精華節鈔本，《治要》的纂集與學術意義上的史學著作顯然不在同一層次，《治要》編者很可能也不會把此書視作什麼史學作品；但《治要》的成書是貞觀初年的一個眞實現象，現象的出現必然有原因，而對原因的探索與詮釋則可以有不同的途徑。貞觀史學是本文嘗試採行的一種途徑，可以說是解讀《治要》的一種角度；至於《治要》本身的質性與史學有多大的關聯，就得另行探討了。由於《治要》中展現史學精神之處，當以史部最爲直接，是以本文將以史部作爲討論重心。

　　至於研究方法，一方面是參照《貞觀政要》等反映貞觀時代思潮的重要資料、與前人的相關研究，對貞觀的史學環境作一整理釐清；另一方面則是深入文理，細讀《治要》，將《治要》的節鈔內容與原典相互對照，便能看出取捨的跡象；再將這些跡象加以歸納，可以得出幾項共通的特質。把這些特質放回貞觀史學的背景，可以發現它們幾乎都能相互扣合，總不離經世「致用」的整體精神與主觀意向。而在同條共貫的大原則之外，《治要》史部還在取捨細節上透露出某些價值取向；把握這些細節並予以深究，則能回過頭來對貞觀史學的精神內涵加以開顯或補充。

　　是故本文的寫作進路，第一步先回顧《治要》成書的時代背景，並釐清《治要》的編纂目的與性質歸屬。其次，《治要》的輯錄來源雖有經、史、子之別，全書五十卷的內裡精神，卻是一以貫之；編者基於同樣的一套理路，

　　教訓是由來已久了。然而，通過撰寫史書，間接爲統治者總結經驗教訓，從中尋找借鑑，則是從唐初開始的。如果把這稱爲鑒戒史學，那麼，魏徵總負責的《五代史》就是鑒戒史學的開端。」見氏著：《唐代的史學與〈通鑑〉》（西安：陝西師範大學出版社，1989），頁5。

〔註41〕同上注，頁6。

在經史百氏之言裡蒐羅，映現出同樣的一套核心價值。也就是說，第二步的工作應是理清《治要》自身的宗旨與性質。這兩項工作，都是解讀《治要》的基礎，更是分析《治要》史部的基礎。然後正式進入《治要》史部的研究，擬循著由表入裡的途徑，先觀察外顯的現象，再尋思內在的精神。故第四章將討論《治要》史部的形式內容，觀察《治要》編者如何面對史書體例、史書體裁等重要議題，在文本節鈔上又表現出什麼樣的選錄意趣。第五章則嘗試進入編者的內心世界，體察編者在現實致用的導向之下，透過史部典籍的節鈔，為「致用」開顯出哪些重要面向。從形式到精神，內外二者相互映發、相互彰顯，或可具體而微地勾畫出《治要》的性格；而貞觀史學的風貌，也將在《治要》沙汰典籍所留存的精華裡，得到更具體的展示。

第二章　貞觀初年史學興起的環境

　　貞觀時代在中國史學史上有其重要地位，具體成果主要展現爲兩個方面：一是前朝正史的修撰，一是當代國史的修撰。〔註1〕貞觀年間的史學成就，得自官方的主導與大力支持，反映出背後相對成熟的史學環境。事實上，除了具體可見的修撰成果之外，所謂史學成就也應當涵蓋思想的範疇，濃厚的歷史意識爲貞觀君臣提供莫大的滋養與啓發，遍及政治、學術諸層面，促使「貞觀之治」開花結果。此是《羣書治要》的成書背景，在進入《治要》之前，有必要略作分析。

第一節　貞觀君臣的歷史意識

　　一切外顯的行爲結果，無不從內裡的心思意向發動。貞觀年間亮眼的史學成就，若追溯其根本原因，亦可推源至一種內在精神，一種對成敗得失的敏感、畏懼、迫切關懷與積極追索。這樣的精神普遍存在於貞觀君臣的心裡，使得他們對過往種種，也就是廣義的「歷史」，產生濃厚的興趣與強烈的學習動機。此種心理是貞觀時代的一大特色，不唯助成貞觀之治，亦是貞觀年間史學發展的動力來源，姑名之曰「歷史意識」。

　　《貞觀政要·論愼終》篇載：

〔註1〕紀傳體正史的廿四史序列中，《梁書》、《陳書》、《北齊書》、《周書》、《隋書》及《晉書》、《南史》、《北史》等八部，都是此一時期的產物。而史館的設立，負責起居注、實錄至國史等當代史的修撰，亦形成制度。於前朝、於當朝，此兩方面的史學內容，皆前有所承，至唐而融匯確立，且大抵成爲此下各朝承襲沿用的修史制度。

> 貞觀九年，太宗謂公卿曰：「朕端拱無爲，四夷咸服，豈朕一人之所致，實賴諸公之力耳！當思善始令終，永固鴻業，子子孫孫，遞相輔翼。使豐功厚利施於來葉，令數百年後讀我國史，鴻勳茂業粲然可觀，豈惟稱隆周、盛漢及建武、永平故事而已哉？」〔註2〕

太宗這番與公卿群臣共勉的言談，無非是期望豐功偉業能傳千秋萬世，並提出穩固基業的方法，在於所謂「當思善始令終」，求治的意旨甚爲顯明；不過，在政治層面的勉勵之中，還隱藏著一個微妙的心理，這個心理尤其反映在「令數百年後讀我國史」以下一段。此段之意，固然是求治願望的承襲，但仔細觀察，在「治」的希求之外，還包含著一種歷史定位的希求，否則何必要耿耿於「隆周」、「盛漢」與「建武、永平故事」？這個現象，反映出太宗對歷史的重視，也反映出太宗對於歷史記載、與歷史評價的力量，有著清楚的認知，是以論治之時，不免要將政治成就的最終價值，置於歷史的脈絡裡衡量。簡言之，即是反映出太宗的「歷史意識」。雷家驥《中古史學觀念史》論及「太宗強烈的歷史意識」，即引用此節文字以爲證明，並加以闡發：

> 他意欲透過讀書以吸取爲君治國之經驗，使自己能入史不朽，獲得卓越崇高的歷史地位。不但如此，尚欲推己及人，激勉群臣以團體意義，俾共同達到此境界目的。由襃存先世功業以至於己，由己推及於人，實爲一以貫之、發展延緜的同一歷史精神，斷非桓溫「既不足留芳後世，不足復遺臭萬載邪」，與夫高齊硬欲具載一家「父子霸王功業」之觀念意識可比。〔註3〕

〔註2〕〔唐〕吳兢撰，謝保成集校：《貞觀政要集校》（北京：中華書局，2003），卷10，頁533。《政要》於太宗語後尚載房玄齡語：

玄齡進曰：「臣觀近古撥亂之主皆年逾四十，惟漢光武年三十三。豈如陛下年十八便事經綸，遂平天下，二十九昇爲天子，此則武勝古也。少從戎旅，不暇讀書，貞觀已來，手不釋卷，知風化之本，見理政之源。行之數年，天下大治，此又文過古也。昔周、秦以降，戎狄內侵，今戎狄稽顙，皆爲臣吏，此又懷遠勝古也。已有此功業，何得不善始慎終耶？」

案，此段稱許太宗功業「武勝古」、「文過古」、「懷遠勝古」之文字，究爲太宗之自詡抑或房玄齡之歌頌，各版本之間有所出入。謝保成從上下文氣判斷，以爲「太宗既對公卿表示『豈朕一人之所致，實賴諸公之力耳』，何以又要炫耀自己『武勝古』、『文過古』、『懷遠勝古』？」又據前一年（即貞觀八年）太宗因「天見彗星」之異象而自省，明確指出：「自謂古來英雄撥亂之主無見及者，頗有自矜之意，此吾之過也。上天見變，良爲是乎？」（見同書，頁524）認爲太宗不應再次自我炫耀，而主張此語出自房玄齡。（謝保成之推論，見頁535）

〔註3〕雷家驥：《中古史學觀念史》（臺北市：臺灣學生，1990），頁610。

此說對太宗歷史意識的詮釋，大致包含三個重點：一是從歷史吸取治國經驗，二是期望自己能憑著治國成功而在歷史上躋升崇高地位，三是將此歷史意識推及群臣，作為團體激勵的動力來源。據此說以觀之，太宗的歷史意識是含有政治實用性的，也就是所謂吸取經驗，以治國為目的；但太宗的目的實則不只在治國而已，他要憑藉著「治國」，確保自己「入史不朽」。如此一來，吸取經驗云云便也是太宗求取歷史地位的手段或工具了。貞觀之治後來的確成了歷史上「不朽」的盛世，某種意義上，證明了太宗的「歷史意識」與貞觀政治的成就，有著密不可分的關係；而貞觀時代的「歷史意識」，遂因此而更加令人玩味。

　　雷先生鄭重指出「太宗強烈的歷史意識」，為貞觀精神的內在理路作了清楚的指點。然而循此方向繼續推究，不免會產生這樣的疑問：如此強烈的求名意識，是否是太宗歷史意識的全部內容？在前引一段太宗的談話裡，求取「歷史地位」的意識十分明確，而這的確也是解讀太宗歷史意識的重要線索，因為它反映了太宗對於歷史的認知與歷史價值的認定，已從政治層面過渡至歷史層面。但話說回來，此言畢竟出於貞觀九年，距離武德末、貞觀初已經有些遙遠；若說在這十年的歲月裡，太宗對於歷史之功用與價值的體認發生過轉變，這樣的推測應該不至於全無道理。從邏輯上推想，意識思想的發展過程，多是由近及遠，亦即在上述政治、歷史二層面的涵義中，應是政治層面的當身實用價值發生在先，而後才逐漸衍生出歷史層面的價值，追尋橫亙時空的不朽榮名；換言之，就太宗而言，名留青史的渴望，也應該有一漸進發展的過程，至少在貞觀前期後期之間，應存在程度強弱上的差別。那麼實際上是否也是如此呢？太宗在回憶自身經歷時，曾有「少從戎旅，不暇讀書」〔註4〕的感嘆，所謂「不暇讀書」是和「貞觀以來，手不釋卷」相對而言的。史載太宗即位後經常與諸臣「講論前言往行」，〔註5〕「共觀經史」，〔註6〕憑此即可想見「手不釋卷」的具體圖像。關於貞觀君臣論學的內容，後文將有進一步的探討，此處所要指出的是，太宗「少從戎旅，不暇讀書」的感嘆，反映出他親身體認到的一種重要轉折，「讀書」一事的開始對他來說有著關鍵意義；對照當時歷史，秦王府文學館、弘文館的設立，館中學士的選任，太

〔註4〕 見《貞觀政要集校》卷10，頁533。同注2。
〔註5〕 《通鑑》卷192，頁6023。
〔註6〕 《舊唐書》卷76〈虞世南傳〉。

宗在館中的活動及與諸學士的互動言談，在在映現出「手不釋卷」的跡象。他們談論的重點議題，不出治國安民的政治方略，然而他們並非憑空造論，而是以典籍爲資藉，即所謂「共觀經史」。歷史在這樣的狀態之下，進入太宗的認知領域，並在君臣之間的言談交流中，得到極有效率的吸收消化。或許可以這麼說，太宗對歷史知識的求取、乃至對歷史價值的體認，是在秦王府文學館、乃至弘文館中與臣僚讀書論學，逐步建立起來的，在此之前可謂甚曉兵戎而不知文治；而就在論學論政的過程裡，太宗的「歷史意識」也在無形之中獲得啓發與深化。在此意義之下，我們或許可以這麼說，貞觀前期的「歷史意識」，是君臣雙方共持共享的；而備受太宗倚重信任者，如魏徵、虞世南等輩，對太宗的影響想必更爲直接也更爲深刻。

　　釐清貞觀君臣歷史意識的發展過程，區別前期、後期之間可能存在的差異，對於《羣書治要》的解讀應是一項重要工作。太宗的歷史意識，不能簡單地以貞觀九年談話所標顯的「求名」意識一體涵括；在「求名」之前，貞觀君臣曾經共同渴想著「求治」，安邦定國的懸念與「歷史意識」交相激盪，形成一種極富現實性與使命感的色調，將歷史、現實兩邊雙雙貫穿。《治要》成書於貞觀五年，從書名不難看出其目的性十分明確。表面上，此目的性直接指向治國平天下的政治意圖，然而若再進一步追究此目的應如何達成並維持的問題，則貞觀時代確乎有其專屬的性格。這種獨特性，即源自於貞觀君臣所共有的心思底蘊：歷史意識。

　　論者多以「鑑戒史學」概括貞觀時代的史學精神。此意已被反覆陳述，但「鑑戒」二字的確是致使太宗積極讀書論學、「手不釋卷」的初衷，也是諸臣向太宗進言時最有力的警語。事實上，警惕之效之所以能成功達致，實有賴太宗自發的戒懼意識，唯此戒懼出自帝王之衷心，方能與臣下之言一拍即合。《通鑑》簡記太宗君臣的一段對話，頗具代表性：

> 上謂侍臣曰：「人言天子至尊，無所畏憚。朕則不然，上畏皇天之監臨，下憚羣臣之瞻仰，兢兢業業，猶恐不合天意，未副人望。」魏徵曰：「此誠致治之要，願陛下慎終如始，則善矣。」〔註7〕

此事發生於貞觀二年，太宗即位未久，即出此言，足見其求治之心之切。魏徵以「致治之要」肯定太宗的體認，並以「慎終如始」期勉太宗莫忘「初衷」，此正是君臣之間高度的共識與契合之處。上畏皇天、下懼羣臣，這樣的戒懼

〔註7〕　《資治通鑑》（臺北市：榮文出版社，1980），卷192，頁6048。

意識，正是太宗初踐祚時自我約束、節制的內在動因。太宗每能秉此意以自居，故能鼓勵進諫、嘉納諫言。政治上安邦定國的渴求促使太宗極力追尋、體察、落實致治之道，與大臣共相研討，而形成一幅聖君賢相共求治國的美景與良性循環。換言之，貞觀初年「制君」的力量誠以君王自身的戒懼意識最為關鍵。

　　戒懼意識來自興衰成敗的觀察，與趨吉避凶的內在動力，而自古至今的一切人事成敗都可以是觀察的對象與研討的題材。近在眼前的教訓，最具切身的震撼力，直接引發強烈的警惕之情。太宗曾說：

> 朕見隋煬帝纂業之初，天下隆盛。棄德窮兵，以取顛覆。頡利近者足為強大，志意既盈，禍亂斯及，喪其大業，為臣於朕。葉護可汗亦大強盛，自恃富貴，通使求婚，失道怙過，以致破滅。其子既立，便肆猜忌，眾叛親離，覆基絕嗣。朕不能遠慕堯、舜、禹、湯之德，目睹此輩何得不誡懼乎？〔註8〕

不能遠慕堯舜云云，自然是太宗的謙詞了；不過假使連誡懼都做不到，還能奢望什麼堯舜禹湯呢？對失道覆亡的警懼之情，幾乎是貞觀初年太宗看待一切事物的基本態度。因畏懼而警戒、惕厲，自我約束，一連串的反應作為，是以感性的衝擊——亦即對敗亡的畏懼——為起始基礎，這樣的畏懼之情發自內在，非由外力強加，故能形成一種自制的力量。畏懼的情感強度越強，自制的力度與自省的誠意便越高。除了眼前實事，「歷史」總集過往事跡，自然也是取鑑興亡成敗的寶庫。在戒懼意識充塞其心的前提下，太宗君臣勤於「講論前言往行」，從歷史中挖掘寶藏，孜孜不倦、樂此不疲，其真心渴求的神態，不難理解。若說歷史是貞觀君臣的共同興趣，那麼他們的興趣並不在客觀的歷史事件本身，而在歷史所能提供的成敗得失的教訓；若對歷史的重視也是歷史意識的表現，那麼貞觀君臣的歷史意識，便以戒懼意識作為最初的原型與與最深層的基底。

　　貞觀君臣的歷史意識，發自感性，而歸向知性，以畏懼之情為充滿動能的起點，朝向成敗得失之「所以然」積極探尋，因此格外關注得自歷史的「鑑戒」「教訓」。太宗對「學問」的由衷渴求與重視，便是從「教訓」的價值切入並與之接軌的。《貞觀政要》載：

> 貞觀二年，太宗謂房玄齡曰：「為人大須學問。朕往為羣凶未定，東

西征討，躬親戎事，不暇讀書。比來四海安靜，身處殿堂，不能自執書卷，使人讀而聽之。君臣父子，政教之道，並在書內。古人云：『不學，墻面，蒞事惟煩。』不徒言也。却思少小時行事，大覺非也。」〔註9〕

太宗曾不只一次地真心表露對「學問」的珍視，好比貞觀六年的詔書裡便曾說：

夫不學，則不明古道，而能政致太平者未之有也！〔註10〕

太宗如此看重學問，完全是基於求治的心理，他所體會到的學問的價值高度，在於所謂「君臣父子，政教之道」，與實際政治息息相關；對太宗而言，「學」為「政致太平」提供了正確可行的方針，有了學問——「古道」——的憑藉基礎，「政致太平」的理想便有了保障。如此看來，「學問」與「教訓」，同為治國之道的可貴參照，實為一體兩面。太宗對學問的重視，正是隨戒懼意識而來的進一步發展，因戒懼而發掘問題，憑學問以解決問題。

但討論至此，仍有兩個問題有待釐清：一、太宗所謂「學問」、「古道」，所指的內容究竟為何？二、所謂「學問」、「古道」，在以「政致太平」的實現為目的的前提下，是以什麼樣的面目呈現？如何發揮作用？能夠保持多少原汁原味？這兩個問題，都與《羣書治要》甚有關係，要回答以上兩個問題，還須先從貞觀君臣所關注的議題焦點著手。

關於第一個問題，史載武德四年，以功高封為天策上將的秦王李世民，以海內漸平，「乃銳意經籍，開文學館以待四方之士」，〔註11〕杜如晦等十八人並以本官兼文學館學士，「分為三番，更日直宿，供給珍膳，恩禮甚厚。世民朝謁公事之暇，輒至館中，引諸學士討論文籍，或至夜分乃寢。」〔註12〕武德九年，太宗即帝位，將建成僚屬之賢者如魏徵、王珪引為諫議大夫，〔註13〕又旋即「於弘文殿聚四部書二十餘萬卷，置弘文館於殿側，精選天下文學之士

〔註9〕《貞觀政要集校》卷6，頁349。
〔註10〕《貞觀政要集校》卷4，頁200。
〔註11〕《舊唐書》卷2〈太宗本紀〉，頁28。
〔註12〕《通鑑》卷189，頁5932。「十八學士」者：王府屬杜如晦、記室房玄齡、虞世南、文學褚亮、姚思廉、主簿李玄道、參軍蔡允恭、薛元敬、顏相時、諮議典籤蘇勗、天策府從事中郎于志寧、軍諮祭酒蘇世長、記室薛收、倉曹李守素、國子助教陸德明、孔穎達、信都蓋文達、宋州總管府戶曹許敬宗。
〔註13〕見《通鑑》卷191，頁6014。太宗召王珪為諫議大夫時，將魏徵引為詹事主簿，同年又「遣諫議大夫魏徵宣慰山東，聽以便宜從事」（頁6017）。

虞世南、褚亮、姚思廉、歐陽詢、蔡允恭、蕭德言等，以本官兼學士，令更日宿直，聽朝之隙，引入內殿，講論前言往行，商榷政事，或至夜分乃罷。」〔註14〕胡三省云：「唐太宗以武定禍亂，出入行間，與之俱者，皆西北驍武之士。至天下既定，精選弘文館學生，日夕與之議論商榷者，皆東南儒生也。然則欲守成者，捨儒何以哉！」〔註15〕太宗曾言「戡亂以武，守成以文，文武之用，各隨其時」，〔註16〕自知重視文教。貞觀二年，太宗曾信誓旦旦地宣示為政以「堯舜之道、周孔之教」為依歸，這番宣示，大概可以作為上述第一個問題的初步回應，見《貞觀政要》所載太宗的一番高論：

> 古人云：「君猶器也，人猶水也，方圓在於器，不在於水。」故堯、舜率天下以仁，而人從之；桀、紂率天下以暴，而人從之。下之所行，皆從上之所好。至如梁武帝父子，志尚浮華，惟好釋氏、老氏之教，武帝末年，頻幸同泰寺，親講佛經，百寮皆大冠高履，乘車扈從，終日談說苦空，未嘗以軍國典章為意。及侯景率兵向闕，尚書郎已下，多不解乘馬，狼狽步走，死者相繼於道路，武帝及簡文卒被侯景幽逼而死。孝元帝在江陵，為萬紐于謹所圍，帝猶講《老子》不輟，百寮皆戎服以聽，俄而城陷，君臣俱被囚繫。庾信亦嘆其如此，及作〈哀江南賦〉，乃云：「宰衡以干戈為兒戲，縉紳以清談為廟略。」此事亦足為鑒戒。朕今所好者，惟在堯、舜之道，周、孔之教，以為如鳥有翼，如魚依水，失之必死，不可暫無耳。〔註17〕

由此看來，太宗以堯舜周孔為依歸的立場頗為堅定。但這樣的堅定，似乎不是根基於對儒道本身的信任與深刻領會，而是來自外顯而迫切的覆滅威脅。梁代崇佛老而亡，鐵證如山，因此太宗決定唯取儒家而排除釋、道二教。不難看出，此一抉擇是戒懼意識衡量的結果，而這種推論模式，幾乎要成了只計結果而不計內容、以成敗論英雄的功利思維。據《貞觀政要》〈崇儒學〉的記載，太宗唯好堯舜周孔，並非虛言，畢竟貞觀一朝曾經認真地推行許多振興儒學的措施。但話又說回來，如果太宗始終都只是停留在以成敗論英雄的浮面框架，如何能對「堯舜之道、周孔之教」懷抱如此堅固的信念與好感，落實得如此真誠？可想而知，除了太宗本身的戒懼意識之外，要深入體會堯

〔註14〕《通鑑》卷192，頁6023。
〔註15〕同上注。
〔註16〕《通鑑》卷192，頁6030。
〔註17〕《貞觀政要集校》卷6，頁330～331。

舜周孔的精義,當另有高人指點。

所謂高人,自然不離太宗日夕與之相處、講論、共商國政的大臣。從文學館到弘文館,太宗對學問的興趣,早在即位前便已萌發,然觀其日後回顧之詞,卻往往將自己論學的起始點定於貞觀,不知是否另有深意?如貞觀十年太宗即言:

> 朕是達官子弟,少不學問,唯好弓馬。至於起義,即有大功。既封為王,偏蒙寵愛。理道政術,都不留心,亦非所解。及為太子,初入東宮,思安天下,欲克己為理。唯魏徵與王珪導我以禮義,弘我以政道。我勉強從之,大覺其利益,力行不息,以致今日安寧,並是魏徵等之力。〔註18〕

此言乃是為斥責告訐魏徵之權貴而發,故極力稱美魏徵、王珪,若說只是當時情境下的應對,也不無可能。但太宗即位之後,魏徵扮演的角色確實不容小覷。史載太宗即位後,「厲精求治,數引魏徵入臥內,訪以得失;徵知無不言,上皆欣然嘉納。」〔註19〕貞觀四年,太宗君臣談論自古理政得失,魏徵與封德彝因理念不同而展開一場精彩的論辯,數年後,太宗對貞觀初年意見紛陳的局面總結道:「貞觀初,人皆異論,云當今必不可行帝道、王道,惟魏徵勸我。既從其言,不過數載,遂得華夏安寧,遠戎賓服。」〔註20〕此意與上引貞觀十年所言正相呼應,魏徵對仁義道德的堅持,對太宗應有深遠的影響。也可說魏徵於貞觀治世功不可沒。太宗將魏徵譬美為琢玉之「良工」,〔註21〕甚見其對魏徵的尊敬之意,並非虛譽。論者曾析說貞觀之治中的儒家思想成份甚多,〔註22〕由太宗之自白與魏徵等左右大臣的立場看來,儒家之教在貞觀時代是有一定地位的。

太宗欲遵「堯舜之道、周孔之教」的宣示,為「學問」、「古道」的具體內容提供初步說明與暫時解答。但由此便引發第二個問題,也就是太宗心中的堯舜之道、周孔之教,是純粹繼承抑或已經重塑?此「古道」當中保留了

〔註18〕《貞觀政要集校》卷6,頁346。
〔註19〕《通鑑》卷192,頁6026。
〔註20〕《貞觀政要集校》卷1,頁36～37。
〔註21〕同上注。太宗顧謂徵曰:「玉雖有美質,在於石間,不值良工琢磨,與瓦礫不別。若遇良工,即為萬代之寶。朕雖無美質,為公所切磋,勞公約朕以仁義,弘朕以道德,使朕功業至此,公亦足為良工爾。」
〔註22〕如羅彤華:《貞觀之治與儒家思想》(臺北市:國立臺灣師範大學歷史研究所,1984)。

多少堯舜周孔的原型？這個問題某種程度上已牽涉到思想史的問題，也並非只發生在貞觀時代。唐以前眾多學者對儒家典籍進行詮釋，雖然在學術分類上俱屬儒家，但或多或少都開闢出富有特色的詮釋途徑，而與先秦儒家有所歧異。貞觀時代向來不受思想史研究的關注，這個問題的提出只是嘗試為貞觀學術與貞觀政治層疊交融的現象，提供一個切入點；透過這個問題，將有助於回頭檢視第一個問題，即對「學問」、「古道」的內容特性作更清楚地界定，從中歸納出貫通貞觀學術與貞觀政治的核心質素。

其實，即便在形式上依歸堯舜周孔，在太宗成敗論英雄的鑒戒式抉擇中，其關懷的重心實已昭然若揭。當成敗得失成了衡量學說價值的標準，在求取現實效益的有色眼鏡下，去彼取此，標舉某學說的價值而加以施行，以如此雜入目的性的考量來解讀「古道」，偏離本質的可能性自不難想見。前引《通鑑》所載貞觀二年太宗「上畏皇天、下懼群臣」兢兢業業之自表，在《貞觀政要》裡有更詳細的記錄，從中可見太宗所思與所學之間的對應關係：

> 貞觀二年，太宗謂侍臣曰：「人言作天子則得自尊崇，無所畏懼，朕則以為正合自守謙恭，常懷畏懼。昔舜誡禹曰：『汝惟不矜，天下莫與汝爭能；汝惟不伐，天下莫與汝爭功。』又《易》曰：『人道惡盈而好謙。』凡為天子，若惟自尊崇，不守謙恭者，在身儻有不是之事，誰肯犯顏諫奏？朕每思出一言，行一事，必上畏皇天，下懼群臣。天高聽卑，何得不畏？群公卿士，皆見瞻仰，何得不懼？以此思之，但知常謙常懼，猶恐不稱天心及百姓意也。」魏徵曰：「古人云：『靡不有初，鮮克有終。』願陛下守此常謙常懼之道，日慎一日，則宗社永固，無傾覆矣。堯、舜所以太平，實用此法。」〔註23〕

在此，太宗對君主心態的體認，除了《通鑑》點出的「常懷畏懼」之外，亦包含「自守謙恭」。關於謙德，太宗引用《虞書·大禹謨》與《易·謙卦》象辭，正合乎堯舜周孔的「古道」脈絡。但值得注意的是太宗本身對謙德之不可或缺的體會：「凡為天子，若惟自尊崇，不守謙恭者，在身儻有不是之事，誰肯犯顏諫奏？」顯然，此言並未對不矜不伐之妙用或人道惡盈好謙作進一步的闡述；在太宗看來，人君之所以必須謙恭，主要在於使臣下敢於犯顏進諫。從謙德引出諫言的價值，真可謂太宗獨到的見解，至於其所引用的古聖之言，乍看之下反倒直似附會了。格言式的經典引用，是士人論學論政的常

〔註23〕《貞觀政要集校》卷6，頁323。

見模式；太宗與諸學士「講論前言往行，商榷政事」，言談之間陶染薰習，偶出經典名句，不足爲奇。此處語脈不接的現象，一方面固然顯示出太宗運用經典語言的主觀性，但另一方面，不也正是貞觀一朝目的性論學的例證？魏徵對太宗體認的「常謙常懼之道」十分肯定，引《詩·大雅·蕩》篇之名言期勉太宗持之以恆，更總結云：「堯、舜所以太平，實用此法。」其高唱堯舜周孔之道的立場，亦始終如一。

太宗習焉不察，魏徵也不以爲意，可以推知「謙」、「懼」連成一氣，從而高舉「諫」的價值，或爲貞觀君臣普遍而一貫的思考脈絡。孔穎達爲太宗解說《論語》之例亦可爲證。貞觀三年，孔穎達爲太宗解說《論語》「以能問於不能，以多問於寡，有若無，實若虛」一則，最後總結道：「帝王之德，亦當如此。……若其位居尊極，炫耀聰明，以才陵人，飾非拒諫，則上下情隔，君臣道乖。自古滅亡，莫不由此也。」太宗則以《易·謙卦·九三》之爻辭作爲呼應，曰：「《易》云：『勞謙，君子有終，吉。』誠如卿所說。」〔註24〕再次印證了「謙」、「懼」、「諫」一貫的思考模式。貞觀君臣論學，蓋以此爲核心精神，至使貞觀之治因群臣之敢諫與君王之納諫傳爲美談。太宗極度重視諫言，甚至建立了諫官入閣議政的制度，「諫」字獲得前所未有的崇高地位，充分反映出貞觀時代的特出精神。〔註25〕雖則如此，在「謙」、「懼」、「諫」三者之中，「懼」實爲底蘊，且看太宗如何自勉納諫、勉人進諫：

> 太宗威容嚴肅，百僚進見者，皆失其舉措。太宗知其若此，每見人奏事，必假借顏色，冀聞諫諍，知政教得失。貞觀初，嘗謂公卿曰：「人欲自照，必須明鏡；主欲知過，必藉忠臣。主若自賢，臣不匡正，欲不危敗，豈可得乎？故君失其國，臣亦不能獨全其家。至如隋煬帝暴虐，臣下鉗口，卒令不聞其過，遂至滅亡。虞世基等，尋亦誅死。前事不遠，公等每看事有不利於人，必須極言規諫。」〔註26〕

基於畏懼危敗而重視諫言，太宗的心跡顯露無遺。「主欲知過，必藉忠臣」的結論，正是以「主若自賢，臣不匡正，欲不危敗，豈可得乎」的教訓爲前提。

〔註24〕《貞觀政要集校》卷6，頁324。
〔註25〕貞觀元年己亥制：「中書、門下及三品以上入閣議事，皆命諫官隨之，有失輒諫。」見《通鑑》卷192，頁6031。
〔註26〕《貞觀政要集校》卷2，頁83。《通鑑》將此事係於貞觀元年。

有趣的是太宗以「君失其國，臣亦不能獨全其家」爲由，鼓勵臣下進言，實是戒懼意識的延伸擴展、如法炮製。

　　至此，稍可整理出一個大致脈絡。至少在貞觀初年，太宗君臣論學論政的態度十分積極，基本上也都依傍儒家經典，不過他們關注的焦點，圍繞在成敗興亡的故事與教訓。「謙」、「懼」、「諫」的重點總結，雖然不能等同堯舜周孔之道的全貌，卻也不離堯舜周孔的基底；而「謙」、「懼」、「諫」的一貫思維，則反映出貞觀君臣切近現實的關懷重心。他們論學的居心，終究以論政爲依歸；他們並不像某些學問家那樣一廂情願地醉心於古道而與現世脫離，相反地，他們因著安邦定國的熱忱抱負、與施政理民的迫切需求，回過頭來向古道尋覓某種指引。這樣的出發點畢竟是很切近現實的，由此出發，對古道加以探求，理想、現實二邊必然是如影隨形、不相捨離。堯舜周孔象徵著上古政治的崇高理想，而「前言往行」的記載則揭示了許多政治場域的現實考驗。他們一面仰望堯舜周孔的政治典範，一面又頻頻顧盼歷史長途裡的交替出沒的繁華與荒榛。論政固然需懷抱理想，卻不能僅僅依傍於理想；真實世界裡充斥著成敗得失，數不勝數的棘手課題，在在考驗著決策者的政治智慧。正因從現實出發，他們即便高崇儒家，實際表現卻並非像胡三省所說「欲守成者，捨儒何以哉」那樣決絕、專一、不容混雜；從現實層面看，成敗興亡的歷史足跡，以及前人對政治得失的談論，無一不是可貴的經驗參照。在「求治」的希冀之下，他們自有理想與嚮往，卻不曾拘謹地嚴守家派界限，反而積極兼採各家之長，共成治國之用。雷家驥先生曾總結道：

> 後世但重太宗之儒家思想以致貞觀之治。其實太宗有強烈的儒家思想，誠然；但貞觀君臣的統治學術，蓋得力於史者多，得力於經較少，至於魏晉以降顯學之文、玄、佛諸學，則更無論矣，……貞觀之治的指導學術，殆爲史、儒並導（依文、史、玄、儒四顯學分），而其治術則尤來自歷史研究也。〔註27〕

「史、儒並導」之說，把貞觀「統治學術」的內涵剖析得相當切合實際。儒家的仁義治國與歷史的鑒戒教訓，是貞觀君臣論政、施政的雙翼，相輔相成，相得益彰。

〔註27〕雷家驥：《中古史學觀念史》，頁618。

第二節　貞觀年間的修史與用史

　　貞觀君臣濃厚的歷史意識，具體開展爲修前代史與修國史之一系列活動，於史學史上早負盛名，也受到較多討論與關注。但貞觀年間的史學活動，並不僅止於修史而已。謝保成《隋唐五代史學》將唐初史學活動歸結爲三類：「官修前代史，覽得失、爲龜鑒；設館纂集實錄、國史，使『盛業宏勛』，『長懸楷則』；整理古籍，求『治要』，作『爲治之具』，是唐初同時並舉、相互關聯的三項史學活動，對唐代乃至後世的史學發展，都產生著巨大的影響。」〔註28〕謝氏將古籍的整理與運用納入唐初史學的範疇，爲貞觀史學的內容提供修史之外的思考方向。其分類方式，是根據具體的編修成果而提出。若結合具體成果與內在精神，則或許可將謝氏所言概略分爲「修史」、「用史」兩種脈絡：表面上，前者是新史籍的製造，後者是舊典籍的運用；而在目的上，兩者則有交集共通之處。以「修史」、「用史」的簡易分類，檢視貞觀初年的史學環境，也有助於釐清《治要》產生的背景，及《治要》所屬的性質。〔註29〕

　　「修史」脈絡，在貞觀初年，主要呈現爲五代史的修撰（武德五年召修六代史，因故未成；貞觀三年復敕修撰，貞觀十年修成奏上）；以及起居注、實錄、國史等當代史修撰的制度化。爲前朝修正史之議，於武德四年由令狐德棻首倡，〔註30〕雷家驥先生曾析論其中蘊涵的四種觀念意識：「第一，『正史』及爲前朝修『正史』的觀念。第二，『史文絕續在己』，須及時修撰的使命意識。第三，欲藉此確立周、隋、唐國家承傳之正統觀念。第四，爲先世存『功業』的觀念，有爲唐室開國建立光明面的政治意向。」〔註31〕此論甚詳。然若與武德五年高祖〈命蕭瑀等修六代史詔〉相對照，則可發現：唐初

〔註28〕謝保成：《隋唐五代史學》（廈門市：廈門大學出版社，1995），頁112。

〔註29〕謝氏將《羣書治要》的編纂歸入古籍整理一類，與《隋書・經籍志》並列爲魏徵主持古籍整理的成績，並指出大型類書與古籍整理工作關係密切，如高祖時修成《藝文類聚》一百卷、太宗時修成《文思博要》一千二百卷等。《治要》在文獻學上已有公認的價值，但若僅以古籍整理爲《治要》定位，或未能涵蓋《治要》其他面向的意義，下節將繼續討論。

〔註30〕《舊唐書・令狐德棻傳》載德棻嘗從容言於高祖曰：「竊見近代已來，多無正史，梁、陳及齊，猶有文籍。至周、隋遭大業離亂，多有遺闕。當今耳目猶接，尚有可憑，如更數十年後，恐事跡湮沒。陛下既受禪於隋，復承周氏歷數，國家二祖功業，並在周時。如文史不存，何以貽鑑今古？如陳愚見，並請修之。」見《舊唐書》卷73，頁2597。

〔註31〕雷家驥：《中古史學觀念史》，頁594。

在發起為前朝修史的時候，容或已有如此複雜的觀念意識，尤其是為勝朝修全史以宣示正統的觀念，自南北朝以降大抵已形成；然而就唐高祖的詔書來看，不大能解讀出如此複雜多面的概念倡導，其主要基調仍是大一統的寬闊視野，兼容南北政權「自命正朔」，同時也承認各政權之「發跡開基，受終告代，嘉謀善政，名臣奇士，立言著績，無乏於時」，因而深悼其湮沒，「餘烈遺風，倏焉將墜」，〔註32〕故欲修史以存之。

回頭檢視高祖對史學價值的認識，結合一統天下的政治背景，則此詔字裡行間顯示的積極意義蓋非虛言，仍見〈命蕭瑀等修六代史詔〉：

> 司典序言，史官記事，考論得失，究盡變通，所以裁成義類，懲惡勸善，多識前古，貽鑑將來。〔註33〕

在高祖眼中，史學的價值一方面是從綿歷歲時的人事當中尋求通貫之理則，所謂「考論得失，究盡變通」、「裁成義類」；一方面則發生在「懲惡勸善」的鑑戒作用。不難看出，高祖所認識的史學價值偏重在人事方面，「究天人之際」的史學傳統似乎有意無意被高祖略過，天道的討論與追索隱而不顯。高祖的詔書道出唐代史學偏重人事的特質。貞觀三年，太宗重拾武德年間「不能就而罷」的修史工作，復敕修撰，料想應是延續高祖之詔的基本方向，至少在偏重人事的傾向上是如此的；這樣的傾向自然能使史學發生懲勸、鑑戒的積極意義。不過，如果我們仔細觀察高祖的陳述，他只寬泛地點出「多識前古，貽鑑將來」，「裁成義類，懲惡勸善」，像是對史官記史作一種總體印象的概括，為「修史」工作安上積極意義，但也僅此而已。至於這樣的意義是否應該在帝王身上積極發揮，從高祖詔書中實在看不出明確的意識與表態。

待修史工作轉至太宗之手，意態卻大有不同。貞觀三年復修之詔雖不可得而見，貞觀十年五代史修成之嘉勉卻十足反映出太宗的心思，《貞觀政要》載：

> 尚書左僕射房玄齡、侍中魏徵、散騎常侍姚思廉、太子右庶子李百藥、孔穎達、中書侍郎岑文本、禮部侍郎令狐德棻、舍人許敬宗等，以貞觀十年撰成周、齊、梁、陳、隋等《五代史》奏上。太宗勞之曰：「良史善惡必書，足為懲勸。秦始皇奢侈無度，志在隱惡，焚書坑儒，用箝談者之口。隋煬帝志在隱惡，雖曰好學，招集天下學

〔註32〕以上文字出於〈命蕭瑀等修六代史詔〉，同注27。
〔註33〕同上注。

士，全不禮待，竟不能修得歷代一史。數百年事，殆將泯絕。朕今
欲見近代人主善惡，以爲身誡，故令公等修之，遂能成五代之史。
深副朕懷，極可嘉尚。」於是進級班賜，各有差降。〔註34〕

這裡，太宗將懲勸的積極意義進一步與自身緊密相連，甚至作爲修史的主要
目的，「欲見近代人主善惡，以爲身誡，故令公等修之」，儼然將前朝史濃縮
爲帝王史，而成爲太宗自身專屬的教材。必須說明的是，此爲太宗的主觀意
見，並不能包羅修撰五代史背後所有的觀念意識，但太宗畢竟是貞觀一朝的
領航者，其主觀意見甚有主導力量。貞觀三年復修五代史，修史班底調動重
組，但主要人員大抵仍是武德年間的人選，〔註35〕由令狐德棻「總知類會梁、
陳、齊、隋諸史」，並由魏徵與房玄齡「總監諸代史」。〔註36〕總知類會的工
作，除了體例的統合之外，或許也包含書法上的考量，亦即唐代官方對於前
朝諸事有必要採取統一的解釋立場，〔註37〕凡此種種都屬於「修史」的具體
細節。此一「修史」脈絡對應的是自司馬遷《史記》以降，史書之形式與內
容的各種相關問題，這些問題自然牽涉到許多觀念意識，如上文引雷氏對令
狐德棻議修六代史的分析；但這些觀念意識並不能直接滿足太宗「朕今欲見
近代人主善惡，以爲身誡」的期望與需求；此時總監諸代史的工作便格外引
人注目，尤其是當中的關鍵人物：魏徵。《舊唐書·魏徵傳》云：

〔註34〕《貞觀政要集校》卷7，頁389。
〔註35〕唐高祖〈命蕭瑀等修六代史詔〉中，指定各史的修撰人員，與貞觀年間實際
負責之各史修撰人員，表列對照如下：

	武德年間	貞觀年間
魏史	蕭瑀、王敬業、殷聞禮	無。（眾議以魏史既有魏收、魏澹二家，已爲詳備，遂不復修。）
周史	陳叔達、令狐德棻、庾儉	令狐德棻、岑文本、崔仁師
隋史	封德彝、顏師古	魏徵、顏師古、孔穎達、許敬宗
梁史	崔善爲、孔紹安、蕭德言	姚思廉
齊史	裴矩、祖孝孫、魏徵	李百藥
陳史	竇璉、歐陽詢、姚思廉	姚思廉

岳純之指出經太宗重組的修史班底，能「充分發揮修撰人員的學術專長」，見
《唐代官方史學研究》（天津：天津人民出版社，2003），頁53。
〔註36〕《舊唐書》卷73〈令狐德棻傳〉，頁2596。
〔註37〕雷家驥先生論之甚詳，見《中古史學觀念史》第十一章「一、官方爲前朝修
正史的觀念意識」。

　　初，有詔遣令狐德棻、岑文本撰《周史》，孔穎達、許敬宗撰《隋史》，
　　姚思廉撰《梁》、《陳史》，李百藥撰《齊史》。徵受詔總加撰定，多
　　所損益，務存簡正。《隋史》序論，皆徵所作，《梁》、《陳》、《齊》
　　各爲總論，時稱良史。〔註38〕

魏徵「總監諸代史」的工作內容，由此可見。除了在史書文字上的「總加撰
定」之外，新撰《隋史》序論與《梁》、《陳》、《齊》各史之總論，無疑是魏
徵最大的貢獻。在史書之中，「論」擁有最爲寬廣的自由發揮空間，也最能
直接表現史家對史事的評論意見；而魏徵所負責的總論，其意義應當與一般
史論有別，否則無法說明何以《梁》、《陳》、《齊》各史在「史臣曰」之外還
須另有一「史臣侍中鄭國公魏徵曰」的「總論」。魏徵之「論」的特殊意義，
可從太宗對五代史修撰的主觀期待中找到線索。形式上，能爲太宗明白指出
「近代人主善惡」的鑒戒價值與教訓意涵者，實以「論」的部份最容易達成；
而在內容上，魏徵的史論，著意於分析成敗得失的原因，帶有一種強烈的現
實感，雖未明言，一種指向當局政治應用的潛在理念，卻瀰漫於字裡行間，
而這正是太宗最重視、最需要的有用意見。特重史論，反映出太宗在歷史範
疇裡自有其認定與偏好的價值；而選擇魏徵專門負責《隋史》序論與《梁》、
《陳》、《齊》各史總論的撰寫，則似乎反映出在太宗的主觀期待當中，自太
史公以來源遠流長的「修史」脈絡尚不能令人滿足，還須再轉進一層新的價
值。這一層價值，正如魏徵在史論中所顯示的，是將歷史連結至當身現世，
期使懲勸鑑戒的積極效用，在現實政治領域裡眞實發生。這是傳統「修史」
脈絡所不能涵蓋的。令狐德棻與岑文本共撰《周史》，而「其史論多出於文
本」，〔註39〕或許也是出於相似的考量。這一層價值，姑且名之爲「用史」。

　　「用史」作爲一種精神趨向，著重將歷史的教訓施用於當今，正與上節
所述之鑒戒意識同一脈絡。學者以「鑒戒史學」描述貞觀史學精神的特質，
應該也是基於這個現象的觀察所作的總結與定位。以此精神爲基礎，可以作
多方面的開展運用，至少可歸結爲三類：一是修史並發爲史論，如上述魏徵
之所爲；二是將史事及史事的討論編爲教材，提供上位者參考；三是君臣引
史事作爲政事討論之參照。以下將就第二類、第三類作進一步的說明。

　　第二類可略稱爲編撰歷史教材，以虞世南所撰《帝王略論》與魏徵所編

〔註38〕　《舊唐書》卷71〈魏徵傳〉，頁2550。
〔註39〕　《舊唐書》卷70〈岑文本傳〉，頁2536。

《自古諸侯王善惡錄》最具代表性。虞世南亦是太宗的心腹大臣，從秦府文學館至弘文館，均爲學士，史載「太宗重其博識，每機務之隙，引之談論，共觀經史」，又稱虞世南「雖容貌懦愞，若不勝衣，而志性抗烈，每論及古先帝王爲政得失，必存規諷，多所補益」。〔註40〕此類「商略古今」的談話性質，與魏徵史論所表現的應用價值雷同，甚合太宗的興趣。關於《帝王略論》的成書時間，或云貞觀初年，或云在秦府時，〔註41〕似未有定論。《虞世南詩文集》有〈進帝王略論表〉一文，〔註42〕文中自稱「臣」、稱太宗爲「陛下」，又從文中可知《帝王略論》裡的對問形式，乃是應太宗之指示，「稟承制旨」而成，文末並云「繕寫始訖，謹以奏聞」；據此，則《帝王略論》一書具體成形的時間，蓋以貞觀初年較爲合理。〔註43〕但這並不表示書中關於歷代帝王得失的討論只能發生在貞觀初年。以虞世南之博學與太宗對歷史的興趣，關於「古先帝王爲政得失」的研討極可能自秦府文學館便已開始，而《帝王略論》成書的意義，則在於將相關議論與意見系統性地編輯成冊。〈進帝王略論表〉指出太宗「鑒往代之興亡，覽前修之得失」的興趣，〈帝王略論序〉則藉「齊國公子」、「知微先生」之口，道出探討興亡之理與治亂鑒戒的旨趣：

> 公子曰：「……歷觀古今治亂之主，或年世長遠，或危亡誅滅，興喪之理，爲何所由？豈天意乎？其人事乎？願釋所疑，以祛未寤。」
> 先生曰：「大哉，此之問也！……由是觀之，天意人事，相參而成。今將爲子說治亂之道，賢愚二貫。若夫三皇五帝之君，德合天地，明併日月，窮機體睿，微妙玄通，固非凡庸所敢輕議，但略陳其事，存而不論。暨乎三代，則主有昏明，世有治亂，興亡之運，可得而

〔註40〕 《舊唐書》卷 72〈虞世南傳〉，頁 2566。
〔註41〕 王重民《敦煌古籍敘錄》(北京：中華書局，1979) 卷二史部「帝王略論」條，據《玉海》卷 62 引《中興書目》語及《新唐書‧虞世南傳》，判定虞世南撰《帝王略論》「蓋在秦府時」。瞿林東先生認爲此說可以成立，並從語氣上推論應撰於太宗即位前，如序文「將爲子說」及正文中的「公子曰」、「先生曰」等。以上並見瞿林東：《唐代史學論稿》(北京：北京師範大學出版社，1989)，頁 128、132。
〔註42〕 見《虞世南詩文集》(杭州：浙江古籍出版社，2012)，頁 113～115。
〔註43〕 〈進帝王略論表〉云：「……爰命微臣披文草。又以眾史爲論，皆一往之談，析理研機，或有未盡，可設爲賓主，用相啟發。」據此，則《帝王略論》中的問對形式，實出於太宗的要求。至於「公子」、「先生」之稱，則爲虞世南之虛設人物，用在發論，其身份並不需與君臣作必然的對應與聯想；又書中的虛設人物在序文即已登場，主要目的亦在藉人物以發論，似不必過度解釋。

言。其明者可爲軌範，昏者足爲鑒戒。……至於守文承平，無咎無譽，非之所由者，亦所不談也。」〔註44〕

《帝王略論》之成書明確反映了太宗對歷史的偏好。就其內容而言，有「略」有「論」，即〈進帝王略論表〉所謂「翦截浮詞，刪削冗長，略存簡要，隨而論之」。虞世南彙聚歷古帝王治亂得失的精華，爲太宗張羅一副規模弘大卻具體可用的參照座標，「覽前王之得失，爲在身之龜鏡」。〔註45〕

《帝王略論》是在太宗授意之下編成，對象是皇帝本身；貞觀七年，太宗又命魏徵編撰《自古諸侯王善惡錄》，對象是太宗諸子。兩者對象有別，但同爲歷史鑒戒意識的運用。《貞觀政要》載貞觀七年，太宗謂侍中魏徵曰：「自古侯王能自保全者甚少，皆由生長富貴，好尙驕逸，多不解親君子遠小人故爾。朕所有子弟，欲使見前言往行，冀其以爲規範。」因命魏徵「考覽載籍，博求鑑鏡」，「錄古來帝王子弟成敗事」，輯成《自古諸侯王善惡錄》，賜與諸王。魏徵於序中總結道：

> 凡爲藩爲翰，有國有家者，其興也必由於積善，其亡也皆在於積惡。故知善不積不足以成名，惡不積不足以滅身。然則禍福無門，吉凶由己，惟人所召，豈徒言哉！今錄自古諸王行事得失，分其善惡，各爲一篇，名曰《諸王善惡錄》，欲使見善思齊，足以揚名不朽；聞惡能改，庶得免乎大過。從善則有譽，改過則無咎。興亡是繫，可不勉歟？〔註46〕

歷史的鑒戒功能，在具體而眞實的教訓裡呈現，這不再只是遠距離的旁觀式的褒貶評價，而是進一步區分善惡，喚醒讀者的畏懼與警戒，要求讀者從自身出發，以行動參與，「見善思齊」、「聞惡能改」。太宗面對歷代君主之善惡，最終回歸「以爲身誡」的自我要求，更推己及人，使諸王也能從歷史的教訓，找到「身誡」的準則。史載太宗「覽而稱善，謂諸王曰：『此宜置于座右，用爲立身之本。』」〔註47〕正反映出此書之旨趣與太宗的歷史意識同條共貫。「用史」的積極意義，在太宗「以爲身誡」的自省態度裡造就了高峰，從歷史的成敗得失回歸到個人「立身」的檢視，從而以積善、改過的修養自期自勉。

〔註44〕　《虞世南詩文集》，頁118～119，〈帝王略論序〉。
〔註45〕　〔宋〕王欽若等編纂，周勛初等校訂：《冊府元龜》（南京市：鳳凰，2006），卷554〈恩獎〉，頁6348。
〔註46〕　《貞觀政要集校》卷4，頁214～216。
〔註47〕　同上注。

換言之，「用史」除了開出政治興亡之道，也同時開出個人修養之道。歷史的教育意義由此發生，亦由此彰顯。

「用史」作爲一種精神趨向，是在歷史的基礎之上，對現實進行反思，並嘗試從歷史中尋覓指導原則。若西漢諸儒的精神是「通經致用」，那麼貞觀君臣的精神則應可稱之爲「通史致用」。這是貞觀初年君臣所共持的內在意向，《帝王略論》與《自古諸侯王善惡錄》只是一個側面的反映而已。「用史」精神之普遍，從貞觀君臣討論的議題，與歷史對現實施政的影響，都可以分明見出。

施政制度的討論以歷史經驗爲參照，是貞觀君臣「用史」顯而易見的表徵。上文曾提及太宗重視諫言，並將諫官納入議政體系，即是一例。貞觀元年己亥制：「中書、門下及三品以上入閣議事，皆命諫官隨之，有失輒諫。」〔註48〕從《貞觀政要》的記載可知此制度形成之脈絡：

> 貞觀元年，太宗謂侍臣曰：「正主任邪臣，不能致理；正臣事邪主，亦不能致理。惟君臣相遇，有同魚水，則海內可安。朕雖不明，幸諸公數相匡救，冀憑直言鯁議，致天下於太平。」諫議大夫王珪對曰：「臣聞木從繩則正，后從諫則聖。故古者聖主必有爭臣七人，言而不用，則相繼以死。陛下開聖慮，納芻蕘，愚臣處不諱之朝，實願罄其狂瞽。」太宗稱善，詔令自是宰相入內平章國計，必使諫官隨入，預聞政事。有所開說，必虛己納之。〔註49〕

太宗分辨臣主正邪的對應關係，歸納出簡易律則，在求治的前導意向下，對臣下諫言格外珍惜；而眞正促成諫官議政制度化的關鍵，在王珪之對。王珪引傅說告殷高宗「后從諫則聖」的鐵律，典出《尚書》；〔註50〕而「古者聖主必有爭臣七人」之說，則似從《孝經・諫諍》化用而來。〔註51〕此二者雖皆出自經典，但王珪並沒有使用端肅威嚴的語調加以引述，他用的是一種訴說歷史故事般的口吻，經典的語境被還原了，此中精神遂得以穿透神聖而厚重的經典形式，轉化爲眞實的經驗，親切而靈動。王珪巧用經典中的歷史典故，爲「正臣」事「正主」提供正面保障，此言想必爲太宗帶來深刻的啟發，遂因此將諫官預聞政事定爲制度。在這裡，歷史展現了實用價值，成爲實際政

〔註48〕 《通鑑》卷192，頁6031。
〔註49〕 《貞觀政要集校》卷2，頁83～84。
〔註50〕 傅說告高宗之辭，見《尚書・商書・說命上》。
〔註51〕 《孝經・諫諍》原文作「昔者天子有爭臣七人，雖無道，不失其天下」。

治運作中的可貴資產。

　　選用人才的問題亦是一例，從《貞觀政要》的記載可以看出歷史經驗在君臣處理問題時所產生的具體功效：

> 貞觀三年，太宗謂吏部尚書杜如晦曰：「比見吏部擇人，惟取其言詞刀筆，不悉其景行。數年之後，惡跡始彰，雖加刑戮，而百姓已受其弊。如何可獲善人？」如晦對曰：「兩漢取人，皆行著鄉閭，州郡貢之，然後入用，故當時號爲多士。今每年選集，向數千人，貌厚飾詞，不可知悉，選司但配其階品而已。銓簡之理，實所未精，所以不能得才。」太宗乃將依漢時法，令本州辟召，會功臣等將行世封，其事遂止。〔註52〕

人才選用關乎治國甚切，太宗提出「以德行、學識爲本」的選才標準，〔註53〕亦是君臣之間取鑑於既往的共識。貞觀二年，太宗與王珪討論「近代君臣理國，多劣於前古」的原因，王珪以爲「近代重武輕儒，或參以法律，儒行既虧，淳風大壞」；推崇儒家的王珪，直指大臣的學問涵養直接影響朝政處理，對於漢代宰相之「無不精通一經」、朝政有疑皆「引經決定」，深深推崇。太宗聽罷王珪之言，深以爲然，史載「自此百官中有學業優長，兼識政體者，多進其階品，累加遷擢焉」。〔註54〕太宗所作所爲，或許未能全然企及王珪心中的純儒標準，但太宗唯好堯舜周孔的想望，由此看來也是有其歷史根據的。

　　史載太宗在位「二十年間，風俗簡樸，衣無錦繡，財帛富饒，無飢寒之弊」。〔註55〕貞觀治世的成就，奠基於歷史鑒戒的自省與實踐，太宗踐祚之初即富此自覺，《貞觀政要》載：

> 貞觀元年，太宗謂侍臣曰：「自古帝王凡有興造，必須貴順物情。昔大禹鑿九山，通九江，用人力極廣，而無怨讟者，物情所欲，共眾所有故也。秦始皇營建宮室而人多謗議者，爲徇其私欲，不與眾共故也。朕今欲造一殿，材木已具，遠想秦皇之事，遂不復作也。古人云：『不作無益害有益。』『不見可欲，使人心不亂。』固知見可欲，其心必亂矣。至如雕鏤器物，珠玉服玩，若恣其驕奢，則危亡

〔註52〕　《貞觀政要集校》卷3，頁160。此事《會要》、《冊府》作貞觀元年。
〔註53〕　《貞觀政要集校》卷7，頁383。
〔註54〕　《貞觀政要集校》卷1，頁29。
〔註55〕　《貞觀政要集校》卷6，頁317～318。此事《會要》作二年，《通鑑》係貞觀元年十二月。

之期可以立待也。自王公以下，第宅、車服、婚娶、喪葬，準品秩。

不合服用者，宜一切禁斷。」〔註56〕

「貴順物情」是太宗從史事中歸納出的理則，「遠想秦皇之事，遂不復作」則是鑒戒意識發揮遏阻之效的明證。此種思維模式至貞觀後期依然延續，如貞觀十六年，〈劉聰傳〉曾使太宗引爲「深誡」，自云：「比者欲造一小殿，仍構重閣，令於藍田採木，並已備具。遠想聰事，斯作遂止。」此是太宗「欲廣聞見以自益」的讀書之效。〔註57〕長孫皇后曾直引晏子諫齊景公故事作爲諫言，末云：「陛下嘗讀書見此事，豈忘之邪？」〔註58〕同樣反映出讀書的預期效用。比之堯舜聖王，唐太宗畢竟尚隔一層；但透過讀書，自省自誡，亡羊補牢，懸崖勒馬，在歷朝歷代的帝王之中，唐太宗實在也算是難能可貴的了。

　　觀察太宗所關注的問題，與發表過的體認見解，至少在貞觀前期，太宗對於君、臣的思想言行與朝代盛衰興亡之間的因果關係，是很感興趣的。而問題意識的產生，應當是在歷史成敗興亡的面前，由衷發出「何以故」的追問。不過貞觀君臣有一個共同傾向，即只朝向人物——尤其是君臣——作集中歸因並加以分析。這種思維模式，與太宗讀史「以爲身誡」的自省態度，實是相互連通。貞觀二年，太宗與魏徵關於「人主何爲而明，何爲而暗」的討論，反映出這種思維模式的實際運作，魏徵的回答如下：

> 兼聽則明，偏信則暗。昔堯清問下民，故有苗之惡得以上聞；舜明四目，達四聰，故共、鯀、驩兜不能蔽也。秦二世偏信趙高，以成望夷之禍；梁武帝偏信朱异，以取臺城之辱；隋煬帝偏信虞世基，以致彭城閣之變。是故人君兼聽廣納，則貴臣不得擁蔽，而下情得以上通也。〔註59〕

明主暗主是歷史評價的用詞，某種程度上帶有褒貶意涵，但在魏徵的答覆中，一方面指出人主的「明」、「暗」直接關係到政治上的成敗興亡，強化戒懼之效，一方面則轉出積極意涵，點出「明」與「暗」實屬人君憑己力即可掌握之因素；推而言之，正因明暗是由人君決定，治亂便也順理成章地由人君決定。魏徵從紛繁的歷史人事中抽取代表性的段落，歸納出使成敗判然分明的理則，化繁爲簡，背後的目的總不離爲現實政局提供實際指導方針。正反並

〔註56〕同上注。

〔註57〕《貞觀政要集校》卷6，頁321。

〔註58〕《貞觀政要集校》卷2，頁99。

〔註59〕《通鑑》卷192，頁6047。

陳，簡易論列，現實致用方向顯明，正是鑒戒史學的特質所在。明主暗主的
論題反映出聚焦於帝王的傾向，此與《帝王略論》正同，尤其反映出太宗的
關注面向。史載太宗曾數度與臣下討論齊文宣帝、隋文帝等皇帝，〔註60〕「某
某帝何如人」可能是貞觀君臣最常談論的話題之一。但這類人物品評式的論
題，在貞觀君臣身上不見名士清談置身局外的風流瀟灑，卻是將論史視同論
政般正經嚴肅，畢竟君臣都是在朝當政的局內人，歷史因著鑒戒的眼光而多
了現實致用的沉重使命，遂成為實用教材。

　　鎖定人物進行成敗得失的探討歸因，自然形成效法與警惕兩種相輔相成
的態度。這種態度反映出讀史者的積極，將歷史的成敗得失與自身的成敗得
失置於一處考量，前者的經驗累積對於後者便產生極大的價值。《貞觀政要》
載：

> 貞觀二年，太宗謂房玄齡等曰：「朕比見隋代遺老咸稱高熲善為相
> 者，遂觀其本傳，可謂公平正直，尤識治體。隋室安危，繫其存沒。
> 煬帝無道，枉見誅夷，何嘗不想見其人，廢書欽嘆！又漢、魏以來，
> 諸葛亮為丞相，亦甚平直。……卿等豈可不企慕及之？朕今每慕前
> 代帝王之善者，卿等亦可慕宰相之賢者。若如是，則榮名高位，可
> 以長守。」〔註61〕

楷模效法與鑒戒警惕正是「用史」精神一體兩面的呈現。「朕今每慕前代帝王
之善者，卿等亦可慕宰相之賢者」，此中意涵正是「用為立身之本」，只差沒
有實際編成「自古宰相善惡錄」罷了。企慕是正向激勵，省思是反面警惕，
兩者皆是歷史的積極影響。《貞觀政要》又載：

> 貞觀六年，太宗謂侍臣曰：「古人云：『危而不持，顛而不扶，焉用
> 彼相？』君臣之義，得不盡忠匡救乎？朕嘗讀書，見桀殺關龍逄，
> 漢誅鼂錯，未嘗不廢書嘆息。公等但能正詞直諫，裨益政教，終不
> 以犯顏忤旨，妄有誅責。朕比來臨朝斷決，亦有乖於律令者。公等
> 以為小事，遂不執言。凡大事皆起於小事，小事不論，大事又將不
> 可救。社稷傾危，莫不由此。隋主殘暴，身死匹夫之手，率土蒼生，
> 罕聞嗟痛。公等為朕思隋氏滅亡之事，朕為公等思龍逄、鼂錯之誅，

〔註60〕　討論齊文宣帝事見《通鑑》卷193，頁6058。討論隋文帝事見《貞觀政要集
　　　　校》卷1，頁31。

〔註61〕　《貞觀政要集校》卷5，頁283。

　　君臣保全，豈不美哉！」〔註62〕

「思」字某種意義上意味著莫忘初衷，而貞觀君臣的初衷，是從歷史成敗得失的反省所引發的。過往的興亡已成定局，回視歷史，在理性分析其善惡的同時，不免夾帶感性的惋惜，甚至主觀評價；「身死匹夫之手，率土蒼生，罕聞嗟痛」是太宗對隋煬帝的惋惜，但另一方面，太宗也毫不留情地道出「隋煬帝奢侈自賢，身死匹夫，足爲可笑」的評語。〔註63〕「可笑」的背後是嚴肅的歷史評價問題，「後之視今，猶今之視古」的恐懼於焉發生，「朕與公等既知笑人，今共相匡輔，庶免人笑」，太宗的總結將嬉笑怒罵的箭靶從歷史移回現實，指向自身。看重個人毀譽固然可以成爲求治的激勵與助力，然而求治的意志一旦鬆懈，而個人毀譽的壓力又接踵而至，干涉、主導國史書寫以求身後美名的舉措就可能發生。〔註64〕「用史」的主觀情感終究回頭干預「修史」的客觀價值，此一負面效應，大概是善言鑒戒的貞觀諸臣始料未及的。

　　在貞觀初年濃厚的歷史意識之下，「修史」與「用史」一面分途並立，一面又相互滲透。太宗取鑒於前代得失的主觀願望，是貞觀一系列重「史」行爲的強大推力。成敗興亡的歷史教訓，引發戒愼恐懼的心理，也成了施政的參照依據，可說是貞觀君臣治國議政的重要法寶；而在這個方面，魏徵、虞世南等心腹大臣，尤其是最受太宗倚重信賴的嚮導與啓蒙。繼虞世南《帝王略論》之後，由魏徵領銜主編的《羣書治要》於貞觀五年編成，凝練「上始五帝、下盡晉年」的治道精華，爲貞觀「用史」再開新頁。

〔註62〕　《貞觀政要集校》卷1，頁35。
〔註63〕　《貞觀政要集校》卷1，頁44～45。
〔註64〕　詳見雷家驥先生的討論，《中古史學觀念史》第十一章「四、禁密化下的貞觀修注制度、精神與功能」，「五、館院制度的破壞及其意義」。

第三章 《治要》之纂集旨歸與學術傾向

　　《治要》一書，因著貞觀君臣濃重的歷史意識而產出，為貞觀「用史」行動最典型的代表。此書的內容全是典籍節鈔，並未附加編者的意見或評論，表現出《治要》編者對典籍自身之「用」的高度信任。不過就後人而言，少了編者的選輯案語，便意味著少了直接解讀《治要》的線索。當年《治要》的編纂目的究竟為何？《治要》的選輯內容又反映出什麼樣的學術傾向？這都是認識《治要》不可迴避的問題。而要回答這些問題，一方面固然可以從《治要》的外觀形式來尋思推敲；另一方面，魏徵為《治要》所作的〈序〉，與史書裡關於《治要》的零星記載，直透一千三百多年前當事人的真實思慮，更值得我們大大重視。

第一節　現實致用的精神歸趨

　　就性質來看，《治要》是「治國方略的資料彙編」，[註1]這一點大抵是沒有疑義的。然而，就目的來看，除了「治要」二字的表面意思之外，《治要》的纂集是否還有更深一層的用心？金光一博士曾分析《治要》的編纂背景，提出兩項要點：一是「貞觀初年關於治國方針的討論與東南士人的應付」，二是貞觀年間「大規模的圖書編纂」。要進一步探討《治要》的纂集目的，還要借助於背景情境的釐清，因此不妨就暫借兩者逐項檢視。

　　《貞觀政要》記載了一次治國方針的辯論，這場辯論發生在太宗即位之初，表面上看來是魏徵與封德彝意見相左，實際上卻不只是兩個人的理念差

〔註1〕見金光一：《〈群書治要〉研究》，頁14。

異，而幾乎可說是兩個集團的理念差異。從這條資料至少可以看出，太宗甫即位時，朝廷上下並不是一面倒支持太宗施行「德治」的，好比封德彝一派便主張「以威刑肅天下」。〔註2〕事見《貞觀政要·政體》篇：

> 太宗與秘書監魏徵從容論自古理政得失，因曰：「當今大亂之後，造次不可致理。」徵曰：「不然，凡人在危困則憂死亡，憂死亡則思理，思理則易教。然則亂後易教，猶饑人易食也。」太宗曰：「善人爲邦百年，然後勝殘去殺。大亂之後，將求致理，寧可造次而望乎？」徵曰：「此據常人，不在聖哲。若聖哲施化，上下同心，人應如響，不疾而速，期月而可，信不爲難，三年成功，猶謂其晚。」太宗以爲然。封德彝等對曰：「三代以後，人漸澆訛，故秦任法律，漢雜霸道，皆欲理而不能，豈能理而不欲？若信魏徵所說，恐敗亂國家。」徵曰：「五帝、三王，不易人而理。行帝道則帝，行王道則王，在於當時所理，化之而已。考之載籍，可得而知。昔……桀爲亂虐，而湯伐之，在湯之代，即致太平。紂爲無道，武王伐之，成王之代，亦致太平。若言人漸澆訛，不返純樸，至今應悉爲鬼魅，寧可復得而教化耶？」德彝等無以難之，然咸以爲不可。〔註3〕

魏徵所謂「亂後易教」，與賈誼在〈過秦論〉裡提出的「勞民易爲仁」的說法，旨趣遙相呼應。〔註4〕魏徵在這場辯論裡的形象與論調，我們並不陌生，無論是化用經典或引用歷史，苦口婆心，目的無非在說服太宗行帝道、王道；而太宗對魏徵應答內容的滿意度與接受度，史臣簡單化約爲「以爲然」三字，對此我們似乎也已目爲理所當然。但這段記載卻揭示了一段容易被人忽略的政治內幕，史臣簡單概括爲「德彝等……咸以爲不可」。在太宗剛即位、訂定國策方針的關鍵時刻，魏徵的論點不過是諸多論點的其中之一，且備受挑

〔註2〕 《新唐書·刑法志》載：「太宗以英武定天下，然其天姿仁恕。初即位，有勸以威刑肅天下者，魏徵以爲不可，因爲上言王政本於仁恩，所以愛民厚俗之意，太宗欣然納之，遂以寬仁治天下，而於刑法尤慎。」這條資料與下文所引《貞觀政要》的記載，背景脈絡與爭議內容都大致相合，應屬同一類型的見解歧異。

〔註3〕 按，封德彝死於貞觀元年六月，《貞觀政要》將此事發生時間記於貞觀四年，恐有誤。趙克堯、許道勛就魏徵出使宣慰關東的往返時間，推言此次辯論約莫發生於武德九年十月，亦即魏徵返回長安之後，此說較可信。參二人所著《唐太宗傳》（北京：人民出版社，1995），頁98注3。若然，則魏徵職銜當爲給事中，參杜來梭：《魏徵年譜》（北京：科學出版社，2011），頁127。

〔註4〕 《治要》亦引錄此段文字，見卷11，頁150。

戰,甚至曾遭受「恐敗亂國家」之類的重話轟擊。治國究竟要走上哪一條道路,最終還須由太宗定奪;在此局面之下,持不同意見的兩方,只能各憑本事向太宗遊說或推銷了。金光一博士認為,《治要》一書就是在這樣的背景下產生,大概相當於魏徵一方主動出擊的招式:

> 為了說服太宗與對方、貫徹自己的主張,應該要加強豐富的理論和詳細的實例。《群書治要》就是在這種尖銳的理念對立情況之下,幾位「不識時務」、「好虛論」的「書生」,合作編輯「以史為鑒」的資料彙編。〔註5〕

照此說法,《治要》的編纂是出於魏徵等書生集團的私人意見;而此說背後潛在的涵意是,魏徵等書生在表明己方意見時,當面陳述還不足以取得太宗的信任,以至於需要編出一部五十卷的大書,假古人之口為己方意見增添厚重的份量。

然而,事實是否真是如此呢?《貞觀政要》對於上述辯論發生的時間雖有認知錯誤之嫌,但關於後續發展的記載卻是很有價值的:

> 太宗每力行不倦,數年間,海內康寧,突厥破滅,因謂羣臣曰:「貞觀初,人皆異論,云當今必不可行帝道、王道,惟魏徵勸我。既從其言,不過數載,遂得華夏安寧,遠戎賓服。……使我遂至於此,皆魏徵之力也。」顧謂徵曰:「……朕雖無美質,為公所切磋,勞公約朕以仁義,弘朕以道德,使朕功業至此,公亦足為良工爾。」
>
> 〔註6〕

《貞觀政要・論誠信》篇也有一則相似的記載:

> 太宗嘗謂長孫無忌等曰:「朕即位之初,有上書者非一,或言人主必須威權獨運,不得委任羣下;或欲耀兵振武,懾服四夷。惟有魏徵勸朕『偃革興文,布德施惠,中國既安,遠人自服』。朕從其語,天下大寧,絕域君長,皆來朝貢,九夷重譯,相望於道。凡此等事,皆魏徵之力也。朕之任用,豈不得人?」〔註7〕

從太宗言談的語態看來,對於「任用」魏徵一事,他很欣慰,帶著滿滿的自信甚至是幾分自豪,因為貞觀之治的漂亮成績,直接證明了魏徵理念之有效,

---

〔註5〕 見金光一:《〈群書治要〉研究》,頁10。
〔註6〕 《貞觀政要集校》卷1,頁37。
〔註7〕 《貞觀政要集校》卷5,頁290。

也同時證明了自己的眼光。透過這些言說似可進一步探知太宗的意向：面對即位之初的紛紜「異論」，太宗是「主動」選擇信從魏徵的，且不只是選擇而已，還表現出相當的堅定與實踐決心。還有不少發生在貞觀頭幾年的記載，都反映出太宗的「仁義」治國取向。太宗對仁義之道的信從，通過歷史教訓的省思、施行成效的驗證，於貞觀伊始就已經頗爲篤定，似乎不曾受到那些「異論」的動搖。如貞觀元年太宗曰：

> 朕看古來帝王，以仁義爲治者，國祚延長，任法御人者，雖救弊一時，敗亡亦促。既見前王成事，足爲元龜，今欲專以仁義、誠信爲治，望革近代之澆薄也。〔註8〕

貞觀二年太宗曰：

> 朕謂亂離之後，風俗難移。比觀百姓漸知廉恥，官人奉法，盜賊日稀，故知人無常俗，但政有治亂耳。是以爲國之道，必須撫之以仁義，示之以威信。因人之心，去其苛刻，不作異端，自然安靜。〔註9〕

單是憑藉這等轉變，便足使封德彝等「若信魏徵所說，恐敗亂國家」的疑慮，消弭於無形。范祖禹《唐鑒》曾稱讚太宗「能審取舍」，指的正是太宗不聽封德彝而信魏徵，捨「刑罰之言」而取「仁義之言」。〔註10〕換言之，在太宗形塑仁義方針之時，《治要》還未誕生；待到貞觀五年《治要》編成，德義治國的理念早已鞏固，且達致的成效已經相當可觀。再說，太宗對魏徵、虞世南（《治要》編者之二）的高度信任與超乎尋常的重視，也是早在貞觀五年以前就存在的事實。〔註11〕君臣雙方既已有著如此默契，以五十卷的「資料彙編」完成「說服」，似乎沒有太大的必要性。

〔註8〕 見《貞觀政要集校》卷5，頁249。論史者，又如太宗對周、秦之得、失天下的解釋：「周既尅殷，務弘仁義；秦既得志，專任詐力。非但取之有異，抑亦守之不同。祚之修短，意在茲矣。」同上注，頁250。又如貞觀四年，太宗引隋煬帝事反陳甲仗真義：「……朕唯欲卿等存心理道，務盡忠貞，使百姓安樂，便是朕之甲仗。隋煬帝豈爲甲仗不足，以致滅亡？正由仁義不修，而羣下怨叛故也。」同上注，頁252。

〔註9〕 見《貞觀政要集校》卷5，頁251。

〔註10〕 見〔宋〕范祖禹：《唐鑒》（臺北市：臺灣商務，1977），卷3，頁91。

〔註11〕 如貞觀三年，太宗就曾說：「朕比歲臨朝視事，及園苑閒遊賞，皆召魏徵、虞世南侍從，或與謀議政事、講論經典，既常聞啓沃，非直於身有益，在於社稷亦可謂久安之道。」（見《貞觀政要集校》卷1，頁51）直視二人爲正身良朋，這等地位，房、杜恐亦難與之相提並論。

論《治要》的編纂背景，有一條關鍵資料不能輕易略過。《新唐書・蕭德言傳》云：

> 太宗欲知前世得失，詔魏徵、虞世南、褚亮及德言哀次經史百氏帝
> 王所以興衰者上之，帝愛其書博而要，曰：「使我稽古臨事不惑者，
> 公等力也！」費賜尤渥。〔註12〕

在這條資料裡，君臣雙方的主被動關係恰好倒轉過來，由太宗主動提出「欲知前世得失」的需求，遂詔來魏徵等四位大臣，共同編成《治要》一書，範疇涵蓋經、史、子三部，內容旨趣主要是「帝王所以興衰」的分說，而達致的成效則是使太宗「稽古臨事不惑」，從經史百氏反照現世，又落實於現世。對照貞觀初年的政治環境與政治成就，這條資料對《治要》出場背景情境的呈現，十分合情合理。《治要》的面世，終究要回歸到太宗勵精圖治的初衷，與對盛世治道的渴盼及嚮往；而大臣們亦喜逢有志之主，是以竭盡所能，助成其美。認清這一點，我們至少能夠明白，就《治要》的整體呈現而言，君臣雙方是站在同一條線上、朝著相同目標前進的。當然，魏徵等人應該多少會希望藉由編纂，表達一些重要意見，強化一些核心價值；但這些意見與價值的提出，畢竟是以太宗的全然信任為基礎，以君臣雙方共同期望的有益治國為前提，而不是敵對陣營之間針鋒相對的政見辯論。

《治要》的纂集旨歸，由此體現。太宗授意編修《治要》，以「前世得失」為關懷，意在為當世政事提供可資參照的指導原則，編纂過程與編纂成果都充分顯示出以「致用」為導向的現實目的。這是解讀《治要》的一項重要基礎。魏徵〈羣書治要序〉將此意表達得更為明晰：

> 皇上……俯協堯舜，式遵稽古。不察貌乎止水，將取鑒乎哲人。……
> 聖思所存，務乎政術，綴敘大略，咸發神衷。雅致鉤深，規摹宏遠，
> 網羅治體，事非一目。……爰自六經，訖乎諸子，上始五帝，下盡晉
> 年，凡為五裹，合五十卷。本求治要，故以《治要》為名。〔註13〕

《治要》一書的核心旨趣，已在「本求治要」、「務乎政術」兩句話中，直白顯露地昭告天下。《治要》懷著治平事業的宏大關懷，以現實致用為最終的精神歸趨，殆無可疑。

〔註12〕《新唐書》卷198〈蕭德言傳〉，頁5653。
〔註13〕附見唐・魏徵：《群書治要》卷首（《四部叢刊》初編子部第26冊，臺北：臺灣商務印書館，1975），頁5～6。下文所引〈治要序〉皆同此。

　　然而，倘若讀者抱持著對「網羅治體」、「規摹宏遠」的崇高想望，臆想《治要》能綜匯經史百家之言，統合出一套體大思精、氣象宏闊的經世鴻猷，恐怕要大失所望。翻檢《治要》各卷內容，非但沒有編者的見解陳述，甚至連分類統整的工作都省去，金光一博士遂謂該書「僅僅是一種叢鈔群書的資料彙編，並不能說是有系統的著作」。〔註14〕雖則如此，以「群書」爲資料來源倒也是古來少見的。金氏遂因此將《羣書治要》與貞觀年間「大規模的圖書編纂」聯繫起來，認爲圖書編纂也是《治要》編纂的背景，只不過《治要》是「僅供最高領導參考的朝廷內部資料」，與其他經典及史書的編纂相比，「閱讀範圍極爲狹窄」。〔註15〕的確，「廣收圖籍」〔註16〕是貞觀年間「偃武修文」的具體內容之一，而魏徵於《治要》裡所署之職銜「秘書監」，負責的業務正是掌理經籍圖書的重要任務。不可否認，魏徵任職秘書監，所擁有的資源、與所能掌握的典籍文獻，都爲《治要》的編纂提供不少方便。但《治要》的編纂畢竟帶有顯明目的，且編纂時所用的方法是「裒次」，大抵是將原始典籍作刪減節鈔並依次排列之意，與所謂圖書整理基本上是截然不同的兩回事。

　　雖則如此，《治要》的面貌乍看之下實在也沒什麼脈絡可言，倒也容易使人將它的性質與圖書資料彙編或「類書」等混淆在一起。好比張滌華《類書流別》便將《治要》與《兔園策》、《藝文類聚》、《文思博要》等並列爲唐代類書；〔註17〕而 1961 年編纂之《中國叢書綜錄》第二冊《子部分類目錄》，則將《治要》列爲子部典故類「雜纂之屬」之「纂言」，〔註18〕大概也僅視之爲一種古籍節鈔纂錄的資料彙編。金氏把《治要》的編纂繫連到圖書編纂的說法，看來也不是沒有根據。《治要》到底是不是「類書」？《治要》對古籍的節鈔是否只是一種「類書」般的資料整理？魏徵等人當初纂集《治要》時，究竟是抱持什麼樣的心態？這些問題牽涉到《治要》的性質，連帶也關係到《治要》的纂集目的，有必要加以釐清。

　　先從〈治要序〉裡曾提及的《皇覽》、《遍略》，簡單回顧類書的發展概況。《皇覽》、《遍略》是唐前最著名的類書，分別由魏文帝曹丕、梁武帝蕭衍下詔編修。二書部帙浩大，在當時都發生了不小的影響。《皇覽》爲類書

〔註14〕見金光一：《〈群書治要〉研究》，頁 7。
〔註15〕同上注，頁 12。
〔註16〕趙克堯、許道勛：《唐太宗傳》，頁 282。
〔註17〕見張滌華：《類書流別》（北京：商務印書館，1985），頁 46。
〔註18〕參見胡道靜：《中國古代的類書》（北京：中華書局，1982），頁 12。

之祖，〔註19〕《三國志‧魏書‧文帝紀》云：「初，帝好文學，以著述爲務，自所勒成垂百篇。又使諸儒撰集經傳，隨類相從，凡千餘篇，號曰《皇覽》。」〔註20〕曹丕此舉，引發南北朝諸帝紛起傚效，先後輯成多部類書，〔註21〕梁武帝敕修之《華林遍略》即是其中之一。《南史‧文學‧何思澄傳》云：「天監十五年，敕太子詹事徐勉舉學士入華林撰《遍略》，勉舉思澄、顧協、劉杳、王子雲、鍾嶼等五人以應選。八年書乃成，合七百卷。」〔註22〕而《遍略》又成爲此後諸多類書參照的底本。〔註23〕齊梁至初唐，類書編纂風氣極爲盛行，張滌華《類書流別》總述此一時期之現象云：

> 自魏文《皇覽》以後，流風所被，六朝之帝室皇枝，名卿碩彥，靡不延攬文學，抄撰眾籍，而齊梁時尤盛。《隋志》著錄類書凡二千餘卷，按：《隋志》雜家著錄類書，自《皇覽》至《書鈔》，凡十一家，二千零十二卷（此依姚振宗說，實數尚不止此）。其成書多在齊梁之間；而《隋志》所未著錄者，合諸史所記，猶有千餘卷，亦皆出自齊梁人手。
> 按：齊有《史林》三十篇，《四部要略》一千卷。梁有《法寶聯璧》三百卷，《學苑》一百卷，皆《隋志》所未收。纂輯之業，誠彬彬矣。唐人繼之，亦恢郭郭，合兩《唐志》及諸簿錄所載，卷帙近萬（其中大部分皆唐初人所撰），其致力之勤，成書之眾，較之齊梁，蓋又過之。〔註24〕

原來自《皇覽》以降，由皇帝下詔編修類書，竟成另一種文治事業的表徵。《治要》編輯之時，正是類書風行的年代，唐高祖時編成《藝文類聚》一百卷，唐太宗時又編成《文思博要》一千二百卷，魏徵亦與乎「同撰人」之列。〔註25〕區分門類，以類相從，「隨方類聚」正是類書最顯著的形式特色。而

〔註19〕　《玉海》卷54：「類事之書，始于《皇覽》。」《四庫提要》卷123陸楫《古今說海》提要：「考割裂古書，分隸門目者，始魏繆襲、王象之《皇覽》。」孫馮翼《問經堂叢書》輯本《皇覽》序云：「其書采集經傳，以類相從，實爲類書之權輿。」並見《類書流別》所引，頁12。

〔註20〕　《新校三國志注》（台北：世界書局，1977），卷2，頁88。

〔註21〕　如北魏道武帝拓拔珪時所輯之《帝王集要》，南朝梁之《壽光書苑》、《類苑》、《華林遍略》，北朝元魏之《科錄》，北齊之《修文殿御覽》等等。參《中國古代的類書》，頁39。

〔註22〕　《新校本南史》（臺北：鼎文書局，1985），卷72〈文學傳〉，頁1782～1783。

〔註23〕　如北齊所編《修文殿御覽》、隋大業所修《長洲玉鏡》、唐武德所修《藝文類聚》，皆是其例。參見《中國古代的類書》，頁46。

〔註24〕　《類書流別》，頁24。

〔註25〕　《唐會要》卷36〈修撰〉：「貞觀十五年十月二十五日，尚書左僕射、申國公

魏徵對類書的體裁，想必絲毫不陌生。

然而，在〈治要序〉裡，魏徵卻明白表示要將《治要》與「類書」劃清界線。他在略敘取材範圍與部帙卷數之後，特費一番筆墨將此書與「類書」作一對比，就呈現形式加以說明：

> 但《皇覽》、《遍略》，隨方類聚，名目互顯，首尾淆亂，文義斷絕，尋究為難。今之所撰，異乎先作。總立新名，各全舊體，欲令見本知末，原始要終；並棄彼春華，採茲秋實。一書之內，牙角無遺；一事之中，羽毛咸盡。

「今之所撰，異乎先作」的宣告，顯見魏徵等斷然不願以「類書」的格式作為《治要》的面貌。原因出在類書之形式本身必然存在的缺陷，「名目互顯，首尾淆亂，文義斷絕，尋究為難」；《治要》並不採取以「類」為主的形式，反而是以「書」為主，希望呈現出「事」的完整性，使讀者得以「見本知末，原始要終」。這樣的動機與立場，就和「類書」大有不同。

類書的興起，本是根源於文學形式美的追求。逞才弄藻必須引事用典，一則符應駢麗所需，二則展現自我才學，「其或強記不足，誦覽未周者，則乞靈抄撮，效用謏聞，……故網羅欲富，組織欲工，類書之體，循流遂作」。〔註26〕由此可見，類書的性質更接近於應用性的「工具書」。張滌華《類書流別》就類書的性質提出一界說定義，頗為明晰：

> 由今觀之，類書為工具書之一種，其性質實與近世辭典、百科全書同科，與子、史之書，相去秦越。語其義界，則凡薈萃成言，裒次故實，兼收眾籍，不主一家，而區以部類，條分件繫，利尋檢，資采掇，以待應時取給者，皆是也。〔註27〕

高士廉等撰《文思博要》成，凡一千二百卷。詔藏之祕府。同撰人：特進魏徵、……」
〔註26〕《類書流別》，頁 14～15。
〔註27〕《類書流別》，頁 4。張氏又據此定義，對於某書是否應入於類書，從嚴審視：「封域既定，別擇斯嚴：凡博采諸家，匯輯眾體，而意在文藻，不徵實事，如《文館詞林》、《文苑英華》之屬，是曰總集，非類書也；品式章程，刊列制度，而旨重數典，非徒記問，如《通典》、《會要》之屬，是曰政書，非類書也；此外薈叢古書，合為一帙，如《儒學警語》、《百川學海》之屬，是曰叢書，非類書也；記錄異聞，備陳瑣細，如《太平廣記》、《說略》之屬，是曰稗編，非類書也；自餘時令之書，職官之紀，譜錄之體，牒乘之編，以及誨童蒙，益勸戒，資博物諸作，方之類書，亦已不同，悉從沙汰，轉免糅雜。」以此為揀別標準，則《治要》自不能歸為類書。

類書「隨方類聚」的形式，正是爲了提供便利的分類查詢。「名目互顯」就詩文創作而言，非但不是缺失，反倒爲創作者鋪設了觸類旁通的聯想管道。類書部帙浩繁，是當時「記問之學」〔註28〕興盛的側影；而書中所置部類，兼包天文地理、蟲魚鳥獸、各色人物、甚至是典章制度，從自然到人文，無不收採，顯示出時人對於天地萬象、古今人事的廣泛興趣，甚至成爲上流社會自我標榜的憑藉，連皇帝也不免受此風習薰染，爲編修類書大費周章。

但類書編纂的出發點，終究是博學「記問」的時代偏好，政治的實用價值甚爲淡薄，僅存知識價值；即如君、臣、禮、樂、法、刑諸端，在類書的脈絡下也就只是一個個客觀的知識物件，當中並沒有含藏多少治國熱忱。《治要》所選擇的，到底不是類書路線。聞一多在《唐詩雜論》的〈類書與詩〉一文中，曾提出一項有意思的對比，恰好顯出《治要》與「類書」本質上的差異：

> 章句家是書簏，類書家也是書簏。章句家是「釋事而忘意」，類書家便是「采事而忘意」了。我這種說法並不苛刻。只消舉出《群書治要》來和《北堂書鈔》或《藝文類聚》比一比，你便明白。同是鈔書，同是一個時代的產物，但拿來和《治要》的「主意」的質素一比，《書鈔》、《類聚》「主事」的質素便顯著格外分明了。〔註29〕

顯然聞一多並不將《治要》視爲類書，這確實是清楚而正確地掌握《治要》的特質。「主意」與「主事」的區分，也恰如其分地標示出兩者的不同傾向。〈治要序〉裡雖然也強調「事」，卻與類書的「主事」完全不同。類書「主事」，是以博物爲極則，採「事」雖多，卻只能一類一類地堆積，缺乏中心思想。相較之下，《治要》所收之「事」並不算少，但它不求博綜異聞，反而是以單一事件的深入爲目標，「一事之中，羽毛咸盡」；更重要的是，當中有一縱貫前後的「意」向，使得一切「事」的採錄都自同一起點出發，也都會歸到同一宗旨，縱使表面看來不成系統，實際上卻是有著思想深度的。《治要》以「意」爲主，從前因後果的推究中，理出思想縱深，將今昔連通、古今貫串，從意義上開顯知識關聯於當身現世的實用價值。以此意爲根本，《治要》捨棄類書

〔註28〕 張滌華語，謂「漢、魏間文人，如荀悅、應奉、禰衡、曹植、孔融、王粲、劉巴、尹默、李撰（疑當作「譔」）、陳術等，皆以博聞強識，爲時所稱。」見《類書流別》，頁15。

〔註29〕 聞一多：《唐詩雜論》（上海：上海古籍出版社，2006），頁4。此條資料參考《中國古代的類書》，頁21。

的「隨方類聚」，選擇回歸典籍原本，在形式上展現顛覆性的區隔。一反類書不見頭尾的斷割截取，《治要》選擇保存典籍自身的行文脈絡，「各全舊體」，提供相對完整的文本；又「總立新名」，取消了類目檢索，代之以典籍原本的權威。翻開《治要》目錄，卷下標示的不再是類目，而是「周易」、「尚書」、「史記」、「淮南子」等典籍名稱，與「類書」別隔的自覺意識，從門面開始便已確然展露。從這個角度來看，《治要》固然是古籍整理的成果，其價值則絕不僅止於古籍整理而已。《治要》是一種有機而立體的工作，充盈著飽滿的現實抱負與「致用」熱忱。

《治要》之意不在編成炫耀博學式的類書，還可以從〈治要序〉裡的一段文字得到旁證：

> 近古皇王，時有撰述。並皆包括天地，牢籠羣有。競採浮豔之詞，
>
> 爭馳迂誕之說。騁末學之博聞，飾雕蟲之小伎。流宕忘反，殊塗同
>
> 致。雖辯周萬物，愈失司契之源；術總百端，彌乖得一之旨。〔註30〕

這段引文的重點，是對前代「撰述」之作，檢討其缺失，並提出批評。魏徵特提「近古皇王」，以與當今「皇上」對舉，抑揚褒貶之間，無形界畫出貞觀一朝的性格與求治初衷。唐前諸帝之中，好學而又有「撰述」者，要以梁元帝蕭繹最具代表性。錢鍾書《管錐編》即認為，上引一段文字「當指梁元帝此書（《金樓子》）」。〔註31〕按，梁元帝蕭繹在歷史上的形象，一為博學多識，二為多有著述（不唯《金樓子》一書而已），〔註32〕與〈序〉文所指果然若合符契。《梁書》本紀稱之曰：

> 世祖聰悟俊朗，天才英發。……既長好學，博總群書，下筆成章，
>
> 出言為論，才辯敏速，冠絕一時。……著述辭章，多行於世。〔註33〕

又據顏之推所記，梁元帝自云「年始十二，便已好學」，又云當時嘗「率意自

〔註30〕 四部叢刊本〈治要序〉無「彌」字，據《全唐文》卷141魏徵〈群書治要序〉補。

〔註31〕 見錢鍾書：《管錐編》（北京：中華書局，1986），第四冊，第一九九條，頁1389。

〔註32〕 史載梁元帝著述甚多，《梁書·元帝紀》稱：「所著《孝德傳》三十卷，《忠臣傳》三十卷，《丹陽尹傳》十卷，注《漢書》一百一十五卷，《周易講疏》十卷，《內典博要》一百卷，《連山》三十卷，《洞林》三卷，《玉韜》十卷，《補闕子》十卷，《老子講疏》四卷，《全德志》、《懷舊志》、《荊南志》、《江州記》、《貢職圖》、《古今同姓名錄》一卷，《筮經》十二卷，《式贊》三卷，文集五十卷。」見《梁書》卷5，〈元帝紀〉，頁136。《南史·梁本紀下》亦載梁元帝著作，於《梁書》所載稍有增補，見《南史》卷8〈梁本紀下〉，頁246。

〔註33〕 《新校本梁書》（臺北：鼎文書局，1996），卷5〈元帝紀〉，頁135～136。

讀史書，一日二十卷，既未師受，或不識一字，或不解一語，要自重之，不知厭倦」。〔註34〕此種讀史之法，可謂泛覽而不求甚解，卻頗有一種瀟灑風流的況味，梁元帝顯然也頗以此自負。讀史之外，元帝也熟習詩歌文章；而身處玄風披靡一世的梁代，對《易》、《老》、《莊》三玄用力最勤、所得最深，亦是理所當然。何之元《梁典》曾如此褒崇梁元帝：

> 世祖聰明特達，才藝兼美。詩筆之麗，罕與爲匹；伎能之事，無所不該。極星象之功，窮著龜之妙。明筆法於馬室，不愧鄭玄；辨雲物與魯臺，無慚梓慎。〔註35〕

可見元帝博物的興趣很廣，在正規學問之外，尚旁及數術、技藝等事，且以多能爲榮，全無「小道」之譏。何之元所言雖多溢美，卻也反映出元帝之「學」之廣泛與駁雜。包綜天地的博學，是展現個人才具的資藉。元帝「博總群書」之成就，見諸文思泉湧、機智談辯，「下筆成章，出言爲論，才辯敏速，冠絕一時」；同時他也著意於著書撰述，以求身後不朽之名。綜合博學與著述二者來看，梁元帝可說是六朝風習具體而微的縮影。魏徵所謂「近古皇王，時有撰述」，固然是對梁元帝的批評，但其餘欲以著作傳世之君，又何嘗不是魏徵矛頭所向呢？

　　《治要》的編輯，以指斥近古撰述的方式，用力擺脫「騁末學之博聞」的負累，這點用心，魏徵在〈治要序〉裡煞有介事地作了一番鄭重聲明。但值得注意的是，《治要》是奉太宗之命而編的，對於呈現形式、性質界定等相關要求，也必然是出自太宗的主觀意願。那麼，〈治要序〉裡對近古撰述的批評，就絕對不只是魏徵個人的批評，更代表著唐太宗的批評。《貞觀政要》曾記載太宗對於編製帝王文集的回應，正與此處的批評同出一意：

> 貞觀十一年，著作佐郎鄧隆表請編次太宗文章爲集。太宗謂曰：「朕若制事出令，有益於人者，史則書之，足爲不朽。若事不師古，亂政害物，雖有詞藻，終貽後代笑，非所須也。只如梁武帝父子及陳後主、隋煬帝，亦大有文集，而所爲多不法，宗社皆須臾傾覆。凡人主惟在德行，何必要事文章耶？」竟不許。〔註36〕

〔註34〕見王利器：《顏氏家訓集解》（北京：中華書局，1993），〈勉學〉，頁197。
〔註35〕《文苑英華》（臺北市：華聯出版，華文發行，1965），卷754，〈梁典·高祖事論〉，頁4731。
〔註36〕見《貞觀政要集校》卷7，頁388。

太宗的回應，突顯身爲「人主」最重大的意義，在於不可迴避的政治責任，是以「惟在德行」。顯然，在政事與詞藻之間，太宗篤信前者的根本地位。就帝王之身分地位而言，政事爲本，詞藻爲末，徒有文章而敗亂政事，是捨本逐末，徒然貽笑後世。而是否足以「不朽」的決定權，也由個人著述之私言，轉向史書的公信權威。身爲皇帝，自然是要擔負歷史評價的，而太宗想望的評價，顯然是「制事出令，有益於人」的盛世明君，而不是徒有聰明才藝卻「亂政害物」的禍國之主。

　　唐太宗對帝王文集的不以爲然，及由此衍生的一段言論，也相當程度地反映出貞觀君臣的戒懼意識。回到梁元帝的例子，魏徵在《梁書》總論裡對元帝的評論，就突顯出不同於一般史臣的重點：

> 史臣侍中鄭國公魏徵曰：……昔國步初屯，兵纏魏闕，羣后釋位，投袂勤王。元帝以盤石之宗，受分陝之任，屬君親之難，居連率之長，不能撫劍嘗膽，枕戈泣血，躬先士卒，致命前驅；遂乃擁眾逡巡，內懷觖望，坐觀時變，以爲身幸。不急莽、卓之誅，先行昆弟之戮。又沈猜忌酷，多行無禮。騁智辯以飾非，肆忿戾以害物。爪牙重將，心膂謀臣，或顧眄以就拘囚，或一言而及葅醢，朝之君子，相顧懍然。自謂安若泰山，舉無遺策，怵於邪說，即安荊楚。雖元惡克翦，社稷未寧，而西隣責言，禍敗旋及。上天降鑒，此焉假手，天道人事，其可誣乎！其篤志藝文，採浮淫而棄忠信；戎昭果毅，先骨肉而後寇讎。雖口誦六經，心通百氏，有仲尼之學，有公旦之才，適足以益其驕矜，增其禍患，何補金陵之覆沒，何救江陵之滅亡哉！〔註37〕

總論的主要內容，仍是圍繞著政治領域，針砭元帝「業成以致敗」的原因；然而此下筆鋒一轉，隨即對元帝個人的學問與「藝文」素養大肆批評，「雖口誦六經，心通百氏，有仲尼之學，有公旦之才，適足以益其驕矜，增其禍患」。在魏徵看來，梁元帝雖則博學，卻自恃聰明，這反而是無可救藥的病根。元帝的「仲尼之學」、「公旦之才」，非但沒能助益於治國，反倒助長驕矜之心，甚至間接促成亡國，天下諷刺莫過於此！是以魏徵的總結下得格外沈痛：「何補金陵之覆沒，何救江陵之滅亡哉！」而究其問題癥結，亦不過「騁智辯以

〔註37〕見《梁書》卷6，頁151～152。

飾非」一句而已。與姚思廉的史論相比，〔註 38〕魏徵的說法富有十足的「教訓」意味。而魏徵所警誡的，不只是帝王在政治策略上的錯誤，還包括帝王的學識、與面對學識的心態上的錯誤。這番意旨，唐太宗想必也領略到了，「凡人主惟在德行，何必要事文章耶」的說法，正與魏徵所言同聲相應。

　　由此再回過頭來檢視魏徵〈治要序〉，可知序中針對近古皇王撰述所發的「騁末學之博聞」的批評，並非空穴來風。六朝華靡風習，總的來說是「浮豔」而「迂誕」的；在此風習之下，「博聞」遂流於表面形式，以「辯周萬物」為極則，成為展露個人豐厚才具的無形資產。然而為學至此，學之為「用」的價值卻在一片浮華中黯然失落，徒具華麗的「博聞」表象；風流一時，美則美矣，對知識的馳求卻從此發散開去，再也收不回那「司契之源」、「得一之旨」。這樣的博聞，是有華而無實，逐末而捨本，是以〈治要序〉稱為「流宕忘返」，而謂為「末學」。「博聞」並非注定要淪落為「末學」，但「末學」卻必然使「博聞」降格為一種虛浮的表象，充其量只能作為智辯談說之資，除了自我誇耀，再無其他用處。如此說來，《治要》所警戒而厭棄的，實際上並不是「博聞」，而是「末學」的心態。博學無咎，咎在忘失根本。〈治要序〉云：

　　　　皇上……以為六籍紛綸，百家踳駁。窮理盡性，則勞而少功；周覽

　　　　汎觀，則博而寡要。故爰命臣等，採摭羣書，翦截淫放，光昭訓典。

《治要》從「羣書」取材，某種意義上亦不可謂不「博」；然而通過「翦截淫放」的操作過程，便能達到從「博」中提取精「要」的目標。而此一「要」字，代表著《治要》五十卷確有一種「一以貫之」的宗旨存焉。在梁元帝的對比參照之下，此書以「治要」命名，顯得別有用心。前古帝王或大編類書、或流連麗辭、或博識捷辯，並為此自矜自喜；然而在貞觀君臣看來，這些俱是末學，俱未得其「要」——「治」方是帝王之「要」。在這樣的論述中，「博」之與「要」的相對，實際上指涉的還包括「末」之與「本」的相對；這不是

〔註 38〕姚思廉之史論，見《梁書・元帝紀》：

　　史臣曰：梁季之禍，巨寇憑凌，世祖時位長連率，有全楚之資，應身率羣后，枕戈先路。盧張外援，事異勤王，在於行師，曾非百舍。後方殄夷大憝，用寧宗社，握圖南面，光啓中興，亦世祖雄才英略，紹茲寶運者也。而稟性猜忌，不隔疏近，御下無術，履冰弗懼，故鳳闕伺晨之功，火無內照之美。以世祖之神睿特達，留情政道，不愀邪說，徙蹕金陵，左隣強寇，將何以作。是以天未悔禍，蕩覆斯生，悲夫！（見《梁書》卷 5，頁 136）

多寡問題，而是層次深淺與價值取捨的問題。《治要》捨「博」取「要」，意在捨「末」歸「本」。而這樣的立場是以現實致用的精神爲基底，毋庸置疑。

第二節　以史學爲基礎的帝王學

上節已從《治要》與類書的根本差異、與《治要》對末學式的博聞的批評，釐清《治要》以現實致用爲導向的纂集宗旨，也爲此書的性質界定剔除了某些疑慮。若欲進一步從正面掌握《治要》的性格與內涵，則有必要就其學術傾向加以分析探討。

〈治要序〉盛稱貞觀之治成就一番功業，「瀚海龍庭之野，並爲郡國；扶桑若木之域，咸襲纓冕」，而太宗虛心求治的意態尤爲可貴：

（皇上）猶且爲而不恃，雖休勿休，俯恊堯舜，式遵稽古，不察貌乎止水，將取鑒乎哲人。

前文第二章曾提及太宗重「學」以明「古道」，且聲稱惟好「堯、舜之道，周、孔之教」，此處所云「俯恊堯舜，式遵稽古」，正是此意。但太宗心目中的「古道」是否眞爲「堯舜周孔」的原貌？所稽之「古」究竟是何內容？《治要》既是在太宗的授意下編成，理當能夠充分反映出貞觀君臣所謂「古道」之面貌。

首先，從取材範圍之寬闊，便可看出《治要》並非專主儒家。〈治要序〉將《治要》取材範圍的橫向廣度、與縱向的時間長度，概括爲：

爰自六經，訖乎諸子，上始五帝，下盡晉年。

從《治要》目錄上看，經部共取十卷，僅佔全書的五分之一，其餘五分之四中，史、子各半。史部二十卷，大抵取自《史記》、《漢書》、《後漢書》、《三國志》、《晉書》等正史，也包含少部分非正史的史籍，下章將有詳論。子部二十卷之內，共取子書四十七部，兼有儒家、道家、法家、墨家、雜家，甚至兵家；〔註39〕其中有六部子書獨佔一卷，包含《管子》、《孫卿子》、《呂氏

〔註39〕《治要》子部所錄諸書，若據《隋志》，則屬儒家者，有《晏子春秋》、《曾子》、《孟子》、《孫卿子》、《新語》、《賈子》、《鹽鐵論》、《新序》、《說苑》、《桓子新論》、《潛夫論》、《申鑑》、《典論》、《徐氏中論》、《杜氏體論》、《典語》、《袁子正論》等十七種；屬道家者，有《鬻子》、《老子道德經》、《文子》、《鶡冠子》、《列子》、《莊子》等六種；屬法家者，有《管子》、《商君書》、《慎子》、《韓子》、崔寔《正論》、劉廙《政論》、桓範《世要論》等七種；屬名家者，有《尹文子》一種；屬墨家者，有《墨子》一種；屬雜家者，有《尉繚子》、

春秋》、《淮南子》、《說苑》及《傅子》，這些典籍在魏徵等編者看來，所能提供的治道要領想必是更豐富的，是以編者特爲保留完整的空間，自成一卷。不過《管子》屬法家，《呂氏春秋》、《淮南子》、《傅子》屬雜家，可歸爲儒家者僅《孫卿子》、《說苑》而已。這說明了求「治道」與求「儒道」是截然不同的兩回事。天下之「治道」甚多，當中包含了「儒道」，但「儒道」卻不能涵蓋「治道」的所有範圍。堯、舜、周、孔，隨著中唐韓愈的提倡而成爲儒家道統的承傳正宗；貞觀君臣也同樣高唱堯、舜、周、孔，但他們對所謂儒家道統似乎不太關心，無疑更重視此四人所形塑的「聖君賢相」的典範形象，與形象中所蘊積的政治意涵：「堯舜」代表著上古治世，是聖君的象徵；周公在朝、孔子在野，卻同樣關心政治，同爲良臣表率。

　　政治意義的關懷眼界，一定程度上打通了家派的隔別，形成《治要》兼容並蓄的面貌。若向前追溯，以求治爲本懷，打破一家之見，兼取眾家之長，則雜家〔註40〕之佼佼者足以當之。《漢書・藝文志》云：

　　　雜家者流，蓋出於議官。兼儒、墨，合名、法，知國體之有此，見

　　　王治之無不貫，此其所長也。〔註41〕

明乎國體、條貫王治，此一宏闊的政治取向，與「助人君順陰陽明教化」、「游文於六經之中，留意於仁義之際」〔註42〕的儒家之流有所不同。程千帆先生對雜家的精神有一簡明扼要的總結：

　　　雜家者，百家所從入，期於爲治最切，蓋秦學也。〔註43〕

雜家之中，最富時代意義、也最爲後人所重者，厥爲《呂氏春秋》與《淮南子》。呂氏之書，「備一代之典要」，淮南之作，欲「綜先王之道，行時則之宜」，〔註44〕皆是兼綜各家，意在爲治。《呂覽》、《淮南》的撰作，一當秦皇

　　　《尸子》、《呂氏春秋》、《淮南子》、《仲長子昌言》、《蔣子萬機論》、《傅子》、
　　　《時務論》、《抱朴子外篇》等九種；屬兵家者，有《司馬兵法》、《孫子兵法》、
　　　《吳起兵法》、《太公六韜》、《太公陰謀》、《黃石公三略》等六種。以上亦參
　　　金光一博士之整理，見《群書治要》研究》，頁27～28。

〔註40〕對「雜家」的界定，廣狹寬嚴，歷代不同。後人雖有「大抵諸子之書，不能屬
　　　於各專家者，可以隸於雜家」的說法，但推尋劉歆、班固定立「雜家」一派之
　　　本意，卻並不似後人所說的濫集蕪雜，而是當時一種學術現象的反映。詳見程
　　　千帆：《閑堂文藪》（濟南：齊魯書社，1984），〈雜家名實辨證〉，頁235～240。

〔註41〕《漢書》（臺北：鼎文書局，1981），卷30〈藝文志〉，頁1742。

〔註42〕同上注，頁1728。

〔註43〕見程千帆：《閑堂文藪》，〈雜家名實辨證〉，頁236。

〔註44〕程千帆語，同上注，頁237。

之時，一當漢武之時，正是帝國發跡、天下一統而漸趨富強之際；呂不韋與劉安召集賓客編成二書，蓋有意提供一套治國意見方針，呈予帝王作治理天下的參考，可說是不折不扣的「帝王學」。徐復觀先生譽之爲「統治大一統天下的寶典」。〔註45〕果然，二書在《治要》的採錄中各佔一卷，可見魏徵等大臣心之所向，正合乎「期於爲治」的現實關懷。太宗切切思治，而在太宗的領導下，諸臣亦是切切思治，「期於爲治最切」一語，貼切地道出貞觀君臣的心聲。貞觀君臣雖然堅定地高舉儒家的仁義作爲治國的總體方針，在切近現實、期乎致用、徵諸實效的意態上，卻與雜家的性格有著高度的相似性。這樣的意態反映在《治要》的選錄上，便展現出兼蓄眾家的規模，頗有「雜家」的宏圖野心，將《治要》謂爲「帝王學」亦不爲過。〔註46〕

不過，《治要》雖以帝王學的格局鋪展出兼取眾家之長的寬闊視野，其帝王學的本質卻已經與《呂覽》、《淮南》有段距離。《呂》、《淮》二書的成就，除了治國「寶典」的現實意義之外，還在於能夠以一套思想體系兼融各家，融通爲一首尾完足、自圓其說的理論；其思想特色在於向度宏闊，意欲尋得縱貫天地萬物、自然人文的條理，加以掌握、運用，施於政事統治。呂不韋「使其客人人著所聞，集論以爲八覽、六論、十二紀，……以爲備天地萬物古今之事，號曰《呂氏春秋》」；〔註47〕《呂氏春秋》以「十二紀」之「紀首」爲全書綱領，是「綜貫天地人以建立政治的最高原則」。〔註48〕《淮南子》亦不遑多讓，〈要略〉篇自敘著書本意：「夫作爲書論者，所以紀綱道德，經緯人事，上考之天，下揆之地，中通諸理。」〔註49〕簡言之，即「觀天地之象，通古今之事」。〔註50〕這種縱貫天地人的潮流，是當時思想界的普遍風氣，不唯《呂覽》、《淮南》有之，戰國以降迄乎秦漢諸子，並皆有此意向存焉。徐復觀先生總述此一時期之思想特徵云：

> 將天地人並列，或以天地人爲三才，而要由人去參贊貫通，這是戰
> 國中期以來，相當流行的思想。而「形而上者謂之道，形而下者謂

〔註45〕見徐復觀：《兩漢思想史》（臺北：學生書局，1976），卷二，〈淮南子與劉安的時代〉，頁189。

〔註46〕金光一博士便將《治要》目爲「帝王學教材」，見《〈群書治要〉研究》頁12。

〔註47〕《史記》（北京：中華書局，1982），卷85〈呂不韋列傳〉，頁2510。

〔註48〕語出徐復觀：《兩漢思想史》卷二，〈呂氏春秋及其對漢代學術與政治的影響〉，頁5。

〔註49〕見劉文典：《淮南鴻烈集解》（北京：中華書局，1997），〈要略〉，頁700。

〔註50〕同上注，頁711。

之器」，亦《易繫傳》所明言。所以用另一語言來表達他們著書的總
綱領，是要貫通天地人，是要融澈形上形下。他們認爲只有這樣，
才可作爲劉氏統治大一統天下的寶典。〔註51〕

漢高誘對《淮南子》的稱美，在一定程度上也可移用於《呂氏春秋》。高誘《淮
南鴻烈解‧序》云：

> 言其大也，則燾天載地；說其細也，則淪於無垠，及古今治亂存亡
> 禍福，世間詭異瓌奇之事。其義也著，其文也富。物事之類，無所
> 不載。然其大較，歸之於道。號曰《鴻烈》。鴻，大也；烈，明也；
> 以爲大明道之言也。故夫學者不論淮南，則不知大道之深也。〔註52〕

「物事之類，無所不載」云云，與〈治要序〉所謂「包括天地，牢籠羣有」，
恰有幾分相似。這種博物的興趣，造就了雜家的廣闊，也似開出一條通往類
書的徑路。宋黃震即謂《淮南子》「凡陰陽造化、天文地理，四夷百蠻之遠，
昆蟲草木之細，瑰奇詭異，足以駭人耳目者，無不森然羅列其間，蓋天下類
書之博者也」。〔註53〕因此有學者以爲，若欲追溯類書「直系之祖祢」，則當
「溯之九流之雜家」。〔註54〕若參以著書宗旨，則知《呂覽》、《淮南》以宏
大的結構包羅天地，以繁博之內容涵括萬有，實欲探求一通貫宇宙之「道」，
並藉天地萬物作爲「道」的彰顯。雖則形似類書，卻並非如類書般將天地萬
物視作零散的知識物件，也並非徒然炫奇矜博，或僅作平面式的泛覽周觀。
在《呂覽》、《淮南》書中，天地萬物的鋪陳開展，背後尚有一更高層次的「道」
來統攝；而在參贊天地、通貫三才的思想潮流裡，也唯有將形上形下二端並
陳，方足以體現道之全貌。《淮南子‧要略》篇所謂「言道而不言事，則無
以與世浮沉；言事而不言道，則無以與化游息」，〔註55〕即是此意。

　　至此，略可整理出一個脈絡：《呂覽》、《淮南》作爲「帝王學」，的確有

〔註51〕　見徐復觀：《兩漢思想史》，〈淮南子與劉安的時代〉，卷二，頁 188～189。
〔註52〕　附見於《淮南鴻烈集解》卷首。
〔註53〕　語出黃震：《黃氏日鈔》。《類書流別》引此條作爲類書始自《淮南》之證。
〔註54〕　《類書流別‧緣起第二》有說：「蓋六經以後，百氏競興，雖醇醨不同，要皆
　　　　　自抒其獨見。其兼儒、墨，合名、法，著一書而成於眾手，襃群言而自立一
　　　　　宗者，厥爲雜家。雜家始於《呂覽》，其書大抵撢取往說，區分臚列，而古今
　　　　　巨細之事，靡不綜貫。相其體制，益近類事家言；然猶潄潤增華，非徒以裒
　　　　　襀爲事。及《淮南內外篇》繼作，採諸子之精粹，納之部類，始純以聚博爲
　　　　　工；後世之類書，實造端於此。」見《類書流別》，頁 8～9。
〔註55〕　見《淮南鴻烈集解》，〈要略〉，頁 700。

著「期於爲治最切」的關懷。然而他們同時也著意於探究天地人的關連與秩序，推求其間的運行法則，從而覓得「人」在此間的安頓位置，與「參贊貫通」之「道」；他們對政治的談論，也是安放在天地人的架構下進行思考。換言之，彼所謂帝王學，是以「道」居最高層次，而政治上的具體施爲，則屬於形而下的應用層次；道之開散而有政治，而政治又須向上與道會通。至如廣搜異聞、博聚百物而形似類書云云，於道視之，直是枝末細事了。

至於《治要》，其兼蓄眾家的眼界，的確具有「帝王學」的規模，《治要》對《呂覽》、《淮南》亦有相當程度的重視；但檢視《治要》對二書的選錄內容，卻可明顯看出兩種「帝王學」存在著不小的差異。

最明顯的差異，便在於《治要》對上述「道」的層次，總是保持距離。如上所言，《呂覽》、《淮南》之所以不落入「漫羨無所歸心」之弊，在於能夠成功地建立一套「道」的學說，且無論其「道」是以陰陽家或以道家爲旨歸，都能在此一「道」之理論架構下，統攝各家之說。但《治要》顯然對「道」的探尋興趣缺缺，遂在選錄之時，將《呂覽》、《淮南》用作立基根本的「道」的層次，直接刪略。在《治要》卷 41 對《淮南子》的選錄中，都是片段的節鈔，徹底打破了當初編者所精心安排的篇次結構，且所選錄的段落幾乎都落在「事」的層次，看不出《淮南》原書所欲呈現的「道」、「事」層次之別。「道」本是《淮南》全書的理論基礎，但從《治要》自〈原道〉篇節錄下的文字，並無法知悉「道」的特質與性格，「達於道」的政治效果倒是載錄得比較詳細。〔註 56〕《治要》專從末端的結果處詳說，其效近似於教誡；至於「道」，則僅是一種高尚的、理想的象徵，略通其義則可，不必予以深究的。

《治要》卷 39 選錄《呂氏春秋》，亦是明顯的例子。《呂氏春秋》以陰陽五行構築起核心理論，理論架構則由十二紀「紀首」作出通盤鋪張；〔註 57〕

〔註 56〕 茲錄《治要》所節選《淮南子・原道》之內容如下：
夫道者，覆天地而和陰陽，節四時而調五行。故達於道者，處上而民弗重也，居前而眾不害也。天下歸之，姦邪畏之。以其無爭於萬物也，故莫能與之爭。故體道者，逸而不窮；任數者，勞而無功。夫峭法刻誅者，非霸王之業也；箠策繁用者，非致遠之御也。離朱之明，察鍼末於百步之外，而不能見淵中之魚；師曠之聰，合八風之調，而不能聽十里之外。故任一人之能，不足以治三畝之宅。修道理之數，因天地之自然，則六合不足均也。（卷 41，頁 546）
〔註 57〕 十二紀紀首的陰陽五行思想，是《呂覽》背後全盤共通的理論依據。徐復觀先生：「《呂氏春秋・十二紀》紀首，正吸收了《夏小正》及《周書》的〈周月〉、〈時訓〉，加以整理；而另發展了鄒衍的思想，以此爲經；再綜合了許多

然而《治要》於「紀首」卻隻字未提，僅從十二紀之下附屬各篇，及八覽、六論等部份內容抄錄出片段文字。〔註58〕顯見《呂氏春秋》「與元同氣」的致治要領，《治要》並不深究，亦不相契。十二紀紀首的理論，對於兩漢學術思想有著深遠的影響，〔註59〕好比成書於漢景帝末年的《淮南子》，「全錄〈十二紀紀首〉以爲〈時則訓〉，而頗有變更」；〔註60〕又如《禮記》，書中以陰陽五行言禮者，「多直接間接，受有〈十二紀紀首〉的影響」，〈月令〉一篇尤其明顯，直接將〈十二紀紀首〉鈔出，其不同者「不過三五字別」。〔註61〕而《治要》面對這些夾帶「紀首」遺風的文獻的態度，與面對「紀首」本身的態度如出一轍，一概不取：卷41選錄《淮南子》而未錄〈時則〉；卷7選錄《禮記》，雖收有〈月令〉篇，卻只視爲「十二月政之所行」〔註62〕的單純記錄，爲先王典制留下一些剪影，全是樸實切近的人間事，沒有什麼神祕玄遠的天道。

　　從《呂覽》、《淮南》二例即可看出，《治要》所代表的「帝王學」，顯然已經偏離《漢志》所說的「知國體之有此，見王治之無不貫」的雜家本色，

因素，及政治行爲，以組織成『同氣』的政治理想的系統。」（參《兩漢思想史》，卷二，頁14）所謂同氣，是將陰陽、五行兩者相關聯的運作，視爲「天」的整體運行法則，從而將人的一切行事施爲，包含生活的、政治的，都與「天」的運行相配，而形成一套一年十二月完整的規劃安排。（同上注，頁17～18）這是《呂覽》所認爲的理想政治運作模式，亦即「天人合一」。

〔註58〕《治要》卷39「呂氏春秋」節鈔段落出處如下：〈孟春紀·貴公〉、〈孟春紀·去私〉、〈仲春紀·功名〉、〈季春紀·論人〉、〈孟夏紀·勸學〉、〈孟夏紀·尊師〉、〈仲夏紀·大樂〉、〈仲夏紀·侈樂〉、〈仲夏紀·適音〉、〈季夏紀·音律〉、〈季夏紀·制樂〉、〈孟秋紀·蕩兵〉、〈仲秋紀·論威〉、〈仲秋紀·愛士〉、〈孟冬紀·節喪〉、〈孟冬紀·安死〉、〈仲冬紀·至忠〉、〈季冬紀·不侵〉、〈有始覽·去尤〉、〈有始覽·聽言〉、〈有始覽·謹聽〉、〈有始覽·務本〉、〈孝行覽〉、〈孝行覽·義賞〉、〈慎大覽〉、〈慎大覽·順說〉、〈慎大覽·貴因〉、〈先識覽〉、〈先識覽·觀世〉、〈審分覽〉、〈審分覽·君守〉、〈審分覽·任數〉、〈審分覽·知度〉、〈離俗覽·用民〉、〈離俗覽·適威〉、〈恃君覽·知分〉、〈恃君覽·達鬱〉、〈恃君覽·行論〉、〈恃君覽·驕恣〉、〈慎行覽·疑似〉、〈貴直論〉、〈貴直論·直諫〉、〈貴直論·壅塞〉、〈不苟論·自知〉、〈不苟論·貴當〉、〈似順論·分職〉。
〔註59〕徐復觀先生詳論之，仍見〈呂氏春秋及其對漢代學術與政治的影響〉，《兩漢思想史》，卷二。
〔註60〕同上注，頁55。
〔註61〕孔穎達語，錄於〔清〕孫希旦：《禮記集解》（臺北市：文史哲出版社，1980），頁399。
〔註62〕鄭玄語，同上注。

已不著重在建立一套貫通天地人的宏闊理論來理解「國體」、貫通「王治」。
那麼,《治要》作爲帝王學,究竟著眼於何處?《隋書‧經籍志》對於雜家的
界說,大有玄機:

> 雜者,兼儒、墨之道,通眾家之意,以見王者之化,無所不冠者也。
> 古者,司史歷記前言往行,禍福存亡之道。然則雜者,蓋出史官之
> 職也。放者爲之,不求其本,材少而多學,言非而博,是以雜錯漫
> 羨,而無所指歸。〔註63〕

《隋志》不再將雜家之源認定爲「議官」,而以爲出於「史官」,這是《隋志》
與《漢志》最大的不同。〔註64〕在《隋志》看來,要能「兼儒、墨之道,
通眾家之意」,以期在政治領域能「見王者之化,無所不冠」,所憑藉以通貫
乎其間者,是「史」。「歷記前言往行」是「史」的基本內容,也表出「史」
以人事爲關懷主體的基本傾向。從歷史當中可以領略出成敗興亡的軌跡,這
在某種意義上也是「道」,然而這樣的「道」,實是以人事爲範疇,在人事之
外的,諸如天地精神、五行陰陽、神鬼怪異……,都屬玄遠迂闊而不切實際。
在「史」的眼光之下,渺茫的「天道」並非其所措意,切近的「人事」才是
首要關懷,是以就人事論人事,而將天地還諸天地。以「史」通眾家的雜家,
其關懷基本上是現實的,且是中性客觀的,不需先行立基在某家思想,再融
會其餘各家。從「史」的立場出發,則百家之言俱是「前言往行」的記載;
甚至也可說不只是百家,經、史諸書亦同居「載籍」之列,都是可資「稽古」
的珍貴資產。在雜家出於史官的意義之下,論者是否能形成一套理論以成
「一家之言」,已不重要;重要的是「前言往行」所揭示的「存亡禍福之道」。
雜家「期於爲治最切」的精神、關切現實的眼光,到了《隋志》之中則與「史」
匯流,透過「史」的鑒戒教訓,繼承雜家的用世初衷。〔註65〕

〔註63〕見《隋書》卷34〈經籍志三〉,頁1010。

〔註64〕《隋志》雜家出於史官之說,學界有所解釋,如程千帆即云:「……惟稱源出
史官,蓋以《周禮》無議官耳。」見氏著:《閒堂文藪》,〈雜家名實辨證〉,
頁242。本文則嘗試提出另一種解讀線索。從大時代的思想趨勢觀察,貞觀朝
臣將雜家溯源於史官的說法,或許隱然有一種重「史」用「史」的觀念意識
爲前導,而與貞觀時代的思潮互通聲氣。詳見下文。

〔註65〕必須說明的是,《漢志》雜家、《隋志》雜家,在子目上是有落差的。從子目
上看,《隋志》「雖總號雜家,實暗分四目」(程千帆語,同上注),除了著作
子書、成一家言的雜家之外,亦包含《博物志》等雜著、《皇覽》等類書、以
及釋教諸書。不過這些新增入的書籍,都是漢以後才出現,在做圖書分類時
自需重新考量:《隋志》將這些新興書籍暫居雜家之末,顯然對「雜」字的理

　　《治要》所代表的「帝王學」，與《隋志》對雜家的界定，可謂異曲同工。懷抱著深切的「稽古」誠意，以求治的熱忱爲前導，兼採經史百氏，該羅眾家之言，反映出貞觀君臣的獨特風格，連帶使得帝王學的性質有別於以往。如果對「史」的思考、對前言往行古今人事的研究，可以算得上一種廣義的「史學」，那麼《治要》所代表的「帝王學」，名之曰「以史學爲基礎的帝王學」，或庶幾近之。

　　在〈治要序〉裡，這種重「史」的傾向是顯而易見的。序文開門見山便道：

> 竊惟載籍之興，其來尚矣。左史右史，記事記言，皆所以昭德塞違，
> 勸善懲惡。故作而可紀，薰風揚乎百代；動而不法，炯戒垂乎千祀。
> 是以歷觀前聖，撫運膺期，莫不懍乎御朽，自強不息，乾乾夕惕，
> 義在茲乎！

在《治要》編者眼中，「羣書」所代表的「載籍」之博，都以「史」的功用爲依歸，彰善癉惡，勸善懲惡，直接指向發生於讀者身上的鑒戒效果。載籍的懲勸效力，從載籍的持久流傳而來。隨著載籍的流傳，個人的名聲與評價也將永無止境地延續下去。流芳千載、遺臭萬年都是「不朽」，價值高度卻天差地別。青史留名，正是以史爲鑒得以發揮作用的前提；愛惜名節的人，對於「史」的力量必然甚感戒愼恐懼，以「前聖」自勵、以「炯戒」自警，是以終日念茲在茲，「自強不息」。「史」上留「名」已是末端的結果，結果足以使人生發惕厲、警懼之心，這是改變的起點、「自強不息」的原動力；然而光只是站在起點是不夠的，還須有所作爲，才能眞正抵達目標。而在實踐作爲之前，還得先認清什麼是「作而可紀」、什麼是「動而不法」。《治要》以致用爲本懷，關切現實，因而不願只是空洞地泛論治道，而將其著眼點放在人事作爲。仍見〈治要序〉：

> 若乃欽明之后，屈己以救時；無道之君，樂身以亡國。或臨難而知
> 懼，在危而獲安；或得志而驕居，業成以致敗者，莫不備其得失，
> 以著爲君之難。其委質策名，立功樹惠，貞心直道，忘軀殉國，身
> 殞百年之中，聲馳千載之外；或大奸巨猾，轉日迴天，社鼠城狐，

解多少帶有雜集之意，而與《漢志》對雜家的規範不同。雖則如此，《隋志》
雜家類小序所談論的學術源流，大抵還是針對原始意義的雜家而言的，因此
本文仍將《隋志》的說法納入討論。

反白仰黑，忠良由其放逐，邦國因以危亡者，咸亦述其終始，以顯爲臣不易。其立德立言，作訓垂範，爲綱爲紀，經天緯地，金聲玉振，騰實飛英，雅論徽猷，嘉言美事，可以弘獎名教，崇太平之基者，固亦片善不遺，將以丕顯皇極。至於母儀嬪則，懿后良妃，參徽猷於十亂，著深誠於辭輦；或傾城悊婦，亡國豔妻，候晨雞以先鳴，待舉烽而後笑者，時有所存，以備勸戒。

《治要》所謂「網羅治體，事非一目」者，盡在於此。帝后妃主、忠奸賢不肖之類，人物事跡，林林總總，顯然才是他所關切的對象。以此爲治體，豈不反映出《治要》濃厚的史家色彩？

從經、史、子三類典籍在《治要》五十卷的分布比重來看，史部僅佔二十卷，似乎不能證成《治要》重「史」的傾向。然而，若對經部十卷、子部二十卷的選錄狀況略加暸解，則會發現，這三十卷的來源雖非史部，某種意義上竟也呈現出與史部節鈔相仿的特質。

先談子部二十卷。

首先，在目錄編次上，《治要》子部並不像《隋志》那樣以家派爲類，分別部居，也不是以重要性的高低進行排序；而幾乎是依照託名的子家或作者所生存的年代早晚，作爲先後序列的依據。是以事涉西周文王、武王之《六韜》、〔註66〕《陰謀》、〔註67〕《鬻子》，〔註68〕高居子部諸書之首；此三書雜糅各家學說，盛談用兵謀略，雖名曰姜望、鬻熊所作，卻明顯是後人僞託。然而《治要》編者卻不甚在乎僞託的問題，反而因文王、武王爲書中要角，津津載錄之。若非「稽古」意識濃厚，焉可如此？這種與歷史時代緊緊牽繫的特性，不只呈現在目錄編次，也呈現在《治要》偏好選錄的子書內容。《治要》所選子書，秦以前與漢以後，差不多各佔一半。先秦諸子以平王東遷後的禮壞樂崩爲共同的基源問題，積極尋求政治秩序的建立、鞏固之道，求治的意圖顯白而強烈，自然受《治要》青睞。至於漢晉諸子，《治要》亦偏重在關懷現實政治、談論政事制度的子書，如《新語》、《賈子》、《鹽鐵論》之類，而漢末魏晉補偏救弊的論政之作，如《桓子新論》、《潛夫論》、《政論》、《昌言》、《申鑒》、《政要論》、《體論》、《典語》等等，更是收錄甚多。此等補偏

〔註66〕 《隋志》著錄於子部兵家類，《太公六韜》五卷，注云：「周文王師姜望撰。」
〔註67〕 《隋志》著錄於子部兵家類，《太公陰謀》一卷。
〔註68〕 《隋志》著錄於子部道家類，注云：「周文王師鬻熊撰。」

救弊的論政之書,並沒有一套抽象、宏大、玄遠而自成體系的理論架構,以
「成一家言」的標準來看,原非上乘之作;雖然思想價值相對不高,歷史價
值卻十分豐富。這些書裡的言論,既是針對時政弊病而發,自然是忠實地反
映出當世的社會現況,無「史」之名卻頗有「史」之實;與此同時,又能提
供切於實際政事的指導意見。《治要》多所選錄,有理可循。

再者,略覽《治要》所錄子書,可以發現在選錄形式與選錄內容上,仍
多與史書相似。《治要》史部的選錄,以人物為主,選錄趣味主要呈現為記言、
記事,當然還收錄了好些史家的史論,下章將有詳說。而這樣的選錄趣味竟
也在子部的選錄中反映出來:

首先是記言。如卷 33《晏子》,所取計有〈諫上〉、〈諫下〉、〈問上〉、〈問
下〉、〈雜上〉、〈雜下〉六篇,內容甚多。諫者乃晏子諫於齊景公,問者乃齊
景公問政於晏子,雜者亦是齊景公與晏子在不同主題、不同情境下的討論,
總之不外乎是記載晏子之言論與發言之背景,而又以言論為重點所在。這樣
的行文模式,與史書傳記如出一轍,幾乎可視作「晏子別傳」了。卷 31《六
韜》、《陰謀》中的各條節鈔,也都以同類型的問答模式呈現,基本格式不離
「文王(武王)問太公曰……太公曰……」,有時則加上問答發生的地點,或
簡易的情境說明。以記言為主,並寫入問答互動的雙方人物,與問答發生的
背景情境,直似史書的記述口吻。此種模式在其他子書的選錄中亦經常出現,
可見是《治要》的興趣所在。

其次是記事。最明顯的例子是卷 42、43 對《新序》、《說苑》的選錄,《說
苑》甚至獨佔一卷的篇幅。《新序》、《說苑》以具體故事為主要內容,著作
體裁與傳統子書有別,是子家表達思想的一種特殊方式。〔註69〕以《說苑》
為例,《治要》所錄計有〈君道〉、〈臣術〉、〈貴德〉、〈復恩〉、〈政理〉、〈尊
賢〉、〈正諫〉、〈法誡〉、〈善說〉、〈修文〉、〈反質〉諸篇。從各篇篇名即可看
出,《說苑》對歷史故事的載錄,都與政治緊密相關,指向現實政局,「籠罩
政治的各個方面以立言」,〔註70〕誠所謂「以著述當諫書」。〔註71〕《新序》、
《說苑》誼屬子書,卻多引歷史故事,這種特殊的形式意義,頗可作為解讀

〔註69〕 參見徐復觀:《兩漢思想史》,〈《韓詩外傳》的研究〉,卷三,頁 1。
〔註70〕 見徐復觀:《兩漢思想史》,〈劉向《新序》《說苑》的研究〉,卷三,頁 96。
〔註71〕 譚獻語,原文作:「舟中閱《新序》。以著述當諫書,皆與封事相發,董生所
謂陳古以刺今。」見《復堂日記》(石家庄:河北教育出版社,2000),卷 6,
頁 149。原文雖以《新序》為言,然將此移用於《說苑》亦甚相合。

《治要》的參考。在此想表達的意思是，《治要》對於《新序》、《說苑》，並不獨取劉向於書中所發表的意見，而多將劉向所記之歷史故事一併錄入，可見《治要》對史事的偏好。

其三是論史。這一點可以卷 46《典論》爲例。曹丕《典論》一書已佚，《治要》卷 46 所節錄的兩段內容，一方面是彌足珍貴的文獻資料；而另一方面，《治要》之興趣與意向所在，也透過僅取的兩段，清楚地展現出來。這兩段分別出自〈姦讒〉、〈內誡〉兩篇，原文篇序點明宗旨，與《治要》所關切者同聲相應，茲錄如下：

> 何進減於吳匡、張璋，袁紹亡於審配、郭圖，劉表昏於蔡瑁、張允。孔子曰：「佞人殆。」信矣！古事已列於載籍，聊復論此數子，以爲後之監誡。作〈姦讒〉。……
>
> 三代之亡，由乎婦人。故《詩》刺艷女，《書》誡哲婦。斯已著在篇籍矣。近事之若此者眾，或在布衣細人，其失不足以敗政亂俗；至於二袁，過竊聲名，一世豪士，而術以之失，紹以之滅，斯有國者所宜慎也。是以錄之，庶以爲誡于後。作〈內誡〉。……〔註72〕

曹丕所言「以爲後之監誡」、「爲誡于後」，正合乎貞觀君臣的「鑒戒」意識。篇中的行文脈絡，大抵都是先簡述其事，而後論其得失，形似史書之精簡版。然而就論而言，實在不甚高明，不過是抒發一己感懷罷了。但感懷畢竟也是切身的省思，心存幾分戒愼恐懼，雖不見高遠的理論憑依，作爲「鑒戒」之用，已是綽綽有餘。帶著鑒戒的現實感議論史事，看重的是歷史對人的惕勵功效，自與當時一輩魏晉名士以歷史人物爲題的清談大異其趣。卷 44《桓子新論》中，收錄了許多針對「王翁」（即王莽）提出批評的言論，並引漢高祖之作爲相互對照，比較其間的高下得失，此一述論模式，亦大類史論。

子家論史還展現爲另一種形式，即於論中引史事爲證。於議論中舉例佐證，本是增強論點說服力的有效方法，在奏疏諫言裡尤其常見。於此形式中，作爲支持證據的史事，並非該議論的重點所在，若欲擷取精華要領，照理來說，是不需將史事也寫入的。但《治要》並未將引史爲證的部份刪去，反而不厭其煩地加以保留。足見《治要》重視議論的徵實性，徵諸「深切著明」之「行事」，而不喜「載之空言」，由此亦可見出重「史」的精神。其例於《治要》中隨處可見，茲不具引。

〔註72〕《治要》卷 46，頁 624～625。

此類與史部節選相仿的特質，不唯出現在子部而已；對於經部十卷，《治要》也以一貫的手法處理。是以五經之中，面貌最接近後世史書的《春秋左氏傳》，就佔了整整三卷的篇幅；有「春秋外傳」之稱的《國語》亦見取於《治要》經部。選錄《尚書》，則必連同典謨誥誓之發生背景一併收入；於《詩》採《毛詩》，而對〈詩序〉的選取甚至多於詩篇本身，突顯出《治要》對歷史與歷史教訓意義的重視。《禮記》、《周禮》多錄先王治國之禮樂刑政、設官分職等典制，與史中之書志有幾分相似。最特別的是，自來被視為經部外圍附庸的《韓詩外傳》、《孔子家語》，《治要》毫不猶豫地將之同置經部之列，《孔子家語》甚至據有一卷之多，與《周易》、《尚書》、《毛詩》、《禮記》並駕齊驅。箇中原因，亦可從「史」的特質推見端倪。《韓詩外傳》藉歷史故事來呈現思想內容，為《列女傳》、《新序》、《說苑》開了先河；〔註73〕《孔子家語》則大量載錄孔子關於政治各層面的言論，包含孔子與國君的問答、與學生的討論，亦有孔子對於某事件或某情境的評論，更是兼子、史而輔佐聖經的作品。

正因為《治要》在一定程度上是本著「史」的精神進行選錄，遂使得子部二十卷之中，雖則包羅各家子書，但各家之間原有的性格區別，卻在彼此近似的選錄形式中隱去。再持之與經部相較，呈現在讀者眼前的，仍是與史、子共通的元素。這又再次顯示出《治要》將經、史、子諸書均視為「載籍」的立場。載籍是廣義的「史」，將各書一視同仁地視為載籍，是在材料上先賦予各書以史的性質，在此平等的基礎上，再來進行別擇去取。而載籍的價值，《治要》從「昭德塞違，勸善懲惡」的實際效用來進行界定。憑此懲勸之意，可以上承諸經，下通諸子；而所有載籍又被《治要》一齊收編到「史」的巨流之中，共同擔負起鑒戒教訓的使命，無論是經、是史、是子，都可以是廣義的歷史紀錄，都可以成為鑒戒教訓的來源與憑藉。

總而言之，《治要》的史學，直通政治現實關懷，與子家的用世精神互為表裡，極富貞觀特色。《治要》之中，屢次藉子家之口，明確表白史之功用與地位。如卷46《中論》：

夫人也，皆書名前策，著形列圖，或為世法，或為世戒，可不慎歟！

〔註74〕

〔註73〕見徐復觀：《兩漢思想史》，〈《韓詩外傳》的研究〉，卷三，頁6。
〔註74〕見《治要》卷46，頁618。

而卷46《申鑒》所論更詳：

> 古者天子諸侯有事，必告於廟。有二史，右史記事，左史記言；事
> 爲《春秋》，言爲《尚書》。君舉必記，臧否成敗，無不存焉。下及
> 士庶，苟有茂異，咸在載籍。或欲顯而不得，欲隱而名彰。得失一
> 朝，榮辱千載。善人勸焉，淫人懼焉。故先王重之，以副賞罰，以
> 輔法教。〔註75〕

將此語同〈治要序〉相對照，兩者的內在意向幾乎雷同。

　　以此富貞觀特色的史學爲基礎，開展出帝王學的氣象規模，這樣的途徑
可以大致概括《治要》的整體面貌，也概括了貞觀君臣所嚮往之「古道」的
實質內容。憑此以檢視〈治要序〉所謂「俯恊堯舜，式遵稽古」，堯舜實在只
是虛設的聖王象徵，「稽古」則是實義，只是此所謂「古」，是在史學的鑒戒
意識下，兼蓄經史百氏的治平論述，已不是純粹的「堯舜周孔之道」了。

　　錢穆先生曾經從學術史的觀點爲唐代定位：

> 單從學術史立場論，唐代也是古今一大變，所變便在更沒有「王官
> 學」與「百家言」之大分野，而代替以「經」、「史」分類的觀點。
> 〔註76〕

至於唐人所謂的「經」學與「史」學，錢先生說：

> 若說唐代也有王官學，則仍只如漢宣帝所云：「漢家自有制度，以王
> 霸雜用之。」這一種趨勢，又形成了將來學術界的新觀念。他們常
> 把古六藝稱「經學」，來代表理想的「王道」，把此後的歷史與時變，
> 盡歸成「史學」，而史學則往往只代表著「霸道」。〔註77〕

從學術史的大潮流來看，「唐人用史學眼光來看古經籍」〔註78〕的現象，確確
實實是存在的。「百家言」精神與「王官學」精神雙雙失卻，不唯「『經學』
也只成爲一種『史學』」，〔註79〕諸子學說亦皆歸屬於「史」。《治要》的選輯
狀態就十足反映出這個現象。不過，唐人對古經籍的認知觀念，雖與西漢諸
儒以經書爲新朝創制立法的觀念不同，究其「致用」精神而言，依然與漢代

〔註75〕見《治要》卷46，頁614。
〔註76〕見錢穆：《兩漢經學今古文平議》（臺北市：東大，2003），〈孔子與春秋〉，頁
　　　　260。
〔註77〕同上注，頁259～260。
〔註78〕錢穆先生語，同上注，頁259。
〔註79〕同上注。

的「通經致用」一脈相接。漢代人的「通經致用」，保存在「《漢書》、《後漢書》每一個人與國家大政有關的事迹中」；〔註80〕《治要》從史書中收錄漢代奏疏，又從子書中摘取漢時議政文字，正顯示出其內在精神與漢代活用經學的用心遙遙相應。錢先生曾將唐太宗與大臣之間的論政言談稱爲「活經學」，〔註81〕且說：

> 唐朝人雖然不看重經學，不講經學，實際上是有經學的，經學在那
> 裏？在活的「致用」方面。〔註82〕

細究起來，貞觀君臣「致用」精神的實質內涵，必然與漢代有不小的落差；而貞觀論政的「致用」基礎，亦在史學而不在經學，並不能算是兩漢「通經致用」的再現。雖則如此，他們談論學問的目的終究導向「政府施政」，〔註83〕導向治國平天下的現實施爲。這番經世「致用」的本懷，上通堯舜周孔、先秦兩漢，開展爲貞觀時代的獨到風采。《治要》一書的纂集便是活生生的例證。

〔註80〕 錢穆先生語，見《經學大要》（臺北市：素書樓文教基金會出版，蘭臺網路總經銷，2000），第十七講，頁308。

〔註81〕 同上注。

〔註82〕 同上注，頁311。

〔註83〕 錢穆先生所謂「活的、有用的眞經學在政府施政上」。同注76。

第四章　《治要》史部之形式內容

　　此章與下章將以《治要》卷 11 至卷 30，亦即節選史部典籍的部分（簡稱《治要》史部），作為關注的焦點。本章先從整個《治要》史部的外部輪廓來觀察，從選錄的形式內容，掌握一些基本格式，與編纂者的選錄意趣；下章則進一步探究內裡的精神風貌。

第一節　選錄形式

　　就史部典籍而言，「體裁」、「體例」二者是史家著史時重要的形式考量，也是後人研讀史籍、分類史書時重要的形式依據。不同的形式，反映出不同的觀念意識。從《治要》史部的呈現面貌，可以判斷出編者在選輯史書時，對「體裁」、「體例」採用的是何種處理方式。這雖然是外部形式問題，卻能表露出《治要》編者面對歷史的基本立場。以下即就史書「體例」、史書「體裁」二者分別說之。

一、史書體裁方面

　　《治要》史部二十卷，到底是以哪些史籍為底本？且看〈羣書治要目錄〉：

第二袠十卷
　　第十一　史記上
　　第十二　史記下　　吳越春秋
　　第十三　漢書一
　　第十四　漢書二

目錄中明白標示出六部史書，此中作者與書名確而無疑者，如下：

《史記》，司馬遷撰。《治要》選錄於卷 11、卷 12。

《漢書》，班固撰。《治要》選錄於卷 13（今佚）、卷 14、卷 15、卷 16、卷 17、卷 18、卷 19、卷 20（今佚）。

《後漢書》，范曄撰。《治要》選錄於卷 21、卷 22、卷 23、卷 24。

《三國志》，陳壽撰。《治要》選錄於卷 25、卷 26、卷 27、卷 28。

這四部書，在體裁上都屬於紀傳體正史。其中，《史記》、《漢書》及《後漢書》三者，唐人習稱「三史」，足見其地位爲眾所公認；〔註 1〕陳壽《三國

〔註 1〕「三史」之名，三國時代即已出現，「三史」的內容則經歷過轉變。所謂「三史」最初指的是《史記》、《漢書》、《東觀漢記》，後來《東觀漢記》被范曄《後漢書》所取代。至於轉變發生的時間，《四庫提要》認爲是在章懷太子集諸儒注范書之後；余嘉錫《四庫提要辨證》則認爲自范曄書出，大行於世，《東觀漢記》即漸不爲人所重。《治要》取范曄《後漢書》而不取《東觀漢記》，可以證明余嘉錫先生的說法。對范書的肯定，在唐初編纂的《治要》裡已是明確現象，而非始於章懷太子。

志》則是會集三國史事全面紀錄的完整著作。此四書在唐人觀念中都可稱得上研治史學的必讀書目。〔註2〕這四部紀傳體正史，在《治要》史部二十卷之中，便佔了將近九成的篇幅。順著這樣的傾向，似可大膽推論：《治要》史部，在史籍的選錄上，應該是以「紀傳體」為本位。

〈治要目錄〉中，比較令人費解的有兩處：一是卷12附於《史記》之末的《吳越春秋》，二是卷29、卷30的《晉書》。

先討論《晉書》。我們知道，正史系列裡的《晉書》，是貞觀二十年太宗下詔重修的，由房玄齡等二十一人於貞觀二十二年撰成。〔註3〕也就是說，在貞觀五年以前，魏徵等人纂集《治要》的時候，所能見到的還只是各家《晉書》舊作。〔註4〕那麼，《治要》29、30 兩卷所取究是哪一家《晉書》呢？據《舊唐書·房玄齡傳》的記載，貞觀後期重修《晉書》，是以臧榮緒《晉書》為底本。臧書在眾家晉史中，是難得的「囊括兩晉、卷帙完整、內容較詳的紀傳體全史」，〔註5〕它之所以成為唐修《晉書》的依據，原因或許就在這裡。由此推想，在唐修《晉書》面世之前，臧榮緒《晉書》大概已有一定的代表性，一來是由於時代跨度與篇卷內容尚稱完整，二來是因為「紀傳體」的體裁符合正史的標準形式。如果臧書的代表性能夠成立，那麼回到《治要》來看，若說那二卷《晉書》主要是憑藉臧榮緒《晉書》進行節選，應該也是合情合理的推論。學者對《治要·晉書》來源的考證結果也是如此。清代張聰咸首次提出《治要·晉書》本於臧榮緒《晉書》的推測，其後胡適運用黃奭《黃氏逸書考》的輯佚成果來考定，也證成的這個說法。〔註6〕臧書已佚，

〔註2〕陳壽《三國志》雖未見與《史記》、兩《漢書》合稱的記載，從弘文、崇文館生的考試內容來看，《三國志》仍是當時重要的史學教材。見《新唐書·選舉志》：「凡弘文、崇文生，試一大經、一小經，或二中經，或《史記》、前後《漢書》、《三國志》各一，或時務策五道。經史皆試策十道。⋯⋯」

〔註3〕關於唐修《晉書》之成書年代，及當年的修史班底，岳純之先生有詳細的考證，見氏著：《唐代官方史學研究》（天津：天津人民出版社，2003），第四章〈《晉書》的重修〉。

〔註4〕與唐修《晉書》相對，各家晉史舊作或有「十八家晉書」之稱，至少唐太宗是這樣總括的。唐太宗在〈修晉書詔〉中，對重修《晉書》的理由提出一番說明，其中一項重要因素，便是諸家《晉書》的寫作成果並不能使人滿意：「十有八家，雖存記注，而才非良史，事虧實錄。⋯⋯」實際上，晉史著述的成書數量並不只十八家，據學者考證有三十四家之多，見冉昭德：〈關於晉史的撰述與唐修晉書撰人問題〉，《西北大學學報》，1957 年 04 期。

〔註5〕岳純之語，見《唐代官方史學研究》，頁 72。

〔註6〕詳見金光一：《《群書治要》研究》第五章《群書治要》所存佚書略考〉「一、

今僅存輯本。〔註7〕筆者曾就《治要‧晉書》二卷與湯球輯臧書、唐修《晉書》三者加以比對，雖然三者之間重疊的部分不多，可資比對之處有限，但從記敘體例、與所錄文章之取捨編排等細節之異同，仍可見出《治要》本於臧書的痕跡。詳見附錄。《治要‧晉書》二卷以臧書為本，大抵是可以相信的。

再看《吳越春秋》。《吳越春秋》，後漢趙曄撰，《隋書‧經籍志》歸於「雜史」類，且曰：「其屬辭比事，皆不與《春秋》、《史記》、《漢書》相似，蓋率爾而作，非史策之正也。」〔註8〕顯然，從史書「體裁」上看，《吳越春秋》非但不能與紀傳體「正史」同處一階，甚至也沒資格與編年體「古史」平起平坐。在《治要》史部裡，上至《史記》下至《晉書》，都高居堂而皇之的「正史」之列，在「體裁」上有著高度的一致性；《吳越春秋》在「正文」裡出現，且明白見於目錄，成了唯一的例外。

對此例外，如果想提出某種解釋，就需牽涉到《治要》的正文、注文問題。案，《治要》書中有正文，也有注文，注文以雙行小字的形態附於正文之後。正文、注文應該都是由魏徵等人同時纂集、同時節選。何以知之？一方面是今本《治要》各卷，只見「秘書監鉅鹿男臣魏徵等奉　勑撰」的字樣，並不見有人作注；劉伯莊雖有《羣書治要音》五卷，〔註9〕似是別行，未與《治要》本書合刻。更重要的是，注文，尤其是史部的注文，呈現為許多意義完足的獨立段落，顯有補足的效果，並不是簡單的隨文疏釋所可比論。注文的功用，在經部主要是疏解經文；在史部，除少數字義訓詁之外，絕大多數都提供了意義完足的一段內容，或為記事，或為評論，補正文所未載，與正文相互發明。這些資料又從哪裡來呢？就此，我們容易直接聯想到史書著名的注本，如《史記》裴駰《集解》、《漢書》應劭《集解》、《三國志》裴松之《注》等。〔註10〕前人對史書的補充與解釋，的確為《治要》的取材提供便利；但

臧榮緒《晉書》」，頁83。

〔註7〕如〔清〕湯球《九家舊晉書輯本》輯得臧榮緒《晉書》十七卷、補遺一卷。此書收於《新校本晉書并附編六種》（臺北：鼎文，1976），第五冊；大陸亦有楊朝明校補的新排本（鄭州市：中州古籍社，1991）。

〔註8〕見《隋書》卷33，〈經籍志二〉，頁962。

〔註9〕著錄於《新唐書‧經籍志》。

〔註10〕金光一博士曾對《治要》所採擷之本文及注文進行分析，認為《治要》的具體編纂材料可以直接從《隋書‧經籍志》裡找到具體的對應，其中史部正史類（亦即《治要》正文）取自以下諸書：

仔細尋檢注文，則會發現不少超出前人注本之外的內容，金光一博士已指出這個現象，他說「《群書治要》附注，多取諸足本」，但也有一些例外：

> 1）《史記·黃帝紀》、〈顓頊紀〉、〈帝嚳紀〉、〈帝堯紀〉、〈虞舜紀〉注分別徵引皇甫謐《帝王世紀》的相關部分；
>
> 2）《漢書》馮唐、鄭崇傳注分別徵引荀悅《漢紀·孝文皇帝紀下》、〈孝哀皇帝紀〉；
>
> 3）《魏志·陳琳傳》注徵引張騭《文史（當作「士」）傳》佚文，不見於裴松之注；
>
> 4）臧榮緒《晉書》似無注本，而〈武帝紀〉注引孫盛《晉陽秋》、干寶《晉紀》，〈惠帝紀〉注引《晉紀》，〈劉毅傳〉注引習鑿齒《漢晉陽秋》，〈陸機傳〉注引《晉陽秋》所載〈五等論〉。〔註11〕

對這些內容，他認爲「值得懷疑是否（爲）《群書治要》撰人親自附加的」，〔註12〕這話說得似乎有些保守，筆者則覺得當屬魏徵等人親自附加，毋需懷疑。在《治要》裡，正文、注文之間，不但分野判然，且又互相足成，完全沒有後人另外添加的形跡。〔註13〕

　　《史記》一百三十卷　目錄一卷，漢中書令司馬遷撰。
　　《史記》八十卷　宋南中郎外兵參軍裴駰注。
　　《漢書》一百一十五卷　漢護軍班固撰，太山太守應劭集解。
　　《後漢書》九十七卷　宋太子詹事范曄撰。
　　《三國志》六十五卷　敘錄一卷，晉太子中庶子陳壽撰，宋太中大夫裴松之注。
　　《晉書》一百一十卷　齊徐州主簿臧榮緒撰。
　　見《〈群書治要〉研究》，頁 26～27。

〔註11〕見金光一：《〈群書治要〉研究》，頁 30。

〔註12〕同上注。

〔註13〕《治要》正文、注文的分別，皆由編者一手操辦，最明顯的例子發生在卷25《三國志·魏志·明帝紀》。其中，「青龍三年」與「景初元年」二條，正文處分別只有「三年」、「景初元年」字樣，注文中則大篇幅抄錄《魏略》。（頁314～315）當年編者擇取材料時，想必認爲裴《注》所引《魏略》的內容更切合旨趣，在致力於精省的前提下，只得省略《三國志》原文，僅留下時間標示；而同時又考量到《三國志》與《注》之間應該有所區別，遂以單行正文、雙行注文的形式加以區辨。如果注文由後人所加，此處正文只記年代而缺略內容的現象，又當作何解釋？又，細察注文內容，並非信手雜鈔，也不是單純的補闕。注文與正文之間多有巧妙呼應，且注文的選錄灌注著與正文相通的主題思想。此種選錄精神的一貫體現，絕非外於《治要》編輯群之後人所能爲。注文對《治要》精神的體現，詳見下章討論。

那麼，《治要》編者是依循什麼樣的準則來區別正文、注文呢？茲將《治要》於足本之外另行附加的注文，及其出處與相應的史籍類別，表列如下：

表一　《治要》史部注文所取足本外史籍類別對照表

《治要》卷數	正文條目	注中引用之史籍	《隋志》分類
卷 11〈史記上〉	黃帝紀、顓頊紀、帝嚳紀、帝堯紀、虞舜紀	皇甫謐《帝王世紀》	史部雜史類
卷 17〈漢書五〉	馮唐傳	荀悅《漢紀》	史部古史類
卷 19〈漢書七〉	鄭崇傳	荀悅《漢紀》	史部古史類
卷 26〈魏志下〉	陳琳傳	張騭《文士傳》	史部雜傳類
卷 29〈晉書上〉	武帝紀 泰始五年 太康元年	孫盛《晉陽秋》 干寶《晉紀》 荀綽《晉後略紀》	史部古史類 史部古史類 史部雜史類
卷 29〈晉書上〉	惠帝紀	干寶《晉紀》	史部古史類
卷 30〈晉書下〉	劉毅傳	習鑿齒《漢晉陽秋》	史部古史類
卷 30〈晉書下〉	陸機傳	孫盛《晉陽秋》	史部古史類

由此看來，對於一項有用的材料，尤其是史部典籍裡的材料，究竟要放在正文還是放在注文，《治要》是遵循一定規則的。從《治要》史部上至《史記》下至《晉書》的選錄規模研判，能夠收為正文的，應當不脫以下規準：在分類上屬於「正史」，在體裁上屬於「紀傳體」。這個現象很容易從正文、注文的對照裡證明。凡是「正史」之外的，諸如編年體「古史」、「率爾而作」的「雜史」，《治要》都毫不猶豫地把它們全都劃入注文。

循此通例以言，卷 12 附於《史記》之末的《吳越春秋》，既屬「雜史」，按理是該要歸為注文的，而今卻是以正文的面貌呈現。或許是《治要》編纂者所懷抱歷史感過於強烈，以致無意間打破自設規準而猶不自覺。〔註14〕

不過話又說回來，《吳越春秋》畢竟也只以區區兩小節裝點於《史記》之

〔註14〕金光一博士曾歸納《治要》在內容編次中體現的觀念，認為此觀念與《隋書‧經籍志》之間，存在著相當程度的落差，並以《吳越春秋》為例加以說明：「《隋書‧經籍志》重點在於文獻的分類，而《羣書治要》更講究年代排序。比如……《吳越春秋》屬於《隋書‧經籍志》『雜史類』，而《羣書治要》排於《史記》與《漢書》之間。」講究年代排序，實為歷史意識的體現。見氏著《〈羣書治要〉研究》，頁 29。

末，以此微量之例外，應該還不致使《治要》對史書「體裁」的選錄考量全盤顛覆。整體來說，《治要》史部以「紀傳體」爲本位的選錄立場，依然是穩固而明晰的。

二、史書體例方面

「紀傳體」史書究竟爲什麼成爲《治要》史部主要的選錄憑藉呢？在「正史」的權威象徵之外，是否還有更切合實際的用處？再次回顧〈治要序〉，當魏徵要爲這五十卷的「治要」內容提挈出核心綱領，他並沒有朗聲諷誦聖哲的名言，也沒有陳列出一套理論式的治國要點，卻選擇了一種最原始而粗略的分類方式：

> 若乃欽明之后，……無道之君，……莫不備其得失，以著爲君之難。
>
> 其委質策名，立功樹惠，……或大奸巨猾，……咸亦述其終始，以顯爲臣不易。
>
> 其立德立言，作訓垂範，……固亦片善不遺，將以丕顯皇極。
>
> 至於母儀嬪則，……或傾城忿婦，……時有所存，以備勸戒。

就這段文字的敘述脈絡，整理一下他所指陳的對象：一是「君」，二是「臣」，三是「后妃」，還有那些散布在國境之內於裨補政教有功的人士。〈治要序〉便是以這樣的「人物」類型爲《治要》全書張開綱領，在人物類型的「大類」之下，各有正反，而由此又能開展出許多「小類」。對於以精密準確的科學態度求取治國之道的理論家來說，這樣的分類或許顯得太籠統、太簡陋，隨意舉幾個施政的重要概念，好比經濟、法律、外交之類，在〈治要序〉裡都找不出對應的字句。不過，翻檢《治要》內容，治國的方方面面，編纂者確是都照顧到了；顯然他們不是不知道可以將治國切分成這些面向，再一一提出指點，他們只是沒有採行這樣的途徑。〈治要序〉的分類乍看之下粗枝大葉，但它卻不是思想層次的倒退或疏陋，反而是魏徵論政的新視野。從抽象而生冷的理論，回歸具體的現實情境，有聲音、有畫面、有溫度，有悲喜聚散、有盛衰波瀾，由是開闢出從「歷史」談論政治的徑路，而魏徵更關注那貫穿千年歷史演進的中心力量——「人物」。

《治要》史部選擇「紀傳體」作爲主軸，可說是充分把握住紀傳體的特色與精神，並且充分發揮運用。早在紀傳體出現之前，已有「編年」、「記事」

兩種紀錄歷史的體裁,「左史記言,右史記事,言爲《尚書》,事爲《春秋》」,而兩者各有長短,「記事者以一篇記一事,而不能統貫一代之全,編年者又不能即一人而各見其本末」;直到司馬遷作《史記》,創立「紀傳」一體,才發明了一種面面俱到的作史方式,所謂「本紀以序帝王,世家以記侯國,十表以繫世事,八書以詳制度,列傳以誌人物」,﹝註15﹞其功偉矣!不過,若問「紀傳」一體最顯著的特質,與對「編年」、「記事」最大的超越,那麼還要借用趙翼所言,「即一人而各見其本末」。按篇幅比例輕重計算,「列傳」總是紀傳體史書中份量最沉重的部分。列傳分人立傳,是紀傳體史書的創舉,這樣的形式之所以產生,是因爲在史家眼裡,「人物」是貫通歷史的動力,甚至足以成爲承載歷史的支點,遂在「事件」、「年代」之外,使「人物」升格爲記史的新基準。這不只是形式上的演進,更是觀念上的創新,而這個新觀念,即是「以人物來作歷史中心」。﹝註16﹞

正是在關注「人物」的這一點,《治要》與紀傳體之間取得巧妙的脗合與深刻的共識。《治要》史部二十卷收取「大量人物傳記」,﹝註17﹞可以說《治要》並不僅是因爲「正史」的權威性而看重紀傳體,更是基於對「人物」的重視,不覺貼近紀傳體的精神,與之同聲相應。因此,當我們從「正史」的標準規格,也就是所謂「本紀」、「列傳」、「志」、「表」等制式「體例」,來對《治要》史部進行檢核,不免要感到失望,因爲從選錄內容來看,《治要》根本漠視史家發凡起例的用意,對於各種體例原先被設定要擔負的功能,《治要》也不是很在乎;照這樣說,「紀傳體」這一史書「體裁」,恐怕也沒有什麼嚴重的意義,不過是選錄時偶然的巧合,或是一種材料工具而已。然而,若能先暫且放下森嚴的形式規矩,在精神領空的高度,考量到「人物」爲中心的起始初衷,還是能清晰見到《治要》與「紀傳體」之間的深度契合。

於此前提之下,再回頭思考「體例」的問題,仍能從《治要》與原書的落差,辨認出《治要》的一些特色。若依「體例」來看,《治要》的選錄大抵呈現爲:紀、傳爲主,以志爲輔,偶錄論贊。

《治要》於各史本紀所錄內容如下:

﹝註15﹞ 以上引文並見〔清〕趙翼著,王樹民校證:《廿二史箚記校證》(北京:中華書局,2007),卷1,「各史例目異同」條,頁2~3。
﹝註16﹞ 見錢穆:《中國史學名著》(臺北市:三民,2006),〈史記(中)〉,頁64。
﹝註17﹞ 金光一:《〈群書治要〉研究》,頁21。

表二 《治要》史部本紀選錄一覽表

	《治要》選錄
《史記》	卷 11 〈五帝本紀〉黃帝、帝顓頊、帝嚳、帝堯、虞舜 〈夏本紀〉夏禹、帝履癸（桀） 〈殷本紀〉湯、帝太戊、帝辛 〈周本紀〉后稷、古公亶父、西伯（文王）、武王、穆王、厲王、宣王、幽王 〈秦本紀〉繆公 〈秦始皇本紀〉秦始皇帝二十六年、三十二年、三十四年、三十五年、三十六年、三十七年、二世皇帝元年、三年
《漢書》	無。《漢書》本紀之選錄疑當在卷十三「漢書一」中，現闕。
《後漢書》	卷 21 〈光武帝紀〉更始元年、二年、建武十三年、十七年、二十一年、中元二年 〈顯宗孝明帝紀〉永平二年、六年、八年、十二年、十八年 〈肅宗孝章帝紀〉建初元年、四年、七年、元和二年、三年 〈孝和帝紀〉元興元年 〈皇后紀〉明德馬皇后、和熹鄧皇后
《三國志》	卷 25《魏志》 〈武帝紀〉建安四年、七年、十二年、十九年、二十五年 〈文帝紀〉黃初二年、三年、五年 〈明帝紀〉青龍元年、三年、景初元年 〈三少帝紀〉齊王芳正始八年
《晉書》	卷 29 〈武帝紀〉泰始五年、咸寧四年、太康元年 〈惠帝紀〉永平元年、九年、永康元年 〈成帝紀〉咸和七年 〈簡文帝紀〉咸安二年

　　從上表可以觀察到幾個現象，第一，在《治要》史部二十卷當中，最多只有五卷收有本紀的內容，篇幅並不算太多。第二，《治要》對於要收錄哪些皇帝，是有選擇性的，計算一下《治要》選取的皇帝人數，與歷史上所有皇帝總數相比，其實非常有限。第三，就單一位皇帝來看，《治要》收取的內容仍然非常有限，幾乎只留下一些點狀的資訊，要想透過「本紀」的節鈔總覽

整個時代，有如緣木求魚。

　　在紀傳體史書中，「本紀」猶存編年遺意，「以事繫日，以日繫月，以月繫時，以時繫年」，〔註18〕精準確鑿，甚有記史之功。藉著年月的條貫綿延，作爲全史綱紀。趙翼簡單總結爲一句「本紀以序帝王」，雖然失之粗略，但不可否認的是，在歷史的進程中，畢竟還是以帝王居位治國爲常態。劉知幾曾說：「蓋紀之爲體，猶《春秋》之經，繫日月以成歲時，書君上以顯國統。」〔註19〕在國君治國的常態之下，「本紀」以諸帝年號爲經，各年重大事件爲緯，當中還包括帝王生活的重要內容，舉凡「帝王行事、詔誥號令、三公拜罷、宰相升黜、薨卒刑殺、外交朝貢、災祥變異」，〔註20〕均以簡嚴之筆，載於本紀之中。於是，帝王家事、天下公事共同交織出一卷國家大事的長軸，綱舉目張、眉目分明，便形成了「本紀」的常態。帝王的言行舉止，自然多半集中在本紀裡呈現，因此「本紀」與「帝王」之間的連結總是牽繫得那麼自然，不覺半點勉強。在紀傳體史書中，只有「本紀」最能與「帝王」的生平事跡直接連通，皇帝因應重大事件如何抉擇裁斷、採取何等因應作爲、甚至得到何種結果，都在本紀之中匯集。而在《治要》裡，「本紀」的空間顯然也是屬於「帝王」的，很符合「本紀」給人的印象。最大的差異在於，《治要》打破本紀的「編年」性質，只選取其中若干極小的片段，一以貫之的時間軸不復存在。《治要》依循本紀慣例，依舊爲重要事件、重要詔書、重要談話的發生繫上年號，但它的意義卻只剩下單薄而孤立的時間標示，可有可無。

　　「君」與「臣」是《治要》關切的兩大重點人物，「本紀」爲「君」的向度提供參照資料；「臣」的向度，當然就由「列傳」承擔，包含《史記》「世家」的一部分。〔註21〕列傳者，「專記一人事迹」以爲傳，是司馬遷的創舉。

〔註18〕　語出皇甫湜〈編年紀傳論〉，《全唐文》（太原市：山西教育，2002），卷686，頁4148。

〔註19〕　〔唐〕劉知幾著，〔清〕浦起龍通釋：《史通通釋》（上海：上海古籍出版社，2009），卷2，〈本紀〉，頁34。

〔註20〕　見徐浩：《廿五史論綱》（上海：世界書局，1947），頁19。

〔註21〕　「世家」一體，《漢書》改爲列傳，後世因之。《史記》對「世家」一體的運用，除記侯國之外，實有褒貶之意存焉，如〈孔子世家〉、〈陳涉世家〉。《漢書》以降改世家爲列傳，符應郡縣制爲主的中央集權的政治現實，諸侯王雖有封地，然俱爲臣屬。到了唐代，政治運作模式依然是中央集權，世家所載諸侯，在唐代的現實框架裡依然是屬於「臣」的；但《治要》對

〔註 22〕就《治要》史部而言，列傳的選錄確屬最大宗，規模十分驚人。且見下表：

表三　《治要》史部列傳（含世家）選錄一覽表

	《治要》選錄
《史記》	【卷十一　史記一】 〈齊太公世家〉齊桓公 〈魯周公世家〉周公、魯武公 〈燕召公世家〉燕昭王 〈宋微子世家〉微子開、箕子、王子比干 〈晉世家〉唐叔虞 〈趙世家〉趙烈侯 〈魏世家〉魏文侯 〈田敬仲完世家〉齊威王
	【卷十二　史記下】 〈管晏列傳〉管仲、晏嬰 〈老子韓非列傳〉韓非 〈司馬穰苴列傳〉司馬穰苴 〈孫子吳起列傳〉孫武、吳起 〈樗里子甘茂列傳〉甘茂 〈白起王翦列傳〉白起 〈樂毅列傳〉樂毅 〈廉頗藺相如列傳〉廉頗、藺相如、趙奢、李牧 〈屈原賈生列傳〉屈原 〈刺客列傳〉豫讓 〈李斯列傳〉李斯 〈田叔列傳〉田叔 〈循吏列傳〉公儀休 〈滑稽列傳〉優孟、優旃、西門豹

　　《史記》世家的選錄內容，在「君」「臣」級別上很難作一面倒的歸類，既有微子、箕子、周公之類的忠臣良佐，也有春秋戰國時代稱霸一方的雄主，其下又有相對的君臣關係，如齊桓與管仲。不過《治要》選錄時幾乎沒有「體例」意識，因此世家、列傳之異同雖有爭議，卻完全不被《治要》納入選錄考量，詳下文。

〔註22〕《廿二史劄記校證》卷 1，頁 5。

《漢書》	【卷十五　漢書三】 卷 34〈韓彭英盧吳傳〉韓信、黥布 卷 36〈楚元王傳〉劉向 卷 37〈季布欒布田叔傳〉季布、欒布 卷 39〈蕭何曹參傳〉蕭何、曹參 卷 40〈張陳王周傳〉張良、陳平、周勃、周亞夫 卷 41〈樊酈滕灌傳靳周傳〉樊噲 卷 42〈張周趙任申屠傳〉周昌、申屠嘉
	【卷十六　漢書四】 卷 43〈酈陸朱劉叔孫傳〉酈食其、陸賈、婁敬、叔孫通 卷 45〈蒯伍江息夫傳〉蒯通 卷 48〈賈誼傳〉賈誼 卷 49〈爰盎鼂錯傳〉爰盎、鼂錯
	【卷十七　漢書五】 卷 50〈張馮汲鄭傳〉張釋之、馮唐、汲黯 卷 51〈賈鄒枚路傳〉賈山、鄒陽、枚乘、路溫舒 卷 54〈李廣蘇建傳〉蘇武〔註 23〕 卷 52〈竇田灌韓傳〉韓安國 卷 56〈董仲舒傳〉董仲舒
	【卷十八　漢書六】 卷 57〈司馬相如傳〉司馬相如 卷 58〈公孫弘卜式兒寬傳〉公孫弘、卜式 卷 64〈嚴朱吾丘主父徐嚴終王賈傳〉嚴助、吾丘壽王、主父偃、徐樂（以上卷 64 上）、嚴安、賈捐之（以上卷 64 下） 卷 65〈東方朔傳〉東方朔
	【卷十九　漢書七】 卷 67〈楊胡朱梅云傳〉朱雲、梅福 卷 71〈雋疏于薛平彭傳〉雋不疑、疏廣、于定國、薛廣德 卷 72〈王貢兩龔鮑傳〉王吉、貢禹、鮑宣 卷 74〈魏相丙吉傳〉魏相、丙吉 卷 75〈眭兩夏侯京翼李傳〉京房 卷 77〈蓋諸葛劉鄭孫毋將何傳〉蓋寬饒、諸葛豐、劉輔、鄭崇 卷 78〈蕭望之傳〉蕭望之
	【卷二十　漢書八】 此卷亦當收錄《漢書》列傳，現闕。

〔註 23〕《治要》選錄內文之先後次序，大抵依照《史》、《漢》等原書之卷次編排。此處將〈蘇武傳〉之節選列於〈韓安國傳〉之前，是極少見的例外。

《後漢書》	【卷二十一　後漢書一】 卷 17〈馮岑賈列傳〉馮異、岑彭 卷 18〈吳蓋陳臧列傳〉臧宮 卷 20〈銚期王霸祭遵列傳〉祭遵 卷 22〈朱景王杜馬劉傅堅馬列傳〉馬武 卷 24〈馬援列傳〉馬援、馬廖 卷 25〈卓魯魏劉列傳〉卓茂、魯恭
	【卷二十二　後漢書二】 卷 26〈伏侯宋蔡馮趙牟韋列傳〉宋弘、韋彪 卷 27〈宣張二王杜郭吳承鄭趙〉杜林 卷 28〈桓譚馮衍列傳〉桓譚、馮衍 卷 29〈申屠剛鮑永郅惲列傳〉申屠剛、鮑永、郅惲 卷 31〈郭杜孔張廉王蘇羊賈陸列傳〉郭伋 卷 32〈樊宏陰識列傳〉樊宏、陰識、陰興 卷 33〈朱馮虞鄭周列傳〉朱浮 卷 36〈鄭范陳賈張列傳〉陳元 卷 37〈桓榮丁鴻列傳〉桓榮 卷 41〈第五鍾離宋寒列傳〉第五倫、鍾離意、宋均、寒朗 卷 42〈光武十王列傳〉東平憲王蒼 卷 43〈朱樂何傳〉朱暉 卷 45〈袁張韓周列傳〉袁安 卷 46〈郭陳列傳〉郭躬、陳寵、陳忠 卷 48〈楊李翟應霍爰徐列傳〉楊終 卷 51〈李陳龐陳橋列傳〉龐參 卷 52〈崔駰列傳〉崔駰
	【卷二十三　後漢書三】 卷 54〈楊震列傳〉楊震、楊秉、楊賜 卷 56〈張王种陳列傳〉張綱、种暠 卷 57〈杜欒劉李劉謝列傳〉劉陶、李雲、劉瑜 卷 58〈虞傅蓋臧列傳〉虞詡、傅燮、蓋勳 卷 60 下〈蔡邕列傳〉蔡邕 卷 61〈左周黃列傳〉左雄、周舉 卷 63〈李杜列傳〉李固、杜喬

	【卷二十四 後漢書四】 卷 64〈吳延史盧趙列傳〉延篤、史弼 卷 66〈陳王列傳〉陳蕃 卷 69〈竇何列傳〉竇武 卷 76〈循吏列傳〉任延 卷 77〈酷吏列傳〉董宣 卷 78〈宦者列傳〉單超、侯覽、曹節、呂強、張讓 卷 83〈逸民列傳〉周黨、嚴光、漢陰老父 卷 87〈西羌傳〉 卷 90〈烏桓鮮卑列傳〉鮮卑
《三國志》	【卷二十五 魏志〔註24〕上】 卷 6　袁紹 卷 5〈后妃傳〉武宣卞皇后、文德郭皇后〔註25〕 卷 9　夏侯玄 卷 10　荀彧、荀攸、賈詡 卷 11　袁渙、王脩、邴原　*郭憲（〈王脩傳〉注文引《魏略》） 卷 12　崔琰、毛玠、徐奕、鮑勛 卷 13　王朗、王肅 卷 14　程曉、劉曄、蔣濟 卷 16　蘇則、杜恕 卷 18　龐悳、閻溫
	【卷二十六 魏志下】 卷 19　陳思王植 卷 20　中山恭王袞 卷 21　王粲、衛覬、劉廙 卷 22　陳羣、陳矯、盧毓 卷 23　和洽、杜襲 卷 24　高柔 卷 25　辛毗、楊阜、高堂隆 卷 26　田豫 卷 27　徐邈、王昶 卷 28　鍾會　*向雄（〈鍾會傳〉注文引《漢晉春秋》）

〔註24〕魏志，《三國志》作「魏書」。
〔註25〕《治要》卷二十五標有「紀」、「皇后傳」、「傳」等三目，袁紹傳置於齊王芳
　　　　紀之後、后妃傳之前，次序與今本《三國志》不同。

	【卷二十七 蜀志〔註26〕】 　卷31　劉璋 　卷32　先主備 　卷35　諸葛亮 　卷36　關羽、張飛 　卷37　龐統 　卷38　簡雍 　卷39　董和、董允 　卷41　張裔 　卷43　黃權 　卷44　蔣琬 　卷45　楊戲　*楊顒、傅彤、傅僉（〈楊戲傳〉注文）〔註27〕
	【卷二十七 吳志〔註28〕上】 　卷47　吳主權 　卷48　孫休、孫晧 　卷52　張昭、顧譚、步騭 　卷53　張紘 　卷54　呂蒙 　卷56　呂範 　卷57　虞翻、張溫、駱統、朱據
	【卷二十八 吳志下】 　卷58　陸遜、陸抗 　卷59　孫登、孫和、孫霸 　卷61　潘濬、陸凱 　卷65　樓玄、賀邵、韋曜、華覈
《晉書》	【卷二十九 晉書上】〔註29〕 　卷31〈后妃傳〉武元楊皇后、惠賈皇后〔註30〕

〔註26〕蜀志，《三國志》作「蜀書」。

〔註27〕此三人之事，《治要》皆收於注文中，置於「楊戲，……著〈季漢輔臣贊〉」之下。這一段注文混雜著〈季漢輔臣贊〉的注文（《三國志》列爲正文），以及裴松之《注》。屬〈季漢輔臣贊〉本身的注文者：（1）「其注載諸葛亮與張裔、蔣琬書曰：『……朝中多損益。』」（2）「又有義陽傅彤，……臨危授命。」屬裴松之《注》者：（1）「〈襄陽記〉曰：……亮謝之。」（2）「《蜀記》載晉武帝詔曰：……免爲庶人。」

〔註28〕吳志，《三國志》作「吳書」。

〔註29〕《治要》晉書部分採臧榮緒《晉書》，卷次先後多與今所見唐修《晉書》不同。此處傳主次第依《治要》順序排列，卷數則依唐修《晉書》，以便查找。

〔註30〕惠賈皇后，《治要》作「惠賈庶人」。

	卷 38　琅邪王伷、扶風王駿、齊王攸
	卷 59　齊王冏
	卷 53　愍懷太子遹
	卷 37　安平獻王孚、高密文獻王泰
	卷 41　劉寔
	卷 48　閻纘、段灼
	卷 89　虞悝（於唐修《晉書》屬〈忠義傳〉）
	卷 30　〈刑法志〉
	卷 24　〈職官志〔註31〕〉
	卷 33　何曾
	卷 34　羊祜
	卷 50　秦秀
	卷 41　李憙
【卷三十　晉書下】	
	卷 45　劉毅
	卷 36　張華
	卷 35　裴頠
	卷 47　傅玄
	卷 45　任愷
	卷 35　裴楷
	卷 45　和嶠
	卷 52　郤詵
	卷 39　荀勗
	卷 39　馮紞
	卷 46　劉頌
	卷 56　江統
	卷 54　陸機
	卷 90　胡威（於唐修《晉書》屬〈良吏傳〉）
	卷 69　周顗
	卷 66　陶侃
	卷 71　高崧
	卷 77　何充
	卷 90　吳隱之（於唐修《晉書》屬〈良吏傳〉）

　　在形式上，史書中的列傳有幾種不同的樣貌變化，如專傳、合傳、附傳、類傳。〔註 32〕參照上表，可知《治要》所錄，包羅以上四類。然而單就選取

〔註31〕職官志，《治要》作「百官志」。
〔註32〕參考徐浩的分類，見氏著《廿五史論綱》第一編第三章〈紀傳體史〉，頁 23。

形式來看，很難直接判定其來源是專傳、合傳或附傳，唯類傳的選取有時會安上類目名稱，如「循吏傳」、「宦者傳」、「逸民傳」之類，尚有可供判別的跡象。由此看來，該人物列傳在原書之中被安置於何種脈絡，又透過脈絡透顯出史家的何種觀點甚至褒貶，《治要》均不甚措意。《治要》關注的只是「人物」，而列傳「傳一人之生平」〔註33〕的特質，已足夠滿足這方面的需求。

　　將「紀」、「傳」兩大塊面結合起來，《治要》史部的版圖幾乎要被涵括殆盡。而「紀」與「傳」，乍看之下又分別與「君」、「臣」兩大重點人物恰相脗合。劉知幾曾經將紀、傳關係比附爲經、傳關係，謂「紀者編年也，傳者列事也。編年者，歷帝王之歲月，猶《春秋》之經；列事者，錄人臣之行狀，猶《春秋》之傳。」在「傳以釋紀」〔註34〕的架構之下，「有大事可書者，則見之於年月；其書事委曲，付之列傳」，〔註35〕不僅紀、傳之間得到充分的互補，君、臣之間似也找到一種體例上的主從結構。然而這種正史體例的詮解，對《治要》而言顯然並不適用。初步觀察《治要》史部，「本紀」、「列傳」之間不必然存在相互呼應的關係，更遑論大事提要與「書事委曲」之間的精準相接。在《治要》裡，「傳」也有很簡略的，而「紀」也有很詳盡的，好比〈秦始皇本紀〉的節選，就比許多列傳的擷取來得豐富許多。縱使紀、傳之間偶然出現重疊，好比西晉賈后奪權誣害太子的相關記載，除見於《晉書》〈惠帝紀〉之外，〈后妃傳〉之賈后傳、〈愍懷太子遹傳〉、〈閻纘傳〉、〈和嶠傳〉、〈荀勗傳〉、〈馮紞傳〉等的選錄，都集中關注此一事件；但這樣的現象最多反映出議題聚焦的傾向，並沒有刻意經營某種架構或系統的意圖。至於材料出處是紀是傳，更沒有太大的區別。「紀」、「傳」之別，在《治要》編者眼裡究竟有多大的意義，不免令人懷疑。

　　按〈治要序〉的提法，「爲君難」和「爲臣不易」，兩者的輕重關係分明是對等的，然而《治要》史部對「本紀」的選取卻十分有限。「本紀」在《治要》史部二十卷裡只佔不到五卷篇幅，「列傳」的內容份量卻是它的三倍有餘，詳略之間，差異甚鉅。爲什麼「紀」、「傳」之間選錄比例如此懸殊？從〈治要序〉裡，我們只讀得到概念式的大方向，讀不出選錄細節，魏徵也不曾說明從「紀」、「傳」進行節選分別是基於何種考量，讀者只能主觀猜測。猜測的思路之一，是套用史家對體例的定義，從「本紀以序帝王」、「列傳以誌人

〔註33〕　《廿二史劄記校證》卷1，頁4。
〔註34〕　劉知幾語，見《史通通釋》卷2〈列傳〉，頁41。
〔註35〕　劉知幾語，見《史通通釋》卷2〈本紀〉，頁35。

物」，得出「紀」之於「君」、「傳」之於「臣」的對應關係，看起來滿合乎《治要》關切「君臣」的旨意；但順著這條思路下去，必然會遇到上述詳略懸殊的矛盾。可見此路不能全通。

另一種猜測是，魏徵等在輯錄《治要》的時候，並不抱持著「體例」意識，而是把整部史書視爲平行鋪展的材料，紀、傳、表、志，各體平等，以同等的致用眼光給予審視，以同等的致用標準進行取捨，只顧有用與否，不顧各種體例本有的規則與界限。此一思路造成的結果，便是選出的內容具有某種共通性，且是跨越體例的共通性，不論來源是紀、是傳、是志，表層的相貌與內裡的精神，都大同小異；至於各卷之中出現「本紀」、「列傳」、「志」之類的字樣，就如同帝王年號一般，不過是起著一種標示作用，標示出節鈔來源，以表真實有據，除此之外，便沒有其他實質上的區辨意義了。

第二種猜測，顯然更符合《治要》史部二十卷的實況。「本紀以序帝王」、「列傳以誌人物」云云，乃是後世史學專家以研究的眼光所作的大致分類總結。其實「紀」、「傳」之中，都有「君」的舉措、「臣」的進退，與君臣之間的論對應答。「君」、「臣」兩種人物，並不是那麼界限分明地由「紀」、「傳」兩種體例分別承載。因此我們也不宜只是簡單地憑著「紀」、「傳」選錄份量的差異，反推《治要》對「君」、「臣」兩種人物的關切比重。「爲君之難」、「爲臣不易」，同是魏徵在〈治要序〉裡揭示的治國大哉問，也是他希望從過往歷史裡擷取的重要訊息。當編者一干人等尋閱史籍，腦中迴旋著的，只有那一套指向現實的「致用」標準；至於紀傳體史書原有的體例分界，非但不成標準，甚且已然泯沒於無形。

《治要》對「志」的選取理路，亦同理可知。與「本紀」、「列傳」相比，「志」的選錄相對是很少的，如下表所列：

表四　《治要》史部志選錄一覽表

	《治要》選錄
《史記》	無。
《漢書》	【卷十四 漢書二】 〈禮樂志〉 〈刑法志〉 〈食貨志上〉 〈食貨志下〉 〈藝文志〉

《後漢書》	無。
《三國志》	無。
《晉書》	【卷二十九　晉書上】 〈刑法志〉 〈百官志〉

「志」者，用記「朝章國典」。史遷首創八書，班固因之以作十志，其間自有因革損益。〔註36〕班固作志，不唯詳於漢事，而更遠溯三代，在完備性上更勝一籌。〔註37〕這或許是《治要》唯取《漢》「志」而不錄《史》「書」的原因之一。然而，推尋《治要》原意，除完備之外，應該還有其他更關鍵的考量。即便《漢》「志」完備，《治要》於十志之中，也僅取其四——〈禮樂〉、〈刑法〉、〈食貨〉、〈藝文〉；其餘〈律曆〉、〈郊祀〉、〈天文〉、〈五行〉、〈地理〉、〈溝洫〉等六志，均被捨去。至於《晉書》，從湯球輯佚成果，可知臧榮緒《晉書》本來至少有〈天文志〉、〈地理志〉、〈禮志〉、〈樂志〉、〈職官志〉、〈輿服志〉、〈五行志〉、〈瑞志〉、〈異志〉、〈刑法志〉等諸志，〔註38〕《治要》則獨收〈刑法志〉、〈百官志〉二志而已；更有甚者，在此二志之中，只取大臣言論疏表四篇，不見臧榮緒綜論「朝章國典」之興革損益的相關文句。若把「志」名隱去，而將這四篇疏表混入「列傳」裡，實在也難以辨別。這又再次證明了《治要》於選錄時不顧體例的現象。

不過，《治要》對某些「志」的偏好，也正透露出去取之間的一些抉擇跡象，從而反映出《治要》的立場，很值得我們注意。胡寶國先生討論南北史學異同，曾提出一項有意思的觀察：

在是否設立〈食貨志〉、〈刑法志〉的問題上，南北紀傳體史書呈現

〔註36〕略如趙翼所云：「八書乃史遷所創，以紀朝章國典。《漢書》因之做十志，〈律曆志〉則本於〈律書〉、〈曆書〉也，〈禮樂志〉則本於〈禮書〉、〈樂書〉也，〈食貨志〉則本於〈平準書〉也，〈郊祀志〉則本於〈封禪書〉也，〈天文志〉則本於〈天官書〉也，〈溝洫志〉則本於〈河渠書〉也。此外又增〈刑法〉、〈五行〉、〈地理〉、〈藝文〉四志。其後〈律曆〉、〈禮樂〉、〈天文〉、〈地理〉、〈刑法〉，歷代史皆不能無。」見《廿二史箚記校證》卷1，「各史例目異同」條，頁5。

〔註37〕史遷諸書所作，如〈平準書〉、〈封禪書〉等，多為武帝而發，不能該洽。即以平準、食貨為例，劉咸炘《漢書知意》論「食貨志」云：「改平準之名者，史公本止記武帝事，今通武帝之前之後，固不能以平準該之矣。《史通》以為好奇，非也。加詳三代食貨之制，亦以補史公之闕也。」則班固〈食貨志〉不啻上古至漢代的典制通觀，自然較史遷諸書更為完備。

〔註38〕見湯球輯《九家舊晉書輯本》，臧榮緒《晉書》卷二、卷三。

出很大的不同。北方史家修撰的史書多有此二志。〔註39〕

胡氏進一步指出，此現象的出現，乃是根源於南、北史家對修史一事所抱持的不同心態，心態有別，連帶使得關注的問題也有所差異：南方史家「常常把修史當成個人成名的事業」，北方史家則重視「現實社會中國計民生」。〔註40〕《治要》於〈食貨〉、〈刑法〉二志收錄甚詳，與胡氏所言恰相呼應。姑不論能否就此推言《治要》屬於北方史學傳統，〔註41〕至少可以確定的是，對於國計民生等現實社會問題，《治要》是極為重視的。「食貨」關乎民生最巨，「刑法」為施政的有力工具，都是治國不可迴避的課題；除此二志之外，《治要》同時也關切「禮樂」、「藝文」，「禮樂」為立政根本、王道大端，「藝文」則明學術源流之大略，關乎諸家治國思想之綱領及其得失。這說明了在國計民生的現實層面之上，《治要》尚有一種探尋根本原則的企求，甚至是對王道的歆慕，試圖辨析本末層次，知所先後，從而實現治道理想。在這方面，班固的「志」展現出相當可觀的高度。劉咸炘曾經稱許班志云：

> （〈食貨志〉）篇首撮述古者居民、養民、教民之大要，甚簡而精，不獨言食，……班氏嘗作《白虎通義》，於經說有薈萃折中之功，故敘述三代，密於馬遷。志乃其全書擅美之處，所謂「旁貫五經，上下洽通」者，〈食貨志〉、〈刑法志〉尤可見。〔註42〕

遠迹三代，想望王者之風，「禮樂政刑四達而不誖，則王道備矣」，〔註43〕《治要》於書志一體雖收錄有限，其歸本於治道的用心卻可見一斑。

最後是關於論贊的問題。論贊，簡言之，即史家於史著中的議論，最能表現出史家對史事的見解，與縱觀歷史全局的深遠洞察。《治要》選錄史籍內容，於紀、傳、志之外，偶爾也將論贊的部分收入；就選錄的形式來看，主要是篇前的「序」與篇末的「贊」。〔註44〕表列如下：

〔註39〕胡寶國：《漢唐間史學的發展》（北京：商務印書館，2003），〈南北史學異同〉，頁187。

〔註40〕同上注，頁190～191。

〔註41〕以參與《治要》編纂的成員而言，魏徵為河北鉅鹿人，被胡寶國歸入北方史家之列；而虞世南、褚亮、蕭德言，卻是「東南儒生」。

〔註42〕《劉咸炘學術論集（史學編）》（桂林：廣西師範大學出版社，2007），頁190。

〔註43〕《漢書‧禮樂志》語。《治要》收錄於卷14，頁171。

〔註44〕李偉泰老師曾綜會各家說法，將《史記》論贊分為四個部分：（一）〈太史公自序〉後半為各篇所寫的小序，簡稱〈自序〉。（二）篇前序文（大部分冠以「太史公曰」），稱之為「序」。（三）篇末冠以「太史公曰」的贊文，稱之為「贊」。（四）廣義的論贊，即敘事而兼議論之文。見〈《史記》論贊概述〉，《史

表五　《治要》史部論贊選錄一覽表（一）——篇前序言

	《治要》選錄之篇前序言
《史記》	【卷十二　史記下】 〈循吏列傳〉序 〈酷吏列傳〉序
《漢書》	無。
《後漢書》	【卷二十一　後漢書一】 〈皇后紀〉序 【卷二十四　後漢書四】 〈循吏列傳〉序 〈宦者列傳〉序 〈儒林列傳〉序
《三國志》	無。
《晉書》	無。

　　《治要》所錄諸「序」，除類傳序之外，尚包括〈皇后紀序〉，其實性質相似，都是將一種類型的人物集中處理。這類「序」文，是史家對該類型人物的獨到觀察，植基於縱觀全史的寬闊視野，考察人物類型的源流，與在一朝政局中曾經扮演的角色、功過得失。它能帶給讀者的效益，與「志」的弘通縱貫有著異曲同工之妙，而類傳序的焦點則在於「人物」，更貼近《治要》以「人物」爲中心的精神。

　　篇末贊語通常帶有史家剖疑析滯的褒貶評價，主觀色彩更爲濃厚，與篇前序言的客觀綜論有所不同。透過「贊」語，史家直接表露自己的見解評論、甚至是有感而發的慨嘆，具有很高的總結性，某種程度上也有很高的「教訓」意味。《治要》對「贊」的選錄，總體而言相對較多；事實上，《治要》跨越「正史」界限，從其他史籍裡探得的、假注文以呈現的精華，主要就在於這些「贊」的部份。如下表：

表六　《治要》史部論贊選錄一覽表（二）——篇末贊語

	《治要》選錄之篇末贊語
《史記》	【卷十一　史記上】 ＊＊注文：〈五帝本紀·虞舜〉後引《帝王世紀》論曰 〈秦始皇本紀〉太史公曰（引賈誼〈過秦論〉）

記論贊彙編》講義，頁2。

	【卷十二　史記下】 〈管晏列傳〉太史公曰
《漢書》	【卷十七　漢書五】 **注文：〈馮唐傳〉後引荀悅《漢紀・孝文皇帝紀》下
	【卷十八　漢書六】 〈公孫弘卜式兒寬傳〉贊
	【卷十九　漢書七】 **注文：〈鄭崇傳〉後引荀悅《漢紀・孝哀皇帝紀》
《後漢書》	【卷二十一　後漢書一】 〈明帝紀〉論 〈章帝紀〉論 〈朱景王杜馬劉傅堅馬列傳〉論
	【卷二十二　後漢書二】 〈桓譚馮衍列傳〉論 〈申屠剛鮑永郅惲列傳〉論（鮑永） 〈第五鍾離宋寒列傳〉論
	【卷二十三　後漢書三】 〈李杜列傳〉論
	【卷二十四　後漢書四】 〈陳王列傳〉論（陳蕃） 〈酷吏列傳〉論 〈西羌傳〉論
《三國志》	【卷二十五　魏志上】 **注文：〈毛玠傳〉後引孫盛曰 **注文：〈徐奕傳〉後引傅子曰
	【卷二十六　魏志下】 〈中山恭王袞傳〉評曰 **注文：〈陳思王植傳〉後引孫盛曰 **注文：〈和洽傳〉中引孫盛曰 **注文：〈鍾會傳〉後引習鑿齒曰
	【卷二十七　蜀志】 〈先主傳〉評曰 〈諸葛亮傳〉評曰 **注文：〈劉璋傳〉後引習鑿齒曰 **注文：〈黃權傳〉中引裴松之語（臣松之以為）

《晉書》	【卷二十九　晉書上】 **注文：〈武帝紀〉後引荀綽略紀云 **注文：〈惠帝紀〉後引干寶晉紀史臣曰

《治要》所錄諸「贊」，各史之間明顯有多寡之別，從收取條目的數量上看，范曄的論似乎最受《治要》青睞，不知是否與鋪張揚麗的文字風格有關。〔註 45〕不過「贊」語既是史家主觀意見的載體，《治要》收取這些「贊」，推論應該是贊同這些「贊」裡的意見，因此將它附在史事之後，以供皇帝參考。

　　《治要》一書全為典籍節鈔，除了〈治要序〉之外，再沒有任何出自編纂者的言論，史論的選錄，或許可以視為一種編纂者「間接」的意見表達，反映出他們的思想與意向。當然，這些發自史家之口的「史論」，與列傳中發自大臣之口的「政論」，其闡明個人見解、「辯疑惑、釋凝滯」〔註 46〕的性質與功能，無二無別。「論」的價值，不因出自於「傳」、「志」、或「論贊」，而有所增損。這又再次說明，對《治要》而言，「體例」不是問題，內容才是抉擇去取的關鍵因素。

　　總而言之，《治要》節鈔的選錄形式，顯然不屬於馬、班以降的史學傳統，史家的苦心孤詣、史著的體大思精，在《治要》裡是不見蹤影的。《治要》並不從史書的整體性來考量，卻攤開史籍卷帙，一任瀚海般的材料在眼前鋪展；《治要》的角色好比帝王的嚮導，從瀚海中探取捷徑，邁步前行的同時，以治國導向的眼光搜尋，快手摘取道旁的段落，點石成金。因此，對於看似雜碎零亂的節鈔會集，仍不可輕下缺乏整體性的斷語。《治要》的整體性展現為一種總的精神導向，隱伏在言說文字的背後，不需倚賴形式的分明嚴整，而精神意態自彰然昭著。

〔註 45〕按，范曄《後漢書》以論贊著名，甚至曾經單行，《隋志》正史類即著錄有范曄撰《後漢書讚論》四卷；范曄對於自己所寫序論亦頗自負，〈獄中與諸甥姪書〉所謂「筆勢縱放，實天下之奇作。其中合者，往往不減〈過秦篇〉」云云。《治要》的主編者是魏徵，《舊唐書‧魏徵傳》載其成長背景曰：「好讀書，多所通涉，見天下漸亂，尤屬意縱橫之說。」縱橫家以遊說為業，雄辯滔滔的氣勢、優美華麗的辭令，不可或缺，而遊說一轉即成進諫。貞觀時代以諫言著稱，魏徵又是其中的頭號諍臣。無論是時代背景還是魏徵的個人背景，都頗能相應於范曄的文字風格。《治要》反映出對此類論贊的濃厚興趣，從文字風格進行對應聯想，或許可備一說。

〔註 46〕劉知幾語，見《史通通釋》卷 4〈論贊〉，頁 75。

第二節　選錄意趣

　　《治要》史部二十卷在節鈔史籍時，對史書中的哪些部分特別感興趣，因而予以抄錄，留存在《治要》中？此節將從各紀、傳、志等個別的選錄狀況來觀察，歸納出其異中之同，從而見出《治要》選錄時的意趣所在。整體來說，《治要》史部所取，一是「有用」之「言」，二是「有用」之「事」，與現實致用的目的十分相合；《治要》並未專門鎖定「言」或「事」的其中一種進行選錄，而就個別人物來看，也沒有固定的收錄格式，或簡敘事略、或獨取疏諫、或言事並載，不一而足。不過我們也發現，在正經嚴肅的政教大端之外，也間雜了一些趣味性十足的小故事，這些小故事的主旨當然不脫政治議題的範疇，卻因帶有某種小說性質，而顯得相對輕鬆。此外，《治要》記言、記事在節刪之間仍自有其微旨，也有值得分析之處。以下即分數小節一一敘下。

一、載有用之言

　　廣義來說，「言」可略分為兩大類：一是書面文字，二是口語文字。

（一）書面文字

　　史書中的書面文字，或出自君，或出自臣，包羅多種文類，如詔令、奏議、疏表、書、論等等；內容則兼通公領域及私領域，或議論政事、或抒情寫志，不一而足。史家將完整的文章載入史籍，留下許多可貴的第一手資料，豐富了歷史人物的真實面貌，在作史上自有莫大的貢獻。《治要》的精神在於「用史」，對於史籍中的書面文字，也充分掌握其可利用性，載錄許多「有用之文」。所謂「有用」，當然得要通過「致治」原則的審核。這些談論治道的大文章，與子家之論頗有異曲同工之妙，《治要》卷 31 至卷 50 為子家論治專輯，將完整的空間保留給諸子言論；這樣的空間安排，在史部裡也有相似的跡象，也就是說，被《治要》視為有用的長篇書面文字，多能獨享完整空間。且看賈誼的例子，從《治要》卷 16 對《漢書·賈誼傳》的節選，就可清楚看出以言為主的傾向：

　　　　賈誼，洛陽人也。孝文時，為梁懷王太傅。是時匈奴強侵邊，天下
　　　　初定，制度疏闊，諸侯王僭擬，地過古制，淮南、濟北王皆為逆誅。
　　　　誼數上疏陳政事，多所欲匡建，其大略曰：「……（此下即〈治安策〉

全文之長篇重點節錄，終於「可爲太息者此也」）。」〔註47〕

從篇幅比例上看，這篇「有關治道，經世綜物，切於當日時勢」〔註48〕的〈治安策〉，幾乎等於《治要》所選〈賈誼傳〉的全部，雖則隨文附上簡單的作者資料與時代背景簡述，亦不過寥寥數字而已。除了三言兩語的前情提要之外，《治要》偶爾也保留此文章所引發的後續效應，但同樣也是極其簡略，如晁錯之例：

> 晁錯，潁川人也。以文學爲太子家令。是時匈奴強，數寇邊，上發兵以禦之。錯上言兵事曰：「……。」文帝嘉之，乃賜錯璽書寵答焉。錯復言守邊備塞、勸農力本當世急務二事，曰：「……。」上從其言，募民徙塞下。錯復言：「……。」文帝詔舉賢良文學之士，錯在選中，上親策詔之曰：「……。」錯對詔策曰：「……。」對奏，天子善之，遷太中大夫。〔註49〕

一如〈治安策〉爲《治要》〈賈誼傳〉的主體，〈晁錯傳〉的呈現也以〈上書言兵事〉、〈言守邊備塞務農力本當世急務二事〉、〈復言募民徙塞下〉、〈賢良文學對策〉等四文爲主幹，唯此下又載晁錯削藩一事，及校尉鄧公之言。

這種以文爲主的選錄特徵，在《治要》對《漢書》的節選裡尤其明顯，除了賈誼、晁錯之外，在劉向、賈山、鄒陽、枚乘、路溫舒、董仲舒、司馬相如、公孫弘、吾丘壽王、主父偃、徐樂、嚴安、賈捐之、東方朔、梅福、王吉、貢禹、鮑宣、魏相等人物列傳中，〔註50〕《治要》都以相當程度的篇幅收錄一篇甚或不只一篇的文章，而這些文章幾乎可以直接視爲《治要》收取這些列傳的主要目的。在《治要》裡，《漢書》的選錄獨佔八卷，雖然其中

〔註47〕《治要》卷16，頁200～207。

〔註48〕《廿二史箚記校證》卷2，頁29～30。

〔註49〕《治要》卷16，頁207～211。

〔註50〕劉向見《治要》卷15，頁187～192。賈山見《治要》卷17，頁214～216。鄒陽見《治要》卷17，頁216～218。枚乘見《治要》卷17，頁218～219。路溫舒見《治要》卷17，頁219～220。董仲舒見《治要》卷17，頁223～227。司馬相如見《治要》卷18，頁227～228。公孫弘見《治要》卷18，頁228～229。吾丘壽王見《治要》卷18，頁232。主父偃見《治要》卷18，頁232～234。徐樂見《治要》卷18，頁234。嚴安見《治要》卷18，頁234～235。賈捐之見《治要》卷18，頁235～237。東方朔見《治要》卷18，頁237～239。梅福見《治要》卷19，頁240～241。王吉見《治要》卷19，頁242～243。貢禹見《治要》卷19，頁243～245。鮑宣見《治要》卷19，頁245～246。魏相見《治要》卷19，頁246～247。

兩卷已經亡佚，但從現存的六卷推想，這些長篇大論的文章，已賺去《漢書》不少主要篇幅。若就「列傳」部分的選錄比較《漢書》與《後漢書》，則《漢書》「列傳」五卷中，收有 59 人（亡佚之卷 20 尚不計入）；《後漢書》「列傳」雖不足四卷，收錄的人數卻超過《漢書》，有 67 人之多。《治要》從《漢書》中收取不少長篇文章，便是其中的一大原因。

其實，收取「有用之文」，本是《漢書》的一項重點特色，《漢書》的價值亦因此得以從實用的層面突顯。趙翼《廿二史劄記》曾經從「《漢書》多載有用之文」的角度，解釋《史》、《漢》卷帙多寡差距的原因，及其不同的價值取向：

> 遷喜敘事，至於經術之文，幹計之策，多不收入，故其文簡。固則於文字之有關於學問，有繫於政務者，必一一載之，此其所以卷帙多也。今以《漢書》各傳與《史記》比對，多有《史記》所無而《漢書》增載者，皆係經世有用之文，則不得以繁冗議之也。……其武帝以後諸傳，亦多載有用章疏。〔註51〕

「經世有用之文」，正是《治要》所渴求的教材；而趙翼所列舉的眾多例子，恰恰皆與《治要》所收取兩相符應：

> 〈鼂錯傳〉載其〈教太子〉一疏，〈言兵事〉一疏，〈募民徙塞下〉等疏，〈賢良策〉一道，皆有關世事國計。（按：以上諸文，《治要》除〈教太子疏〉外，皆載錄）
>
> 〈路溫書傳〉載〈尚德緩刑疏〉。（按：此疏《治要》亦載）
>
> 〈賈山傳〉載其〈至言〉。（按：〈至言〉《治要》亦載）
>
> 〈鄒陽傳〉載其〈諷諫吳王濞邪謀〉一書。（按：《治要》於鄒陽載其〈獄中上梁王書〉，然載枚乘之〈上書諫吳王〉）
>
> 〈公孫弘傳〉載其〈賢良策〉，并待詔時上書一道，帝答詔一道。
>
> （按：〈賢良策〉《治要》亦載）

趙翼並歸結道：「以上皆《史記》無而《漢書》特載之者。」《治要》探求治道之心如此迫切，《漢書》因「多載有用之文」而受到《治要》編者超乎常態的矚目，箇中原委也就不難理解了。

此類經世文章，多半以奏疏的面目呈現，將政事諫言直接表露在朝堂之

〔註51〕 《廿二史劄記校證》卷 2，頁 29～30。

上。除上引《漢書》諸例之外，「有用章疏」在《治要》中比比皆是。《治要》
對《三國志》的選錄內容中，就不乏長篇上疏。如王肅〈上疏請恤役平刑〉，
〔註52〕程曉〈請罷校事官疏〉，〔註53〕杜恕〈議考課疏〉、〈諫聽昭廉言事疏〉，
〔註54〕曹植〈上疏陳審舉之義〉、〔註55〕〈上書請免發取諸國士息〉，〔註56〕
陸凱〈上疏諫吳主晧〉、〈上疏諫吳主晧不遵先帝二十事〉，〔註57〕賀邵〈諫
吳主晧疏〉，〔註58〕華覈〈諫吳主晧盛夏興工疏〉、〈上務農禁侈疏〉〔註59〕
等等。《治要》從史書中輯錄的章疏當然不只這些，更多呈現爲篇幅較爲短
小的重點節錄，雖然少了滔滔大論的氣魄，疏中提出的警示與箴戒依然是重
要的治國參考。在四卷《後漢書》裡，《治要》編者就收羅了超過三十篇上
疏，「有用章疏」的價值可見一斑。

如從文體的角度觀察，臣下對君王的「上書」固然是「有用之文」的大
宗，實際上則並不僅止於此，皇帝的「詔」、議論性質的「論」等亦多「有用
之文」，《治要》也多有收錄：

如皇帝之「詔」。東漢光武帝〈禁郡國獻異味詔〉，明帝〈幸辟雍行養老
禮詔〉、〈日食求言詔〉、〈班示封事詔〉、〈申明科禁詔〉，章帝〈地震舉賢良
方正詔〉、〈行秋稼詔〉、〈產子勿復算詔〉、〈詔三公〉、〈冬至後不報囚詔〉等；
〔註60〕魏文帝〈日食勿劾太尉詔〉、〈禁設非禮之祭詔〉；〔註61〕晉武帝〈詔
勿罪麴路〉、〈詔燒雉頭裘〉，〔註62〕簡文帝〈詔百官〉等。〔註63〕這些詔書
皆因施行了某種可貴的政策，或反映出某些可貴的君德特質，而被《治要》
編者看重。有些詔書甚至穿插出現在列傳的節鈔段落裡，呈現出對臣下意見
的接納與省思。好比漢元帝的〈罷珠厓郡詔〉，就緊接在賈捐之〈棄珠厓議〉

〔註52〕見《治要》卷25，頁322～323。
〔註53〕見《治要》卷25，頁323～324。
〔註54〕見《治要》卷25，頁325～327。
〔註55〕見《治要》卷26，頁329～330。
〔註56〕見《治要》卷26注引《魏略》，頁330～331。
〔註57〕見《治要》卷28，頁360～363。
〔註58〕見《治要》卷28，頁363～365。
〔註59〕見《治要》卷28，頁367～369。
〔註60〕以上諸詔見《治要》卷21，頁252～255。
〔註61〕見《治要》卷25，頁313～314。
〔註62〕見《治要》卷29，頁369。
〔註63〕見《治要》卷29，頁373。

之後，〔註64〕體現了帝王「憂萬民」的襟懷；又如魏明帝，在楊阜上〈諫治宮室發美女疏〉之後，即詔報「覽思苦言，吾甚嘉之」，〔註65〕雅納諫言。東漢光武帝的〈報臧宮馬武請滅匈奴詔〉，〔註66〕顯示出皇帝對於愛民、不輕言用兵已有堅定信念，不因大臣之言而動搖；晉武帝〈詔責鄭徽〉也是相類似的例子，皇甫陶論事「固執所論，與帝爭言」，鄭徽乘間「表求治罪」，反被武帝下詔責備而免官，此事亦足爲佳話，是以編者特錄於注文之中。〔註67〕

如「論」。《治要》中收錄的論，有賈誼〈過秦論〉、〔註68〕東方朔〈非有先生論〉、〔註69〕曹冏〈六代論〉、〔註70〕韋曜〈博弈論〉〔註71〕等，而於《晉書》收論尤多。趙翼稱《晉書》多有切於當世之論，舉例道：

> 〈劉實傳〉載〈崇讓論〉，見當時營競之風也。〈裴頠傳〉載〈崇有論〉，見當時談虛之習也。〈劉毅傳〉載論九品之制有八損，……見當時選舉之弊也。〈陸機傳〉載……〈五等論〉，見當時封建之未善也。……〈江統傳〉載〈徙戎論〉，固預知劉、石之亂，尤有先見也。……〔註72〕

凡此諸文，《治要》多予收載，或於傳中提及。〔註73〕這些文章所談論的議題，都相當切合政制世風。《治要》編者收錄這些文章的目的，顯然不單是爲了反映時代風氣，它們與「上書」類的文章擔負著相同的使命，針砭時弊，議論得失。

有意思的是，《治要》眼中的「有用之文」，並不是那麼僵硬地侷限在論政議治的框子。在肅穆端嚴的奏疏、利害分陳的議論、聲色俱厲的上諫之外，

〔註64〕見《治要》卷18，頁235～237。

〔註65〕魏明帝〈報楊阜詔〉全文，見《治要》卷26，頁338。楊阜疏亦在同頁。

〔註66〕見《治要》卷21，頁260。

〔註67〕晉武帝〈詔責鄭徽〉及鄭徽免官事，見《治要》卷29注引孫盛《晉陽秋》，頁369。

〔註68〕見《治要》卷11〈秦始皇本紀〉「太史公曰」下，頁149～151。

〔註69〕見《治要》卷18，頁238～239。

〔註70〕見《治要》卷26注引《魏氏春秋》，頁332～333。

〔註71〕見《治要》卷28，頁365～366。

〔註72〕見《廿二史箚記校注》卷7，「晉書二」條，頁152～153。

〔註73〕劉寔〈崇讓論〉，見《治要》卷29，頁375～378。劉毅論九品之弊，見《治要》卷30，頁384～386。江統〈徙戎論〉，見《治要》卷30，頁393～396。陸機〈五等論〉，見《治要》卷30注引，頁396～397。裴頠〈崇有論〉，《治要》卷30〈裴頠傳〉中提及著論背景，頁386。

《治要》也曾幾度展現柔性的一面。好些抒情性質的文章，如鄒陽〈獄中上梁王書〉、〔註74〕東漢章帝〈賜東平王蒼及琅耶王京書〉、〔註75〕曹植〈求通親親表〉〔註76〕之類，文中的風格與情調，和奏疏諫言相比，截然不同，但這些篇什卻與那班政論大文並肩出場。這些抒情文章，趙翼等人恐怕是不大會歸入「經世有用之文」的。而《治要》在精省的自覺下，仍然收錄這些流露個人情志，甚至抒發個人情感的作品，說明了《治要》對於「有用」的定義，可能潛藏有不同於一般的看法。至於此看法為何，下章將有更進一步的討論。

（二）口語文字

書面與口語，同為傳遞訊息、抒發意見的媒介。口語的特點是即時性，說話者憑藉著平日學養的積累，在各式各樣的時機臨場應對，展現機智、辯才，和當機立斷的智謀與勇氣，有時更不啻是義利衝突、生死交關之際的人性考驗。與文章相比，口語文字對於事件背景的依賴程度更高，因而有著更大的機動性、更濃的故事性，也更能鮮明而精準地彰顯人物的精神風貌。以《治要》關切「人物」的基本立場，對於口語文字的重視幾乎是必然的。《治要》以探討治道為宗旨，書面文字以上書為大宗；而在口語文字的取錄上卻顯得活潑多元，除了與上書直接對應的政事討論之外，還在許多特定時機、特定場合，展現出特定之「用」，直接導致特定成效。

先看與政事上書重要性相似的政事討論。前引《廿二史劄記》「《漢書》多載有用之文」條，除舉《漢書》章疏為例之外，亦包含若干口語上的政策辯論，如：

> 〈韓安國傳〉載其與王恢論伐匈奴事，恢主用兵，安國主和親，反
>
> 覆辨論，凡十餘番，皆邊疆大計。〔註77〕

對此「邊疆大計」，《治要》同樣動用與〈治安策〉等經世要文相同等級的規格收載，使得此一番戰和之間的往復爭論成為《治要》選錄〈韓安國傳〉的主要內容，〔註78〕足見政策的議論審定過程亦為《治要》編者所重視。只不

〔註74〕見《治要》卷17，頁216～218。
〔註75〕見《治要》卷22，頁278。此傳中亦載明帝〈手詔東平王國傳〉、章帝〈手詔賜東平王蒼〉，並皆流露真情之文。
〔註76〕見《治要》卷26，頁328～329。
〔註77〕《廿二史劄記校證》卷2，頁30。
〔註78〕見《治要》卷17，頁221～223。

過篇幅有限，在有效呈現「要」領的前提下，雙方往復數番、各陳己見的辯論場景，不易在《治要》裡看到。漫長的議政過程通常只濃縮成概括簡述，珍貴的篇幅則保留給最有價值的意見。《治要》〈嚴助傳〉的選錄內容以淮南王安〈上書諫伐南越〉一文爲主體，背景即是武帝建元三年關於是否應伐南越、救東甌的爭論；〔註79〕〈吾丘壽王傳〉載壽王〈議禁民不得挾弓弩對〉，背景是公孫弘奏言「禁民無得挾弓弩」，而「上下其議」，壽王的意見顯然最能站得住腳，竟使公孫弘也不得不「詘服」；〔註80〕珠厓郡頻頻反叛的問題是西漢長久以來的困擾，就在元帝與有司議定大舉發兵之際，賈捐之建言不當擊，面對王商的詰問，遂有〈棄珠厓議〉之論，成爲《治要》〈賈捐之傳〉的選錄重心。〔註81〕諸如此類，都屬重大的政事決議，而《治要》編者已從複雜的爭辯中，爲皇帝篩選出最精華的代表性言論。

關於政治見解的討論，除了臣對臣的往復論難之外，也包含君對臣的覆答，臣對君的當廷進諫與詰問等等，也就是發生在君臣之間的語言。這類言語的內容，同樣也圍繞著政治場域，但樣貌卻千姿百態，這可分爲三方面來說：

第一是題材的多元。《治要》載言的觸角延伸到整個政治領域可能觸及的所有問題，包括修養、態度、識人之明、局勢分析、攻守戰略、論功行賞等等，並不限於狹隘的政事。這些問題或許也可以在文章裡以某種理論或事例的形式呈現，但靜置在文章裡，故事便濃縮成典故，臨場的鮮活語言更不可能再現，其氣勢與生動性，比起眞實故事本身，遠遠不如。於是言論的記載也就有了可貴的價值。好比《治要》對《漢書‧韓信傳》的選錄，即從大篇幅的對話中，呈現出幾個重點：（一）蕭何與劉邦的對話，重點在識得人才，且須採非常手段留住人才；（二）韓信與劉邦的對話，重點在剖析「項王爲人」的弱點，即所謂「匹夫之勇」、「婦人之仁」，進而圖謀致勝關鍵；（三）陳餘與李左車的對話，對比韓信與李左車的對話，前者不聽建言而敗，後者尊賢納計而成；（四）韓信對武涉的談話，表白效忠漢王的心跡；（五）韓信被縛時的驚詫與喟嘆，反映出劉邦對功臣的猜疑慘苛。〔註82〕其中好幾項重點都

〔註79〕 對於伐越一事，田蚡認爲沒有必要爲了越人常態性的相互攻擊而勞師動衆，卻遭武帝幸臣嚴助詰問；武帝遂遣嚴助持節發兵，淮南王安諫以爲不可，漢乃罷兵。見《治要》卷18，頁230～232。

〔註80〕 見《治要》卷18，頁232。

〔註81〕 見《治要》卷18，頁235～236。

〔註82〕 見《治要》卷15，頁184～186。

發生在爭奪天下的過程裡,對於得天下後的實際施政不見得能提供直接裨補之用,但這些重點牽涉到一個領導者的人格特質、待賢的誠意、聽言納諫的胸襟、甚至是知恩圖報的深篤情志;這些看似與政事良窳無關,卻往往是決定政事能否順通的基礎,在在牽動敏感的政治神經,牽動詭譎多變的勢力消長、成敗大局。《治要》詳加記敘,並非無謂。此外,在許多抉擇人選、判定優劣的關鍵時刻,決定往往只在一念之間,能夠形之於外者,多半只有幾番往復辯詰;而決定的因素究竟為何?就只有在辯詰的話語中慢慢體察。《治要》對這些言語往往不厭詳載。如李克對魏文侯問置相人選,又當面回應翟璜「忿然作色」的質疑,成功將魏成子、翟璜二人的高下作一番分判;〔註 83〕又如管仲答覆齊桓公「羣臣誰可為相者」的提問時,鄭重提出的警告;〔註 84〕以及劉邦分封功臣時,對於蕭何「功最盛」的解釋等等。〔註 85〕這些即時性的答覆,因臨場問難的急迫性,使得人物的見識能夠馬上脫穎而出;這樣精彩的畫面,也唯有透過言語的記載才能重現。此外,史家有意提挈或加強的觀念,往往也須藉著口語與情境的配合,而達到深化的效果。好比《治要》對《史記‧晉世家》唯一選錄的一段對話:

> 唐叔虞者,周成王弟也。成王與叔虞戲,削桐葉為珪,以與叔虞曰:「以此封若。」史佚因請擇日立叔虞。成王曰:「吾與之戲耳。」史佚曰:「天子無戲言。言則史書之,禮成之,樂歌之。」於是遂封叔虞於唐。〔註 86〕

「天子無戲言」的嚴重意義,在遊戲場合的襯托與無心之言的對比下,以令

〔註 83〕 李克對魏文侯之問,曰:「君不察故也。居視其所親,富視其所與,達視其所舉,窮視其所不為,貧視其所不取。五者足以定之矣,何待克哉?」答覆翟璜之質問,曰:「……且子安得與魏成子比乎?魏成子以食祿千鍾,什九在外,什一在內,是以東得卜子夏、田子方、段干木,此三人者,君皆師之。子所進五人者,君皆臣之。子惡得與魏成子比也!」見《治要》卷 11,頁 153。

〔註 84〕 桓公問曰:「羣臣誰可為相者?」管仲曰:「知臣莫如君。」公曰:「易牙何如?」對曰:「殺其子以適君,非人情也。不可。」公曰:「開方何如?」對曰:「背親以適君,非人情也。難近。」公曰:「豎刁何如?」對曰:「自宮以適君,非人情也。難親。」見《治要》卷 11,頁 151。

〔註 85〕 漢初立,論功行封,劉邦以蕭何功最盛,羣臣不服。劉邦遂以獵為喻,論蕭何之功,曰:「夫獵,追殺獸者,狗也;而發縱指示獸處者,人也。諸君徒能走得獸耳,功狗也;至如蕭何,發縱指示,功人也。……」自是羣臣莫敢復言。見《治要》卷 15,頁 192~193。

〔註 86〕 見《治要》卷 11,頁 152。

人錯愕的嚴肅糾正突顯出來。結局或許太嚴重了點，但這個故事提供給帝王的教訓卻是永恆的，重點在於身為帝王應有的「態度」，謹言慎行。同類的例子又如《治要》節錄《後漢書‧光武本紀》裡的一段記載：

> （建武）十七年，幸章陵。修園廟，祠舊宅，觀田盧，置酒作樂，賞賜焉。時宗室諸母因酣悅，相與語曰：「文叔少時謹信，與人不欵曲，唯直柔耳。今乃能如此！」帝聞之大笑曰：「吾治天下，亦欲以柔道行之。」〔註87〕

雖只是簡短的一句話，卻因情境的襯托，使得劉秀的人格特質，及其以柔道治天下的理念，更親切、更動人、也更有說服力。

第二，是立場的正反並陳，正邪言論皆予收錄。所謂一言興邦，一言喪邦，言語中透露出發動一切作為的思維，它可能開掘經世濟民的泉源，造就盛世，也可能煽動自私貪婪的火種，禍國殃民。正因語言的力量不容小覷，除了正面立說之外，《治要》也收錄不少反面教材，要帝王看清小人的嘴臉，也看清昏君暗主的謬誤，讀懂讒言裡包藏的禍心，不再重蹈覆轍。反面教材大抵也有兩種類型：一是君王自身的觀念偏差，與邪臣治國方略的誤導。《治要》對秦二世、趙高、李斯所言所行載錄甚詳，即是此類反面教材。〔註88〕二是君臣關係發生變故的因由，包含外人的離間，與小人對君子的嫉妒讒害。《治要》對白起、樂毅、趙奢諸傳的選錄，〔註89〕顯然要突出口舌離間的主題，與國君誤信間言、自食惡果的教訓。而在天下一統之後，軍國敵對所用的離間計，在朝中勢力傾軋的鬥爭裡，變為小人拿手的讒言，《治要》卷 19 載弘恭、石顯譖害蕭望之語，〔註90〕卷 24 大篇幅選錄《後漢書‧宦者傳》諸言語，〔註91〕卷 30 載馮紞嫉張華之語，〔註92〕皆是其例。

第三，是形式的靈活變化，不拘一格。在關鍵時刻、必要場合，言者據理力爭，卻不必發為長篇大論，有時三言兩語已具千鈞之力，足以對君王當

〔註87〕 見《治要》卷21，頁253。《後漢書》無「焉」字。「欵曲」，《後漢書》作「款曲」；「治」作「理」。

〔註88〕 秦二世見《治要》卷11，頁147～148。李斯、趙高見《治要》卷12，頁161～165。

〔註89〕 白起見《治要》卷12，頁158。樂毅見《治要》卷12，頁158～159。趙奢見《治要》卷12，頁159～160。

〔註90〕 見《治要》卷19，頁251～252。

〔註91〕 見《治要》卷24，頁303～308。

〔註92〕 見《治要》卷30，頁389。

頭棒喝，轉日回天。這當中，或為德行學養的蘊蓄，或為智謀勇略的外發，或只是一時的口辯機巧……深淺厚薄雖各有不同，但這些語言的力道總令人震懾，也為君臣互動開拓出更廣闊的空間。現實世界裡看似不容侵犯的威嚴、不可逾越的界限、不得觸碰的忌諱，都因曾經在歷史舞台搬演，而化不可能為可能。隨著這些故事的出現，君臣互動的典型逐漸被形塑。所以這些故事裡的言語之「用」，也就不只是字面上承載的實際意見，更包含一種悄無聲息的薰陶，與無形中的潛移默化。就人君一方而言，《治要》卷 11 所載齊威王的觀察與處理，就展現出大刀闊斧的決心與魄力：

> 齊威王初即位，九年之間，諸侯並伐，國人不治。於是威王召即墨大夫，語之曰：「自子之居即墨也，毀言日至；然吾使人視即墨，田野開，民人給，官無留事，東方以寧。是子不事吾左右以求譽也。」封之萬家。召阿大夫，語之曰：「自子之守阿，譽言日聞；然使使視阿，田野不開，民貧苦。昔日趙攻甄，子弗能救；衛取薛陵，而子弗知；是子以幣厚吾左右以求譽也。」是日烹阿大夫，及左右嘗譽者，皆并烹之。遂起兵西擊趙、衛，敗魏於濁澤。於是齊國震懼，人人不敢飾非，務盡其誠。齊國大治。〔註93〕

就人臣一方而言，多半展現為一種即事即時的正確反應，在任何時刻、任何地點都可能發生。如卷 12 載吳起與魏武侯的對話就發生在行船途中：

> （魏）武侯浮西河而下，中流顧而謂（吳）起曰：「美哉山河之固！此魏國之寶也。」起對曰：「在德不在險。昔三苗氏左洞庭而右彭蠡，德義不修，而禹滅之；……若君不修德，舡中之人盡敵國也。」武侯曰：「善。」〔註94〕

這類糾正君主過誤的行動與言詞，大概都可以涵括進廣泛的「進諫」範圍。此時所運用的話語若能一步到位、一針見血，便足以發揮轉動局勢的巨大力量。陸賈也是一個代表性的例子：

> 陸賈，楚人也，有口辯。常居左右，時時前說稱《詩》、《書》。高帝罵之曰：「乃公居馬上得之，安事《詩》、《書》？」賈曰：「馬上得之，寧可以馬上治之乎？且文武並用，長久之術也。昔者吳王夫差、智伯極武而亡，秦任刑法不變，卒滅趙氏。向使秦已并天下，行仁

〔註93〕見《治要》卷 11，頁 153～154。
〔註94〕見《治要》卷 12，頁 157。

　　義，法先聖，陛下安得而有之？」高帝不懌，有慙色。〔註95〕
「馬上得之，寧可以馬上治之乎？」簡潔有力的反問，登時使人傲氣盡喪、
啞口無言。君臣尊卑之勢，在「理」的世界裡倒轉，人臣可以理服君；而此
一節故事也成爲後世盛傳的佳話。又如《治要》卷17載張釋之之語：

　　（釋之）從行至霸陵，上固謂羣臣曰：「嗟乎！以北山石爲椁，用紵
　　絮斷陳添其間，豈可動哉！」左右皆曰善。釋之前曰：「使其中有可
　　欲，雖錮南山猶有隙；使其中無可欲，雖無石椁，又何戚焉？」文
　　帝稱善。〔註96〕

不假鋪墊烘托，單刀直入，直探問題核心，此言一出，大殺風景的場面不難
想見，但詰問之中不失雋永，洞悉眞相的眼光啓人深思；寥寥數語，卻是後
世討論厚葬薄葬經常引證的典故。此類文字，往往是滔滔主流之中唯一的逆
反，卻展現出一夫當關萬夫莫敵的堅定氣魄，激起波濤翻湧，也激起帝王回
心轉意、懸崖勒馬的靈光，可謂一語驚醒夢中人。言語進諫確是一門藝術，
其登峰造極者，便如《治要》取自《吳越春秋》的故事，雖只兩條，卻都是
極巧妙的當面諫言。姑舉一例：

　　吳王夫差興兵伐齊，……恐羣臣之諫也，乃令於邦中曰：「寡人伐齊，
　　敢有諫者死。」太子友乃風諫，以發激吳王之心。以清朝時，懷丸
　　夾彈，從後園而來，衣洽履濡。吳王怪而問之曰：「何爲如此也？」
　　友曰：「遊於後園，聞秋蟬之鳴，往而觀之。夫秋蟬，登高樹，飲清
　　露，其鳴悲吟，自以爲安，不知螳蜋超枝越條，申要舉刃，經其形
　　也。夫螳蜋愈心財進，志在利蟬，不知黃雀徘徊枝葉，欲啄之也。
　　夫黃雀但知伺螳蜋，不知臣飛丸之集其背也。但臣知虛心，念在黃
　　雀，不知窘埳在於前，掩忽陷墜於深井也。」王曰：「天下之愚，莫
　　過於斯。知貪前之利，不睹其後患也。」對曰：「天下之愚，非但直
　　於是也，復有甚者。」王曰：「豈復有甚於是者乎？」友曰：「夫魯
　　守文抱德，無欲於鄰國，而齊伐之。齊徒知舉兵伐魯，不知吳悉境
　　內之士，盡府庫之財，暴師千里而攻之也。吳徒知踰境貪敵，往伐
　　齊，不知越王將選其死士，出三江之口，入五湖之中，屠滅吳國也。
　　臣竊觀禍之端，天下之危，莫過於斯也。」王喟然而歎，默無所言，

〔註95〕見《治要》卷16，頁198。
〔註96〕見《治要》卷17，頁212。

遂往伐齊，不用太子之諫。越王勾踐聞吳王北伐，乃帥軍泝江以襲

吳，遂入吳國，焚其姑蘇之臺。〔註97〕

太子友極盡所能地巧設譬喻，層層遞進，還特地設計了前導情境，不折不扣地請「君」入甕。雖然這番深意終究無力回天，卻留下「螳螂捕蟬，黃雀在後」的寓言警語，千載之後猶發人省思。比起朝堂上端拱肅穆的書面文字，口語進諫更添幾許活潑生動的氣息，與跌宕起伏的趣味，搭配場景與情節的鋪墊，引人入勝。

二、載有用之事

　　《治要》對於「有用之言」確實多所選錄，很容易讓人聯想到某種彙纂文章的輯本，歷史上的確也曾經出現過《漢尚書》、《後漢尚書》、《魏尚書》之類專事「記言」之作。〔註98〕不過《治要》雖然重視「美詞典言，足為龜鏡」的言語篇章，卻並未落入專事記言的極端。《治要》史部對於紀、傳的選錄，除了載「言」，也載「事」。因而「事略」的形式也不時出現在《治要》之中。事略者，略敘其事，與文章篇什、言語文字相區隔，大抵呈現為兩類：一是整體印象的勾勒，二是具體情境的再現。前者以簡短的篇幅涵蓋較長遠的時間區段，使讀者得以快速掌握前後發展的趨勢及輪廓；後者則局部再現事件發生的背景空間，提供一種虛擬實境的閱讀經驗，讓人從中明辨是非。

　　勾勒整體印象的「事略」，包羅的內容很廣，大至國家成敗興亡之局，小至個人應對進退之舉。

　　關乎國家的「大」事略，多出現在本紀的節鈔裡。正面的記載，呈現為總述帝王的治國成就與施政風格。將一朝施政總結收束，已是史評的前奏，而敘述時仍採客觀立場。這般文字流露的價值判斷，雖然還不到評論的程度，但從敘事的字裡行間，隱然也能嗅出史家的褒揚稱頌之意。如《治要》卷21對《後漢書‧明帝紀》之節選，在「論曰」之前還收錄以下一段：

〔註97〕 《治要》卷12，頁168～169。
〔註98〕 《史通‧六體》：「自宗周既殞，《書》體遂廢，迄乎漢、魏，無能繼者。至晉廣陵相魯國孔衍，……乃刪漢、魏諸史，取其美詞典言，足為龜鏡者，定以篇第，纂成一家。由是有，凡為二十六卷。」浦起龍釋云：「《書》體久廢之後，至晉而有孔衍諸書，是後來記言者一家。」（《史通通釋》卷1，頁3）孔衍所撰三種，《隋志》史部雜史類僅見《魏尚書》八卷，孔衍撰。此或屬於雜史類小序所稱「自後漢以來，學者多抄撮舊史，自為一書」之類，「體制不經」，《隋志》所予評價似不甚高。

帝遵奉建武制度，事無違者。後宮之家，不得封侯與政。館陶公主
為子求郎，不許，而賜錢千萬。謂羣臣曰：「郎官上應列宿，出宰百
里，有非其人，則民受其殃，是以難之。」故吏稱其官，民安其業，
遠近肅服，戶口滋殖焉。〔註99〕

這一段在《後漢書》的原始脈絡裡，也是置於紀年之末，論贊之前，用以總結明帝之為政。《治要》對光武帝、和帝也採相同的選錄手法，將《後漢書》二帝紀最末總結一段完整收錄，〔註100〕而不錄「論曰」。至於章帝，無總述可收，是以《治要》將范曄「論曰」全文收錄，而論中除了「明帝察察，章帝長者」二句帶有評斷意識，其餘文句與為政總述無甚差別。「事略」的總述模式，可為一朝塑畫整體形象，後人依循字句，易於想望當時政風。這種正面總述的行文方式，自來史書多有之，如《治要》卷11載《史記》對聖君帝堯的稱頌語：

帝堯放勳，其仁如天，其智如神，就之如日，望之如雲，富而不驕，
貴而不舒。〔註101〕

而《治要》對《史記》詠歎式的筆調，顯然不夠滿意，或許是如日如雲之類的形容太神聖、太邈遠、太抽象，《治要》隨即在注裡補上一段摘自《帝王世紀》的具體陳述：

《帝王世紀》曰：帝堯置欲諫之鼓，命羲和四子羲仲、羲叔、和仲、
和叔，分掌四時方嶽之職。故名微，天下大和，百姓無事。有五老
人，擊壤於道，觀者歎曰：「大哉！堯之德也。」老人曰：「日出而
作，日入而息，鑿井而飲，耕田而食，帝力何有於我哉？」〔註102〕

此段摘錄，則以側面烘托的手法，為帝堯為政時開啓「天下大和，百姓無事」的局面，作一番補充說明，也是「事略」形式的運用。借此觀彼，不難看出《治要》對東漢前期四帝的施政高度肯定，遂以「事略」的形式，為四帝留下不朽的身影。

〔註99〕見《治要》卷21，頁254。
〔註100〕光武帝之總述：「初，帝在兵間久，厭武事，……雖道未方古，斯亦止戈之武焉。」見《治要》卷21，頁253。和帝之總述：「每有災異，輒延問公卿，極言得失。……由是遂省。」與《後漢書・和帝紀》相對照，《治要》將此段開端「自竇憲誅後，帝躬親萬機」二句省去，而取「論曰」中「齊民歲增，闢土日廣」二句代換，更有總結意味。見《治要》卷21，頁256。
〔註101〕見《治要》卷11，頁141。
〔註102〕同上注。

　　帝王施政的正向成就，藉由事略的形式，更加突顯；相反的，禍敗亂亡的負面教訓，也要藉由事略的形式，凝練戒懼的力道。對於那些狼狽不堪的覆亡，《治要》經常透過節鈔剪裁，似有意強化其急轉直下的亡國情勢，突顯一種匆忙倉促的亂局。如卷11對秦亡國的簡筆略記：

> 二世自殺。趙高乃立二世之兄子公子嬰爲秦王，令子嬰齋，當廟見受玉璽。齋五日，子嬰稱病不行。高自往曰：「宗廟重事，王奈何不行？」子嬰遂刺殺高於齋宮，三族高家，以徇咸陽。子嬰爲秦王四十六日，沛公破秦軍至霸上，子嬰奉天子璽服，降軹道旁。諸侯兵至，項籍殺子嬰及秦諸公子宗族，遂屠咸陽，燒其宮室，虜其子女，收其珍寶貨財，諸侯共分之。〔註103〕

與《史記・秦始皇本紀》稍加對照，可知《治要》至少省略三個部分，一是立子嬰爲「秦王」而非「秦帝」乃因天下分崩之勢已成，二是趙高以黔首葬二世，三是子嬰誅滅趙高實先有計謀；至於劉、項入咸陽之事，也略去還軍霸上與項籍爲諸侯從長的身分。《治要》以簡筆加速呈現秦的滅亡，正如同卷另篇也以簡筆突顯紂淫亂亡國的最後結局（括號內小字爲《史記・殷本紀》之原文，《治要》省去），教戒意味十分濃厚：

> （紂愈淫亂不止。）微子數諫不聽，迺（與大師、少師謀，）遂去。比干（曰：「爲人臣者，不得不以死爭。」迺）強諫（紂），紂怒（曰：「吾聞聖人心有七竅。」）剖比干觀其心。箕子懼，迺詳狂爲奴，紂又囚之。（殷之大師、少師乃持其祭樂器奔周。）周武王於是遂率諸侯伐紂。（紂亦發兵拒之牧野。甲子日，紂兵敗。）紂走（入，登鹿臺），衣其寶玉衣，赴火而死。武王遂斬紂頭，懸之白旗，殺妲己。（釋箕子之囚，封比干之墓，表商容之閭。封紂子武庚、祿父，以續殷祀，令修行盤庚之政。）殷民大悦。（於是周武王爲天子。其後世貶帝號，號爲王。而封殷後爲諸侯，屬周。）〔註104〕

兩相比對，可以看出《治要》有意透過剪裁，爲亡國的最後一幕留下簡短的收尾。國朝覆滅，一何疾哉！慘局已定，無可挽回，大可不必多費筆墨，但《治要》以簡筆勾勒亡國之君的最後身影，予人餘悸猶存的閱讀效果，對於讀者而言，於情於理都不失爲一種有力的提點。《治要》節刪頗有旨意，後文將再談及。

〔註103〕見《治要》卷11，頁148。
〔註104〕見《治要》卷11，頁142。

　　至於個人的部分，將一人之事從史傳節鈔爲事略，不僅簡明扼要，亦往往能因此見出該人物的行事風格。此又可分爲兩類：第一類是沿用史家對該人物的總結陳述，靜態呈現其形象。如卷 29 載晉高密王泰：

> 高密王泰字子舒，宣帝弟馗之子也。封爲隴西王，遷太尉。爲人廉靜，不近聲色，身爲宰輔，食大國之租，服餚糲素，肴饌疎簡，如布衣寒士。事親恭謹，居喪哀戚，謙虛下物，爲宗室儀表。〔註105〕

第二類是節錄史籍記載的某一事件，從動態施爲之中展露其行事作風。如《治要》卷 22 載申屠剛：

> 申屠剛字巨卿，扶風人也。遷尚書令。世祖嘗欲出遊，剛以隴蜀未平，不宜晏安逸豫，諫不見聽，遂以頭軔乘輿輪，帝遂爲止。時內外羣官，多帝自選舉，加以法理嚴察，職事過苦，尚書近臣，至乃捶撲牽曳於前，羣臣莫敢正言，剛每輒極諫。又數言皇太子宜時就東宮，簡任賢保，以成其德。〔註106〕

申屠剛出身於西漢末年，時王莽專政，《後漢書》載其對策，抨擊王莽隔絕外戚的作風，遭莽所黜，罷歸田里；及朝政遞嬗，又載其勸阮囂書二篇；此諸文《治要》並不錄。上引段落即《後漢書》原文，《治要》鈔載，一字不差。這是載事不載言的一個典型例子，顯示出《治要》不唯看重言論，對於行止也十分重視。卷 27 所載呂範亦是一例：

> 呂範，字子衡。汝南人也。遷前將軍。初，策使範典主財計，權時年少，私從有求，範必關白，不敢專許，當時以此見望。權守陽羨長，有所私用，策或料覆，功曹周谷輒爲傅著簿書，使無譴問。權臨時悅之，及後統事，以範忠誠，厚見信任，以谷能欺更簿書，不用也。〔註107〕

呂範早從孫策，征討有功，《治要》於《三國志·呂範傳》中僅錄此節，亦是載事不載言之著例，一面是呂範的忠誠，一面是孫權用人的明智，兩面皆由事而顯。

　　至於再現具體情境的「事略」，則多與「言」一併呈現。《治要》是非常實際的，重視現實施用，而一旦落實到操作的層面，就不能只是把「雅論徽

〔註105〕《治要》卷 29，頁 375。
〔註106〕《治要》卷 22，頁 270。
〔註107〕《治要》卷 27，頁 353。

猷，嘉言美事」捧在手裡欣賞。現實中有太多千差萬別的情境，考驗著執政者的應對智慧。處在巔峰時，稍一不慎，恐怕要得意忘形，失足一墜就是萬丈深淵；處在群小環伺的險惡局勢中，一個細小環節的漏失，就能使忠義耿直的火種被輕而易舉地撲滅，甚至蹂躪、踐踏。多少君王曾經被小人編造的邪說蠱惑，不由自主地走上幽暗歧途，任憑那些圖謀富貴、渴求權勢的野心家或政治無賴，把前人苦心經營的基業恣意攪亂掏空，翻雲覆雨；一朝忽然醒覺，力圖重新振作，無奈棟已傾，樑已朽，塵埃積累得太厚太重，層層密結，奮力一抖，整座屋宇都要震動，隨時可能塌陷。這種情境，每隔一段時日就要重複上演，並且每個朝代的劇本都不相同。衰敗的危機四處隱伏，面貌各異，迎面撞見了，要精準辨識已經十分困難，而要成功抗拒又是另一項艱鉅的考驗。但凡屬精求治的君王，總是想方設法防堵或杜絕這種隱伏的禍患。《治要》史部似乎把這類情境的再現看作一項重點，故把那些讒言生效的歷程、傷害忠良的經過，都清楚交代一番。

　　《治要》〈任愷傳〉便是這樣的一篇「事略」。茲將全段抄錄於下：

> 任愷，字元褒，安樂人也。為侍中。愷性忠直，以社稷為己任，帝器而昵之，政事多諮焉。愷惡賈充之為人，不欲令久執政，每裁抑之。充病之。後承間稱愷忠公局正，宜在東宮，使保護太子。外假稱揚，內斥遠之。帝以為太子少傅，而侍中如故。充計畫不行，會吏部尚書缺，好事者為充謀曰：「愷今總門下樞要，得與上親接，宜啟令典選，便得漸疎，此一都令史事耳。且九流難精，間隙易乘。」充即啟稱愷才能，宜在官人之職。世祖不疑充挾邪，而以選官勢望，唯賢是任，即日用愷。愷既在尚書，侍覲轉希，充與荀勗、馮紞承間譖潤免官。愷受黜在家，充毀間得行，世祖情遂漸薄。然眾論明愷為人，羣共舉愷為河南尹，甚得朝野稱譽。而賈充朋黨日夜求愷小過，又諷有司奏愷免官。後起為太常，不得志，遂以憂卒。〔註108〕

這段故事，真是不折不扣的「賈充害賢記」。文中詳細敘述了賈充如何費盡心機，將任愷這麼一位深受皇帝器重、常居左右的貼身近臣，先是用計疏離，而後乘間譖毀，讓任愷在皇帝心中的形象與地位完全顛覆，徹底葬送一位忠臣的抱負、前途、甚至性命。而皇帝竟也不自覺地被賈充、荀勗、馮紞等小

〔註108〕《治要》卷30，頁387。

人所擺佈,逐漸喪失了對任愷的信任與情誼。此輩小人,不唯陷害任愷得逞,當時「盡忠匡救,彌縫補闕」、「卓爾獨立,無所阿比」的正臣張華,也因此輩小人的深相「忌疾」而遭遠斥。〔註109〕《治要》〈馮紞傳〉便將馮紞構陷張華的計謀,一五一十地紀錄下來。馮紞假「晉魏故事」之暗箭中傷張華,此一段搖動帝意的詭辭,自屬「言」語的反面教材;而透過列傳節選,則得以將整個事件的前因後果以「事略」的形式作一番完整交代:

> 初,謀伐吳,紞與荀勗共苦諫,世祖不納,斷從張華。吳平,紞內懷慙懼,疾華如讎。及華外鎮,威德太著,朝論當徵爲尚書令。紞從容侍帝,論晉魏故事,因曰:「……。」世祖默然。徵華爲太常,尋免華官。〔註110〕

《治要》〈張華傳〉補足了另一層面的實況:

> ……(張華)名重一世,朝野擬爲台輔,而荀勗、馮紞等深忌疾之。會世祖問華誰可以付以後事者,對曰:「明德至親,莫如齊王攸。」既非上意所在,微爲忤旨,間言得行。以華爲都督幽州諸軍事,領護烏桓校尉,於是遠夷賓服,四境無虞。朝議欲徵華入相,馮紞乾沒苦陷,以華有震主之名,不可保必,遂徵爲太常,以小事免官。〔註111〕

忠良放逐,是多重因素共同導致的結果,如果不是張華的「忤旨」應答引動世祖的慍怒情緒,馮紞等輩的「間言」大概也不能奏效得如此迅速。以後世的眼光省思這類故事,那些惡心詭詐的小人固然應當譴責,而皇帝因自身的昏昧不明,間接助成這場歷史惡業,同樣也是檢討的對象。

再舉蔡邕一例,亦足以窺知《治要》的用心。《治要》卷23節選《後漢書‧蔡邕傳》,將大半篇幅用以收錄「有用之文」,包含〈上封事陳政要七事〉之第五事,及〈對詔問災異八事〉之第八事(部分節錄);在〈對詔問災異八事〉之第八事裡,《治要》節錄了蔡邕最直言不諱的一段,懷著深沈憂思,將妖變異象「皆亡國之怪」的論點,做了一番具體解釋。文中直指「有程大人者,察其風聲,將爲國患,宜高爲提防」,又云「太尉張顥,爲玉所進;光祿勳偉璋,有名貪濁;又長水校尉趙玹、屯騎校尉蓋升,並叨時幸,榮富

〔註109〕引文俱見《治要》卷30,頁386。
〔註110〕《治要》卷30,頁389。
〔註111〕《治要》卷30,頁386。

優足」，明白顯露地警誡皇帝「宜念小人在位之咎」。如此指名道姓地揭露當朝權貴的惡行，是需要背負著喪身失命的高度風險的，是以蔡邕於文末惶惶然祈囑：「夫君臣不密，上有漏言之戒，下有失身之禍。願寢臣表，無使盡忠之吏，受怨奸仇。」然而漢靈帝終究不經意「漏言」了。《治要》於文下隨即載錄此段關鍵「事」由：

> 章奏，帝覽而歎息，因起更衣。曹節於後視之，悉宣語左右，事遂漏露。其為邕所裁黜者，皆側目思報。

顯然，缺乏慎重的態度與適當的應對，言詞文章之「有用」，恐怕適得其反，興起另一場災禍。自從密言洩露之後，蔡邕的後半生注定要走向悲劇。順著《後漢書》的敘事脈絡，《治要》復載一事：

> 初，邕與司徒劉郃素不相平，而叔父衛尉質又與將作大將陽球有隙。球即中常侍程璜女夫也。璜遂使人飛章言邕、質數以私事請託於郃，郃不聽，邕含隱切，志欲相中傷。〔註112〕（此下，《後漢書》緊接著記載蔡邕的「上書自陳」，《治要》省去。）於是下邕、質於洛陽獄，劾以仇怨奉公，議害大臣，大不敬，棄世。事奏，中常侍呂彊愍邕無罪，請之。帝亦更思其章，有詔減死一等，與家屬髡鉗徙朔方，不得以赦令除。〔註113〕

史臣以倒敘筆法，回顧整個事件的來龍去脈，理清蔡邕被害的始末；《治要》編者更省去上書自陳的言語，以簡潔有力的「事略」形式，為忠臣淒苦的下場做了沈痛總結。魏徵等編者在抄錄這些片段時，內心雖則沈痛，但他們想必更希望將沈痛化作警醒，透過《治要》再現這些重點情境，使讀者於悽惻之情油然而生的同時，除了「覽而歎息」，更能謹記教訓。

三、偶然出現的小說意趣

　　由上述諸例已可看出，《治要》透過節鈔體裁的「剪裁」便利，得以將目光鎖定在史書中的片段，將其裁切抄錄，形成獨立的段落。《治要》的面貌，即是由這些段落疊加拼湊而成，早已違離史籍的傳統形式。塊狀的段落呈現，為讀者提供很大的便利性，既能聚焦主題，又能顯出人物性格，而其篇幅短小，也不會造成太大的閱讀負荷。從篇幅短小的形制來看，不免令人

〔註112〕《後漢書》原文無「傷」字。
〔註113〕以上蔡邕之文與事，俱見《治要》卷23，頁291～292。

聯想到「小說」。《漢書‧藝文志》中，小說家為十家之一：「小說家者流，蓋出於稗官，街談巷語，道聽塗說者之所造也。孔子曰：『雖小道，必有可觀者焉。致遠恐泥，是以君子弗為也。』然亦弗滅也。閭里小知者之所及，亦使綴而不忘，如或一言可采，此亦芻蕘狂夫之議也。」照《漢志》的講法，小說家列居諸子之末，雖僅是小道，亦可望其發揮現實致用之功。東漢桓譚也對小說的致用功能表示肯定：「若其小說家合殘叢小語，近取譬論，以作短書，治身理家，有可觀之辭。」隨著志人、志怪小說的出現，「小說」逐漸以文學價值而被看重，越來越少人關心它本來負載的致用功能。不過，在《治要》史部的節選內容裡，卻有好些段落隱隱浮現著「小說」的神貌，形制短小，發揮「治身理家」的現實價值，更流露出近乎志人小說的趣味。當然，這些文字片段都還是從正史裡抄錄出來的，《治要》也不曾從小說裡取材，但魏徵等人能關注到這些富含「小說」意趣的片段，透露出他們選錄時的眼光。而他們的致用思維，或許也能從這些類乎小說形制的節鈔裡，得到另一種詮釋。

　　《治要》史部雖以絕大多數的篇幅，一本正經地載錄羣臣的章疏、諫言與沉重的興亡教訓，卻不是從頭到尾都如此不苟言笑；他們偶爾也從史書中節錄一些意趣橫生的片段，令人讀之不覺莞爾。如卷 22 載錄《後漢書‧宋弘傳》，即包含以下一段文字節選：

> 弘嘗讌見，御坐新施屏風，圖畫列女，帝數顧視之。弘正容言曰：「未見好德如好色者。」帝即為徹之，咲謂弘曰：「聞義則服，可乎？」對曰：「陛下進德，臣不勝其喜。」時帝姊湖陽公主新寡，帝與共論朝臣，微觀其意。主曰：「宋公威容德器，羣臣莫及。」帝曰：「方且圖之。」後弘被引見，帝令主坐屏風後，因謂弘曰：「諺言『貴易交，富易妻』，人情乎？」弘曰：「臣聞貧賤之知不敢忘，糟糠之妻不下堂。」帝顧謂主曰：「事不諧矣！」〔註114〕

顯然，此段文字包含兩個部分，前半宋弘借事進言，勸帝王戒色尚德，此舉頗有陸賈、張釋之遺風；後半則純為帝王家事。乍看之下，難免懷疑此事與治國何關？但此段文字將三方人物各自的心思盤算與互動表出，富含故事性與趣味性，而宋弘端正老實的形象也隨之生動地展現出來。

　　宋弘的應對與前述簡潔有力的言語，同具當頭棒喝之效，歸入載言一類

〔註114〕《治要》卷 22，頁 266～267。

亦無不可。然而言因事發，事藉言顯，言之與事，有時難以判然二分。情境讓言語富有臨場感，而即刻應答則展現出機智趣味，就此種趣味而言，史書與小說恐怕也難以判然二分；只是小說以短小的形式專錄富含意趣之文，史書則重在人物生平事跡的長流，趣味故事充其量也只是其中一段波浪。正史列傳到了《治要》之手，卻可趁「節鈔」之便，跳脫史書體例的限制，自由剪裁發揮。此時，《治要》以短小段落節選趣味片段，便與志人小說的面貌十分神似。卷 29 載虞悝事亦如此：

> 虞悝，長沙人也，弟望，字子都，並有士操。閨門有孝悌之風，鄉黨有廉信之譽。譙王承臨州，王敦作逆，遣使招承，承不應，與甘卓相結，起義赴都。承於是命悝爲長史，望爲司馬。敦遣魏乂等，攻戰轉急，望臨陣授首，悝爲乂所害。臨刑，鄉人送以百數，與相酬酢，意氣周洽，有如平日。子弟號泣，悝謂曰：「人生有死，閨門爲忠義鬼，亦何恨哉？」及敦被誅，詔書追述悝、望忠勳，贈悝襄陽太守，望滎陽太守，遣謁者至墓弔祭。〔註115〕

此段故事情節完整，人物性格顯明，忠義之氣躍然紙上。《治要》保留「臨刑……意氣周洽，有如平日」一段敘述而不予刪節，遂留下了虞悝臨刑從容的神色，直似《世說新語·雅量》篇。〔註116〕《世說新語》爲志人小說的代表作，其內容多取自史書，加以剪裁，俾使趣味性更加突顯、人物形象更形生動。《治要》某些段落的選錄趣味也與《世說》十分相近；在這些段落裡，《治要》與《世說》非但取材相同，在形式上，《治要》也多呈現爲短章小段，頗有「短書」的味道。周顗的例子，即可顯示出二書的相似性質。《治要》卷 30 載：

> 周顗，字伯仁。汝南人也。爲尚書左僕射。王敦作逆石頭，既王師敗績，顗奉詔往詣敦。敦曰：「伯仁卿負我。」顗曰：「公戎車犯順，下官親率六軍，不能其事，使王旅奔敗，以此負公。」敦憚其辭正，不知所答。左右文武，勸顗避敦，曰：「吾備位大臣，朝廷喪破，寧可復草間求活，外投胡越者邪？」俄而被收，於石頭害之。〔註117〕

〔註115〕《治要》卷 29，頁 379。
〔註116〕《世說·雅量》篇多載此類處變不驚的故事，如嵇康臨行東市「神氣不變」，索琴更奏廣陵散；裴叔則被收，「神氣無變，舉止自若」；謝安聞謝玄戰勝，「意色舉止，不異於常」等。
〔註117〕見《治要》卷 30，頁 397～398。

同一事件在《世說・方正》篇則以強光聚焦的方式呈現：

> 王大將軍既反，至石頭，周伯仁往見之。謂周曰：「卿何以相負？」
> 對曰：「公戎車犯正，下官忝率六軍，而王師不振，以此負公。」
> 〔註118〕

《世說》選擇將完整史實摘去頭尾，只留下著意精省後的重點片段，一問一答之間，遂使周顗一言擲地鏗然，且後勁十足。透過文字刪潤，爲人物捕捉最神彩奕奕的一瞬間，不能不說這是小說刻意營造的效果。反觀《治要》，雖然不似《世說》那般刻意營造，卻採取了與《世說》相同的拍攝角度，也選用了相同的故事背景，爲周顗這位貞直大臣的風采，留下鮮明的特寫鏡頭。在歷史上，這樣的鏡頭總是最能展露人物的眞性情，也最能撼動人心。志人小說專事搜集這些可貴的鏡頭，再加增色，或可說意在投合某種閱讀興趣；而《治要》輯錄這樣的片段，其本意可能是崇賞周顗的忠貞，也可能是譴責王敦的暴惡，但絕不會是像劉義慶那樣，以賞玩「名士風流」的心情尋摘人物「軼事」。故就心態上來說，《治要》與「小說」是相去千里的；但從形式上來看，《治要》卻不時端上精緻悅目的一盞淺碟，輕盈短小，而韻味無窮。

周顗的例子並非孤例。除了周顗之外，《治要》與《世說》之間有著取材相同之默契的，還包括：卷 19 京房（亦見《世說・規箴》篇），〔註119〕卷 29 何曾（批評阮籍不遵名教，亦見《世說・任誕》篇），〔註120〕以及卷 30 和嶠（太子「聖質如初」之對，亦見《世說・方正》篇）、〔註121〕何充（亦見《世說・方正》篇）、〔註122〕吳隱之（居喪號哭事，亦見《世說・德行》篇）〔註123〕等。其例不算太少，但也說不上多。不可否認，《治要》感興趣

〔註118〕見《世說》頁 315。劉孝標《注》引《晉陽秋》則補足了《治要》後半記載的材料來源：「王敦既下，六軍敗績。顗長史郝嘏及左右文武勸顗避難，顗曰：『吾備位大臣，朝廷傾撓，豈可草間求活，投身胡虜邪？』乃與朝士詣敦，敦曰：『近日戰有餘力不？』對曰：『恨力不足，豈有餘邪？』」

〔註119〕見《世說・規箴》篇2條，頁 548。

〔註120〕見《世說・任誕》篇2條，頁 728。但《世說》欣賞阮籍等名士之任誕，《治要》顯然站在何曾等擁護名教的立場，藉何曾之口批判魏晉名士。

〔註121〕見《世說・方正》篇9條，頁 289。

〔註122〕見《世說・方正》篇41條，頁 321。《治要》除何充之對答外，還附上一段事略以總結何充之爲人：「康帝崩，充奉遺旨，便立孝宗，加錄尚書事侍中。臨朝正色，以社稷爲己任，凡所選用，皆以功臣爲先，不以私恩樹用親戚，談者以此重之。」此則絕爲史書文字。見《治要》頁 398。

〔註123〕見《世說・德行》篇47條，頁 51～52。《世說》只錄居喪而毀幾滅性一事，

的內容與《世說》可應合者仍是有限，且總是集中在某些特定範疇。畢竟《治要》還是站在維護名教的立場，以「弘獎名教」爲基點來審視魏晉，因此全錄干寶〈晉紀總論〉，爲「禮法刑政」之「大壞」而沉痛，批判當時「風俗淫僻，恥尚失所」；﹝註124﹞而《治要》對何曾當廷數落阮籍居喪飲酒食肉一事的記載，總結在「辭理甚切，朝廷憚焉」，幾乎將此事形塑成何曾衛護綱常的壯舉。﹝註125﹞魏晉名士的「任誕」、「風流」，遭到《治要》嚴陣以待，唯恐又大壞了天下風教；唯有周顗、和嶠、何充等的忠貞持正，吳隱之的孝謹清廉，京房的諄諄規諫等，這些人物的「方正」「德行」，在貞觀盛世對治道的渴求眼神中，猶有端正世道、勸戒人君的可取價值。

話又說回來，《治要》對「魏晉名士風流」有多大的接納尺度是一回事；但在某種情境之下，《治要》不時呈現了類乎志人小說的載錄形態，又是另一回事。在《治要》的節選中，確實不時出現帶有小說意趣的段落，這些段落往往能將人物形象立體化，以靈動的色澤點綴在莊嚴肅穆的疏表奏章之間。這是有意還是無心？或難斷言。畢竟就我們對魏徵、虞世南、褚亮、蕭德言等編者的認識，還不曾發現他們有偏好小說的背景。不過，就讀者唐太宗而言，他對於歷史的閱讀興味，倒是可以從貞觀後期重修《晉書》事件得到一些線索。

歷來唐修《晉書》總是背負「忽正典而取小說」﹝註126﹞的批評，不唯紀昀等清代四庫館臣有此負面評價，早在唐代，就有史學家劉知幾大表不滿，他在《史通・採撰》篇即云：

> 晉世雜書，諒非一族，若《語林》、《世說》、《幽明錄》、《搜神記》之徒，其所載或詼諧小辯，或神鬼怪物，其事非聖，揚雄所不觀；其言亂神，宣尼所不語。皇朝新撰《晉史》多採以爲書。夫以干、鄧之所糞除，王、虞之所糠秕，持爲逸史，用補前傳，此何異魏朝之撰《皇覽》、梁世之修《遍略》，務多爲美，聚博爲功，雖取悅於小人，終見嗤於君子矣。

劉氏的批評雖然嚴厲，卻也點出了唐修《晉書》實際存在的問題。將眾小說

《治要》尚載酌飲貪泉賦詩事，反映《治要》重視清廉的價值觀，但兩者同樣具有小說的故事性。
﹝註124﹞干寶〈晉紀總論〉見《治要》卷29〈惠帝紀〉注，頁371～372。
﹝註125﹞何曾事見《治要》卷29，頁382。
﹝註126﹞此爲《四庫提要》對唐修《晉書》的批評。

家言「持爲逸史，用補前傳」的手法，從正史修撰的嚴格標準來審核，不免要流於粗陋不經而招致譏評。不過從另一個角度看，編修《晉書》的一班史臣，敢於明目張膽取小說入史，這背後應該有股無形的力量在支持著；而編修《晉書》又是冠冕堂皇的官方事業，這股推力極可能是來自上層的指導意見。若果如此，那麼唐修《晉書》裡夾雜著「小說」影跡，究其根源，不正是出自唐太宗的某種期待？張蓓蓓老師曾將太宗〈修《晉書》詔〉作一番細密詳盡的分析，並認爲詔書裡對十八家晉史的批評，正道出太宗的偏好傾向：

> 正因爲「繁而寡要，勞而少功」，所以要加強勸懲意義；而「同于畫餅、埋于涸流」則不是太空洞無味就是太磁實板滯，所以要增添比較富有意趣的內容；要之當以事文並重、文質彬彬爲度。偏記小說中的許多詼諧故事及神鬼傳說應當就是在這樣的理念下被默許納入《晉書》的。〔註127〕

這項觀察饒富意味，對於《治要》史部收錄風格的解釋，有著很大的啓發。《晉書》的修撰貫徹著太宗的意志，《治要》的纂輯同樣也貫徹著太宗的意志。在〈治要序〉裡，太宗以「聖思所存，務乎政術」的明主心思，散放著勵精圖治的光芒；然而從〈修《晉書》詔〉看來，除了安邦定國、爲政致用之外，太宗的意志還有比較不爲人知的一面。這一面有別於議政朝堂上的端肅威嚴、不苟言笑，而是一種輕鬆詼諧的、甚至對荒誕不經也不排斥的「意趣」。作爲一國之君，這一面自然不方便直接表現，在詔書裡，太宗也只是間接地從反面提出批評；聰明的史臣從字縫裡讀出太宗的言外之意，奉旨而行，遂致「好採詭謬碎事」。〔註128〕魏徵、虞世南等與太宗朝夕相處，對於太宗的心思、習性與興味之所在，當是瞭若指掌，多少也明白太宗對「意趣」的愛好。只是《治要》的編纂在貞觀初年，治世的光昌盛運才剛要開始締造，太宗思治若渴，而魏徵、虞世南等胸懷經世抱負的大臣，既受到太宗高度倚重，亦自覺佐君輔政，責無旁貸。因此《治要》裡呈現的，依然多是嚴謹而正經的素材，以濃厚的「懲勸意義」擔負起教育帝王的責任。雖則如此，《治要》裡仍不時從史書中截取一些與小說面貌神似的片段，既能暗合太宗的閱讀口味，又能透過鮮明的人物形象，達成正面教育的效果。兩全其美，何樂

〔註127〕見張蓓蓓老師：〈唐修《晉書》論衡〉，《中國古典文學與文獻學研究》第四輯，頁356。

〔註128〕《舊唐書·房玄齡傳》載房玄齡與褚遂良等受詔重修《晉書》事，有云：「然史官多是文詠之士，好採詭謬碎事，以廣異聞。」

不爲呢！

四、有別於史實簡述的取捨模式

　　《治要》史部以節鈔節選的面貌呈現，以紀傳體正史爲主要依據的底本，表現出關切歷史的傾向，更表現出以「人物」爲中心的核心關懷。歷史是隨著年月推移，不斷滋衍、開展、變化的動態過程，其中有不少人物、事件，在後世的討論中，經常被獨立稱說，但這些看似獨立的人事物，畢竟是與同一時代的眾多人事物相互關聯、相互影響，從而相互織就彼此的存在，並不曾眞正獨立。歷史是一個整體，整體之中包羅萬象，而萬象的變化演進又各有軌跡，有時歷歷分明，有時卻交綜錯雜、紛紜攪繞，理不清內外彼此的分際。不可計數的人事物，或分或合，總攝在歷史的整體之中。記錄歷史，是史書的基本內容；而歷史整體難以言喻的龐大複雜，則是史家最大的挑戰。本紀、書志、列傳等體裁的分劃，便是爲了將歷史紀錄得有條不紊、完整周全所作的努力。

　　作爲歷史的文字記錄，史書的分量往往沉重繁多。爲了便於短時間內掌握歷史發展的要領，出現化繁爲簡的嘗試，也是合情合理的現象。《治要》史部節鈔節選的樣貌，很容易被不經意地歸入這種化繁爲簡的系列工作之中。但稍一翻讀便會發現，《治要》史部的刪節去取，幾乎是背離了歷史記載的初衷，至少在「完整性」上已是大打折扣。歷史原是一個整體，紀傳體史書在本紀中保存編年的精神，以連綿不絕的時間貫穿爲一整體；在列傳中則聚焦於大時代之下的人物，同樣以從生至死的終始連貫，於一人之身呈現具體而微的完足。一般而言，對歷史記載所作的簡化，還應當保留著歷史整體的大致體段，重要人物出場時間、善惡作爲，重大事件的因由、發展與後續影響，總該以一定的邏輯順序，以簡潔筆墨再現。但在《治要》史部裡並非如此。所有的資訊幾乎是以點狀散落，並無嚴謹的體系，且並非所有影響歷史的重大人物都爲《治要》所收錄，好比董卓就沒有出現在漢末群雄的行列當中。

　　若單憑《治要》史部，要對「上始五帝，下盡晉年」的上中古歷史發展概況有簡易而全面的重點掌握，恐怕並不容易。問題正出在《治要》的節鈔體裁上。節鈔節選，本是爲了突顯重點，但《治要》的選輯編排，只是依原書的卷次爲先後，使得所有段與段之間的前後順序，並不能完全符應背景年

代的早晚，讀來只覺在時間軸線上忽進忽退；若對史實熟悉度不足，不免恨其混淆視聽。事實上，年代記載的散漫淆亂，正反映出《治要》對「時間」的態度。時間本是歷史記載的重要標記，是以史書之中，無論是紀是傳，都要求準確地記下年代，且以順序記載爲原則，俾使讀者明白歷史演進的大勢。但在《治要》的節鈔裡，年代反而成爲可有可無的點綴。本紀即是明顯的例子，《治要》非但沒有錄入所有帝王，就是單一帝王，亦未載其所有年號。逐年推進的序列一旦中斷，年代便只是一個便於檢索的記號而已，似乎看不到非存在不可的理由。看來紀傳體史書欲以本紀之年份勾勒一代大事進程的用意，《治要》並不領情。不唯本紀如此，在列傳的節鈔中，將年代寫入的現象也相當少見，茲將年代寫入與否各舉一例如下：

> 杜林，字伯山，扶風人也。爲光祿勳。建武十四年，羣臣上言：「古者肉刑嚴重，則民畏法令；今憲章輕薄，故姦軌不勝，宜增科禁以防其源。」詔下公卿。林奏曰：「夫人情挫辱，則義節之風損；法防繁多，則苟免之行興。……臣愚以爲宜如舊制。」帝從之。〔註129〕

> 桓譚，字君山，沛國人也。拜議郎給事中。因上疏陳時政所宜，曰：「臣聞國家之廢興，在於政事；政事得失，由乎輔佐……。且設法禁者，非能禁塞天下之姦，皆合眾人之所欲也……。」書奏，不省。是時帝方信讖，多以決定嫌疑，譚復上疏曰：「……」帝省奏愈不悅。其後有詔，會議靈臺所處，帝謂譚曰：「吾欲以讖決之，何如？」譚默然良久，曰：「臣不讀讖。」帝問其故，譚復極言讖之非經。帝大怒，曰：「桓譚非聖無法。」將下斬之。譚叩頭流血，良久得解，出爲六安郡丞，意忽忽不樂，道病卒。〔註130〕

將兩個例子對照來看，年代之有無，並不會對讀者的領略造成太大影響。杜林一段的核心內容，是對刑法輕重之利弊的討論，因此特爲詳盡；「建武十四年」的標記，爲讀者保留了時代背景提示。然而即便除去這個時代線索，議論刑法輕重的重點內容，依然可以獨立存在。作爲時代背景的印象提示，「建武十四年」的明確具體與「光武時」之類的籠統概括，也並沒有太大差別。在《治要》的選錄中，確實也有不少段落僅留下帝朝的寬泛指涉，而將精準

〔註129〕《治要》卷22，頁267～268。
〔註130〕《治要》卷22，頁268～269。

的年號資訊略去不記，如張釋之、馮唐二人的段落，〔註131〕除「事文帝」三字外，再無其他年代標誌。從年號到帝朝，時間的概念由清晰具體轉至模糊抽象，最後索性將時間抽離，便形成桓譚一類的例子，只留下談論「時政所宜」的重點，至於面對的究竟是哪一位皇帝，並不重要。

以時間爲切入點，只是想指出《治要》有別於傳統史書的關注面向。歷史的進展是繫於時間軸線之上而逐步推移的，從來不能躐等而進；因而，所有歷史記載，無論屬於何種體裁，都不敢輕忽時間這個重要元素。時間將今昔遠近的距離區隔開來，過去曾經發生過的，歷歷明明地訂在某年某月某日的歷史座標上，永遠成爲「故事」。《治要》史部以模糊籠統的手法，處理歷史裡重要的時間課題，無論是刻意忽視抑或無心脫略，都透露出一個訊息：歷史，在《治要》眼中，有著遠比時間更重要的東西。

那麼，在時間之外，《治要》究竟看重什麼呢？且回到桓譚的例子。在桓譚的段落中，雖然看不到明確的年號標記，廣義的時間仍隨處隱伏著，且承載的意義遠比時間本身更加豐富，好比「是時帝方信讖，多以決定嫌疑」，或「其後有詔，會議靈臺所處」。這一類的敘述，與年代相比，顯得更具體、更現實；年代不過指出明確的座標定位點，至於該點上的人物事件，仍要透過敘述來呈現。換言之，在杜林的例子裡，即便有「建武十四年」的標誌，這五字依然是空泛的，要靠「羣臣上言」以至「詔下公卿」才能撐起骨架與血肉。如此說來，時依事而立，時的意義，還需建立在事的起落終始之上，是以記時必兼記事，這是史家記史的基礎工作。而《治要》的纂集目的與作史不同，原是以現實致用爲務，希求致治之道；既是求「用」，便不需拘於「時」的精準座標，反而要在「事」上求其詳盡。雖說物換星移，時移事異，但不同時代卻很可能有著相似相同的事需要面對，尤其在政治領域裡，總有設官分職的問題、用人舉才的問題、皇位繼承的問題、權貴奪勢的問題、夷狄邊防的問題、忠奸正邪的問題、儉奢清濁的問題……杜林與桓譚所談論的刑法輕重，也是重要問題所在。一朝復一朝的興衰成敗，就在這些相似相同的「事」裡重複上演。具體情境雖則隨「時」而異，但從這些「事」裡，總能抽繹出超越時空的核心元素，歷久而彌新。

可以說，在《治要》的構設之中，歷史也只是可資取用的材料，《治要》關心的是治道整體，而非歷史整體。時空網絡上嚴整架構的歷史記錄，在《治

〔註131〕張釋之見《治要》卷17，頁212～213。馮唐見《治要》卷17，頁213。

要》求治的視野下，被拆解成一個個「事」的游離部件，重組爲廿卷的篇幅，不必再緊緊依傍著時空經緯的史家規矩。也正因「事」是如此脫離「時」而存在，《治要》在取捨上便有著絕對的選擇權，取其所欲取，捨其所欲捨，無需顧慮前後脈絡是否完整交代。不唯大範圍的時代是如此，小範圍的個人傳記亦復如是。從《治要》對人物傳記的選錄看來，常是僅就某一個或數個片段局部放大，其他則不吝省略。且看張良一例：

> 張良，字子房。韓人也。沛公欲以二萬人擊秦嶢關下軍，良曰：「秦兵尚強，未可輕。臣聞：其將屠者子賈豎，易動以利，願沛公令酈食其持重寶啗秦將。」秦將果欲連和俱西。良曰：「此獨其將欲叛，士卒恐不從，不如因其解擊之。」沛公迺引兵擊秦軍，大破之，遂至咸陽。秦王子嬰降沛公。沛公入秦宮室，帷帳、狗馬、重寶、婦女以千數，意欲留居之。樊噲諫沛公，不聽。良曰：「夫秦爲無道，故沛公得至此。爲天下除殘去賊，宜縞素爲資。今始入秦，即安其樂，此所謂助紂爲虐。〔註132〕且忠言逆於耳，利於行；毒藥苦於口，利於病。願沛公聽樊噲言。」沛公迺還軍霸上。
> 〔註133〕

上引張良一段，已足夠反映出《治要》對人物傳記的選錄通則。基本上，傳記裡突顯傳主特色的重要資料，諸如出身、家庭背景、成長環境、少年經歷、性格特色，以及時代際遇下的感憤抒懷之類，除非恰好切合《治要》關注的課題，否則一概不取。如此取捨手法，某種意義上抹去了人物的個別差異，《治要》裡的文武大臣，最後幾乎都凝成相類相似的形象疊影，可以分別對應、收納到善惡正邪的典型之中。這也是從具體到抽象的過程，實際的應對進退誠然各有殊異，但只要身處君臣關係的架構之中，就必然有著相似相同的情境模式。《治要》以紀、傳爲主的選錄形式，表面上雖也呈現出以「人物」爲主的史學精神，但歷史上「眞實人物」千差萬殊的獨特風貌，通過《治要》去取的篩漏，卻已打了不少折扣。

　　《治要》在時間標記上的模糊，反映出編者對「事」的重視更甚於「時」的心理意態。若就《治要》所錄之「事」再加細察，則可更進一步看見編者在節鈔過程裡的細膩心思。譚獻《復堂日記》曾云：

〔註132〕此下有雙行夾注：「資，質也，欲令沛公反秦奢，儉素以爲質也。」
〔註133〕《治要》卷15，頁194～195。

《治要》節刪頗具微旨。〔註134〕

雖然此言是針對《淮南子》而發，對於《治要》全書也應是一項全體適用的
特色。《治要》面對經、史、子諸典籍，在求取「要」領的前導意向之下，從
大處到小處，無論是選擇取材範圍，還是取捨節鈔字句，都頗費心思。然而
若要從大處來論《治要》的「節刪微旨」，並不容易。從大處來看，《治要》
史部從各史書裡錄取的內容只是少數，遺落的實在太多；而《治要》周邊的
相關資料也相當有限，僅僅憑著這麼少量的線索，很難說在這大規模的遺落
裡，每一處都帶著編者反對或批評的思想痕跡。畢竟《治要》所求在一「要」
字，那麼被遺落的大片內容，最多也只能說是不切其「要」，而切要與否和贊
同與否則只有部分交集。相較之下，小處的細節取捨，就頗能證明《治要》
的「節刪」確有深意存焉。在上文的討論中，曾經指出《治要》傾向從史書
裡摘取「有用之言」和「有用之事」。而若將《治要》文字與原書文字兩相對
照，則會進一步發現，即便該題材內容已經被《治要》編者視為「有用」，他
們在抄錄時還會再經過一番精密審視，從該段「有用」材料中，再進一層區
辨那些該取、那些該捨，並不是囫圇籠統全文照抄。從這樣的細節差異來觀
察，就比較容易窺見《治要》的「微旨」了。姑舉一例說之。前文曾提及《治
要》卷 22 自《後漢書・東平獻王蒼傳》裡節鈔了數段抒情性頗為濃厚的文字，
其中最長的一篇，即是章帝所寫的〈賜東平王蒼及琅邪王京書〉。單就《治要》
裡的文字來看，字句通順，文意完足，乍見之下沒有什麼缺漏或斷裂的跡象；
與原書一比，方知確有刪節（以下錄出《後漢書》原文，《治要》刪節處以括
號內小字表示）：

> 帝饗衛士於南宮，因從皇太后周行披庭池閣，乃閱陰太后舊時器服，
> 愴然動容，乃命留五時衣各一襲，及常所御衣合五十篋，餘悉分布
> 諸王主及子孫在京師者各有差。特賜蒼及琅邪王京書曰：「（中大夫奉
> 使，親聞動靜，嘉之何已！）歲月驚過，山陵浸遠，孤心悽愴，如何如
> 何！間饗衛士於南宮，因閱視舊時衣物，聞於師曰：『其物存，其人
> 亡，不言哀而哀自至。』信矣。惟王孝友之德，亦豈不然！今送光
> 烈皇后假紒帛巾各一，及衣一篋，可時奉瞻，以慰〈凱風〉寒泉之

〔註134〕見《復堂日記》卷 7，頁 173。原文作：「偶以《群書治要》、馬氏《意林》校
《淮南書》，頗有藏本、宋本所不逮。《治要》節刪頗具微旨，《意林》多改竄，
亦非率意妄為者。」

思，又欲令後生子孫得見先后衣服之製。（今魯國孔氏，尚有仲尼車輿冠履，明德盛者光靈遠也。其光武皇帝器服，中元二年已賦諸國，故不復送。并遺宛馬一匹，血從前髆上小孔中出。常聞武帝歌天馬，霑赤汗，今親見其然也。頃反虜尚屯，將帥在外，憂念遑遑，未有閒寧。）願王寶精神，加供養。苦言至戒，望之如渴。」〔註135〕

刪節的文字又可細分爲五個部分來看，前三及最後一個部分，準以精「要」原則，都該要省去：（一）「中大夫奉使」三句，書信開頭的禮貌性應酬，當省；（二）「今魯國孔氏」三句，引用仲尼聖人之例，以增添光烈皇后的光輝，爲附屬性質，可省；（三）「其光武皇帝器服」三句，爲附帶一提的話，該省。（五）「頃反虜尙屯」四句，交代近況，與書信主旨關係不大，也能省。值得注意的是（四）「并遺宛馬一匹」及其相關說明，即「血從前髆上小孔中出」，及「常聞武帝歌天馬，霑赤汗，今親見其然也」幾句。按理來說，這匹宛馬，與光烈太后遺物同屬餽贈，也同樣表達了章帝對諸王的感情與善意。從《治要》對〈東平憲王蒼傳〉的選錄看來，帝王與宗室之間眞誠的情感交流、融洽的互動關係，絕對是歌頌的重點之一，否則不必抄謄明帝「悽然懷思」而「手詔」東平王國傅，以及章帝情眞意摯的字句，曰「孤心悽愴，如何如何」，曰「中心戀戀，惻然不能言」等等。無疑，在章帝的餽贈中，太后遺物與宛馬一匹，承載著同等的思念與同等眞誠的感情；以此留下帝王體認並珍視「骨肉天性」的典範，似乎也很合情合理。但《治要》卻把「宛馬一匹」的事完全隱藏，一字也不提。同樣都是餽贈，何以《治要》對二者的態度，差別如此？這就反映出《治要》的「微旨」了。按，光烈皇后，史稱「在位恭儉，少飾玩，不喜笑謔。性仁孝，多矜慈」，光武帝甚嘉其有「母儀之美」，因立爲后。〔註136〕《治要》雖然沒有選錄〈光烈陰皇后紀〉，但她的歷史形象，與明德馬皇后「既正位宮闈，愈自謙肅」、「常衣大練，裙不加緣」〔註137〕亦相去不遠，想必同歸「母儀嬪則，懿后良妃」〔註138〕之列。那麼，章帝選贈光烈皇后遺物，更重要的意義，實在於「令後生子孫得見先后衣服之製」，表彰一種帝室后妃難能可貴的節儉素樸。這等表率的象徵意義十分重大，它超越了時間、空間，直至貞觀年間，依然有著厚實的教育價

〔註135〕《後漢書》卷42，頁1438～1439。
〔註136〕見《後漢書》卷10〈光烈陰皇后紀〉，頁405～406。
〔註137〕見《治要》卷21所節錄〈明德馬皇后紀〉，頁257。
〔註138〕〈治要序〉語。

值。而就在一片簡素寬仁的仰望之中，如若「宛馬一匹」在此時出場，可就大殺風景了。《治要》裡曾不只一次高揭帝王禁獻諸方異物之德，如卷 21 即載建武十三年〈禁郡國獻異味詔〉，而得位不正的晉武帝，也因曾有殿前焚雉頭裘、明申「異服奇技，典制所禁」這樣的「一毫之善」，而見載於《治要》之中。既已禁獻諸方異物，則章帝所餽贈的那匹赤汗馬，縱使有再深的情感寄託，終究還屬「異物」，若責以帝王之「德」，不免要落入「漸不克終」的陰影，﹝註 139﹞使人心存芥蒂。不如刪略此事，一來讓畫面維持在「儉」德的崇仰與追思，二來也可保全章帝的寬厚仁慈的「長者」形象，最後還可杜絕太宗好奇或奢縱的任何可能藉口。連一封書信，都處理得這麼小心翼翼，《治要》「節刪」之「微旨」，可見一斑。

對於史書裡記載的真實歷史，《治要》編者自有一套與眾不同的運用模式。他們看待歷史、解讀歷史的眼光，顯然有別於史家著作史書、學者研讀史書的傳統，充盈著飽滿的貞觀特色。史書裡的「有用之言」、「有用之事」，以及那些承載著有用意見而又展示著小說神貌的段落，比起貫通歷史軸心的綿亙的「時間」，更能引起他們的興趣。因此，當編者們在作節鈔處理時，似乎總是不經意地淡忘了時間問題，而對於具體事件、事件發生的具體情境、與事件揭示的具體教訓，投以深切而真誠的關注。或許可以這麼說，在編者眼中，整個歷史好比礦山一般，高大、豐厚，很有開採價值；但礦藏並不等同礦山。礦山雖巨而不切實用，還有待識途老手的精準指點，開挖出蘊藏其間的礦石，它的功用才得以切近地發揮。《治要》編者的工作，就是在歷史的礦山裡，挖掘出最富現實利益的礦藏，使皇帝能夠輕而易舉地直接運用，在最短時間內獲致最大效益。不過，也正是為了滿足直接運用的需求，在擷取材料時不得不特別小心，深怕摻入一點敗壞的渣滓，導致成效不如預期。編者的任務並不僅止於開挖，還要進一步對挖掘出的礦石加以冶煉，從嚴審視，把冗贅的部分加以精省，把不合標準的雜質一一剔除，煉成他們心目中純度最高、密度最大的治國精華，獻給皇帝。

﹝註 139﹞魏徵〈十漸不克終疏〉云：「漢文、晉武，俱非上哲，漢文辭千里之馬，晉武焚雉頭之裘。今則求駿馬於萬里，市珍奇於域外，取怪於道路，見輕於戎狄，此其漸不克終一也。」見《貞觀政要集校》卷 10，頁 537。

第五章　《治要》史部之致用意向

　　唐太宗曾說，憑藉著《治要》，能「稽古臨事不惑」，這是對《治要》的高度肯定。將此言細加分梳，又可別爲「稽古」與「臨事不惑」兩個層面：前者屬探究的方法與途徑，後者的內涵比較複雜，但必然是指向現實效用的，姑且先簡單概括爲方向或成效。合此二者，已能勾勒出《治要》通「史」以「致用」的基本輪廓。不過《治要》本身，究竟如何「稽古」？如果「臨事不惑」是依據「稽古」而達成，又是如何達成？表現在哪些方面？這些問題都還有進一步探討的空間。

　　「稽古」二字，若只從《治要》選材的時間跨度而論，還不足以盡其意。「上始五帝，下盡晉年」僅是時間軸的俯瞰，這上下數千年所留下的文字紀錄，單就史部裡的正史來看，少說也有數百萬言，再加上經、子，份量之龐大難以籌量。《治要》將此中最精「要」的部分，輯爲五十卷，當中必然要經歷取捨的過程，且「捨」必定多過「取」。可以合理推測，在經過如此大規模的刪減之後，所留下的必定是最能突顯某種意義、最具某種價值的片段；這種意義與價值，是《治要》纂集者所認定、推崇的，也是他們最迫切想要傳達給唐太宗的；而太宗對《治要》的肯定，說明了太宗對這些意義與價值能夠認同、欣賞，甚至願意領受，作爲自己立身爲政的準則。《治要》在太宗眼裡，是可資「稽古」的現成材料；但《治要》本身卻非現成，而是經過刪汰取捨而編就的。「稽古」二字，更具體地說，是從「古」人「古」事的考察當中，提取出最核心的意義，最精華的價值。從這個角度看，《治要》「編成」的過程，反映的是魏徵等大臣「稽古」的過程。那麼，《治要》裡究竟留下些什麼，豈不大有玄機？

再說「臨事不惑」。籠統地看，這是一種稱美，運用在政治場域，除了指稱爲政者具有明智、賢能的良好素質，更強調在動態情境下能有即刻判斷與臨場應變，並要求高度的精準、正確，不容許偏誤存在。因此，「臨事不惑」的意義，不能只以外在表現或表面成效來界定；它既是一種動態歷程，便有思維運作的軌迹存焉，而這不可見的內在軌迹，無疑更是臨事能否「不惑」的關鍵。這內在軌迹究爲何物？仍要從「稽古」的玄機裡索解。不過「臨事不惑」四字，也提示了一些思考方向：首先，「事」指的是什麼？除了國朝政治各層面的施政措施以外，是否還有其他指涉？在哪些「事」上最容易生「惑」？「惑」的內容又是些什麼？當「惑」這個字被提出，「事」所覆蓋的範圍顯然應該比「政事」來得更廣，至少要包含人事互動的種種問題與私己欲望的處理。而最後的重點當然在於，「臨事不惑」要如何達成？有何努力方向？

以上這些提問，都與《治要》纂集之「致用」意向息息相關，而此意向正透過《治要》的選取反映出來。從《治要》史部的內容來觀察，可以歸納《治要》特爲偏重的幾個層面，總的呈現《治要》對「致用」精神的重視：

一、教訓之用。以往古成敗得失之鑑戒爲內含，是歷史與現實緊密扣連的鉤索，足以激發對歷史的迫切關注。此亦爲以下三點的基礎。

二、修身勵德之用。從史例中呈現「君德」、「臣節」及各類人物典範，隱含著對修身的重視，其中舉示的修身指標也別具意義。

三、現實施政之用。治理國政的諸多層面，內政、外交、中央、地方等，《治要》都提供歷史上的相關經驗，以資施政參照。

四、增篤情義之用。《治要》對歷史中的君臣「情」、「義」特爲重視，意在凝聚出一種君臣互動的最佳狀態，並加以鞏固。

以下四節將分別予以討論。

第一節　教訓之用

「殷鑑不遠」一語，自西周立國以來，已成千古名言，意指後人須謹記歷史的「教訓」，懷著臨淵履薄般的戒慎恐懼，端正作爲，唯恐重蹈覆轍。論歷史的功用，這是最容易聯想，也最能喚起共鳴的部分。學者提出「鑑戒」爲貞觀史學最顯而易見的特質，指的即是重視歷史「教訓」。求福避禍，乃

人性之常，帝王也不例外。再崇高的理念，再周密的論述，都不如血淋淋的
歷史眞實來得有說服力。在現世，帝王是唯一，很容易因身處權勢峰頂而傲
視一切；在歷史的世界裡，在時間軸線的不同刻度上，則隨處可見帝王的「同
類」，他們作爲不一，評價也不一，其中總有好些帝王表現出輕重不等的昏
庸、貪殘、暴虐、親小人遠賢臣，其下場如何，史書上分明歷歷。憑著這些
發生在「同類」身上的故事，帝王才有機會感到驚詫恐懼，並從中醒悟到，
天子之位雖高，卻不是絕對，不是永遠，更沒有誰能保障絕對的安穩。於此，
唐太宗本人有著高度興趣與研究熱忱，虞世南《帝王略論》遂應運而生，在
《貞觀政要》裡，也經常可以看到「朕看古來帝王」一類的論調。〔註1〕衰
敗、禍亂、傾覆滅亡，代表著一朝政權的徹底失敗，最爲天子所不樂見，而
歷史的白紙黑字，證明這一切都曾經眞實發生；更嚴厲地指出，亂臣賊子固
然要背負起責任，天子身爲政權的最高領導，尤難辭其咎。

　　隋末的震盪動亂、天下離心，是貞觀君臣曾經親眼目睹的眞實歷史。隋
煬帝的奢縱荒淫，招致率土分崩，群起叛亂，更是唐太宗心頭難以抹滅的印
記。太宗談論政事，經常要把隋煬帝像鏡子一樣提起來照照自己，以下出自
太宗之口的一段話，很能表明他的心聲：

> 往昔初平京師，宮中美女珍玩，無院不滿。煬帝意猶不足，徵求無
> 已。兼東西征討，窮兵黷武，百姓不堪，遂致亡滅。此皆朕所目見，
> 故夙夜孜孜，惟欲清靜，使天下無事。〔註2〕

歷史因眞實而令人震撼，親眼所見，印象尤深。隋煬帝一敗塗地的故事，雖
已能造成強烈的恫嚇效果，但隋朝很短，親眼所能看見的時間區段又更短，
作爲歷史「教訓」，內容的豐富度與完整度都尙嫌不足。言《春秋》者，有「所
見」、「所聞」、「所傳聞」三世之說，姑不論公羊家如何解釋，就人之常情來
看，距離自身越遙遠的情境，可能越模糊、越粗略、越單薄，越令人感到疏
離而無關痛癢。對於唐太宗而言，《治要》自五帝以至於晉的年代跨度，都是
蘊藏著歷史「教訓」的寶庫，卻都不是「所見」世。若僅僅是粗率浮淺地略

〔註1〕如貞觀元年，太宗曰：「朕看古來帝王，以仁義爲治者，國祚延長，任法御人
　　　者，雖救弊一時，敗亡亦促。……」（《貞觀政要集校》卷5，頁249）貞觀六
　　　年，太宗謂侍臣曰：「看古之帝王，有興有衰，猶朝之有暮，皆爲蔽其耳目，
　　　不知時政得失。……」（《貞觀政要集校》卷1，頁33）貞觀十九年，太宗謂
　　　侍臣曰：「朕觀古來帝王，驕矜而取敗者，不可勝數。……」（《貞觀政要集校》
　　　卷1，頁49）
〔註2〕《貞觀政要集校》卷1，頁41。

知一二，並不足以壘成「教訓」的高台。如何能跨越時空阻隔，讓遠在千年以前的禍敗亂亡，發生切身的警惕功效？史書的詳實記載，便是有力的工具，使後代之人得以將探測的鏡頭伸向遠古，發掘那些關鍵人物、關鍵時刻與關鍵細節。

對《治要》而言，存亡得失無疑是關鍵時刻。魏徵主編的《隋書》，瀰漫著濃厚的「以隋為鑑」的氣味。魏徵於《隋書》史論中曾言：

> 隋之得失，大較與秦相類。始皇并吞六國，高祖統一九州，二世虐用威刑，煬帝肆行猜毒，皆禍起於羣盜，而身殞於匹夫。原始要終，若合符契矣。〔註3〕

秦與隋兩個朝代，都是立國時間極短，傳至二世而亡，暴起暴落。太宗正當唐代開國以來第二位君主，在秦、隋二朝的鑑照之下，第二這個順位似乎別有一番令人不寒而慄的深意，游移著莫可名狀的危機與威脅。這樣的心理因素，使得貞觀君臣將對隋代興衰的審視平行移轉，對有秦一代投以深沉細密的關注。這種現象在《治要》的選錄中可以得到充分驗證。《治要》以11、12兩卷節鈔《史記》內容，其中與秦代相關的，包含卷11所錄〈秦始皇本紀〉（含論贊），與卷12所錄〈李斯列傳〉，所佔篇幅之大，與秦朝存續年數之短，不成比例。並且《治要》所收錄之秦代相關內容，顯然經過篩選。秦始皇一統天下，推行郡縣制，統一文字、度量衡，不可謂無功；然而這些正面貢獻，《治要》隻字不提，倒是將秦始皇與秦二世的惡行惡狀濃縮匯聚一處，並且騰出充足的版面，好讓這些惡行惡狀原形畢露。當中穿插著李斯、趙高兩位助成暴政的頭號功臣，也穿插著侯生、盧生對秦始皇「樂以刑殺為威」的評論，與章邯被逼叛秦的轉捩點。這就使得秦代滅亡的相關記述在《治要》中展現出難得一見的完整性。《治要》以審視亡隋的規格審視亡秦，蒐討滅亡前夕的所有細節，把前前後後的事件鋪成一幅生動的畫卷，如在目前，讓那些起伏跌宕的歷史進程發揮它應有的衝擊力道，使帝王為之震盪心折。

魏徵在〈論時政第三疏〉曾提出「鑒國之安危，必取於亡國」的說法，〔註4〕疏中著重重新喚起隋代滅亡的警懼，雖則疏末歸結到「臣願當今之動靜，必思隋氏以為殷鑒」，然而若依據這個理論來觀照歷史，則除了隋朝之外，對於秦、漢乃至所有朝代滅亡的關鍵時刻，都應當給予格外認真的關注。

〔註3〕見《隋書》卷70「史臣曰」，頁1636。
〔註4〕《貞觀政要集校》卷8，頁441。

《治要》的選錄情況就頗能反映這個意向。《治要》對於各朝代中後期，也就是由盛轉衰以至一蹶不振的階段，選錄比例相對偏高，〔註5〕原因或即在此。畢竟步向衰亡的整體形勢，代表著對高居帝位者的身家性命、甚至歷史評價的直接威脅；以較高的頻率呈現每況愈下的情勢，更容易觸動皇帝的敏感神經，觸動自保的意圖與心理防禦機制，觸發避開覆轍的主動性。

　　正因爲歷史對君王所能發揮的戒懼威力不容小覷，自古許多奏疏諫言，引用歷史、闡發教訓，幾乎成了必備的素材與公式。前文已言，《治要》於奏疏頗多採錄，而各奏疏之中，列舉歷史教訓以爲勸諫之佐證的例子所在多有：賈誼〈治安策〉經常引秦事爲誡，固不待言。〔註6〕主父偃諫伐匈奴，引秦皇、漢高之敗事爲誡，而云：「夫不上觀虞夏殷周之統，而下循近世之失，此臣之所以大恐，百姓所疾苦也。」〔註7〕徐樂將「秦之末世」喻爲「土崩」，以「天下之患，在於土崩，不在瓦解」〔註8〕之理警戒君王。嚴安斥秦俗之弊，告誡君王好大喜功可能招致滅亡，言道：「上觀齊、晉所以亡，宮室卑削，六卿大盛也；下覽秦之所以滅，刑嚴文刻，欲大無窮也。」〔註9〕路溫舒於漢宣帝之時，欲論「宜尚德緩刑」，亦從秦事切入展開論述，「秦有十失，其一尚存，治獄之吏是也」。〔註10〕東方朔諫廣苑囿，即引「殷作九市之宮，而諸侯叛；靈王起章華之臺，而楚人散；秦興阿房之殿，而天下亂」〔註11〕爲誡。鮑宣

〔註5〕　好比東漢中後期，以外戚專權、宦官亂政最爲朝政大患。《治要》於《後漢書》的節選總計四卷，後二卷所選內容幾乎不出這兩大患害。宦官問題相關內容，見卷23楊震、楊秉、楊賜、張綱、劉陶、李雲、劉瑜、虞詡、傅燮、蓋勳、蔡邕、左雄、李固、杜喬，及卷24史弼、陳蕃、竇武諸條，卷24甚至以不小的篇幅節選《後漢書・宦者傳》。外戚問題相關內容，則見卷23張綱、劉陶、李固、杜喬，及卷24延篤等條。

〔註6〕　顯而易見的例子，如提出太子教育的重要性，有言：「夏爲天子十有餘世，殷爲天子二十餘世，周爲天子三十餘世，秦爲天子二世而亡。人性不甚相遠也，何三代之君有道之長，而秦無道之暴也？其故可知也。……夫三代之所以長久者，以其輔翼太子有此具也。至秦則不然，……。」（見《治要》卷16，頁204～205。）提出人主積德義的重要性，則曰：「秦王之欲尊宗廟而安子孫，與湯武同。然而湯武廣大其德行，六七百歲而弗失；秦王持天下十餘歲則大敗。」（見《治要》卷16，頁205。）

〔註7〕　主父偃語，見《治要》卷18，頁233。

〔註8〕　徐樂語，見《治要》卷18，頁234。

〔註9〕　嚴安語，見《治要》卷18，頁235。嚴安上書中，於論秦事之前，原有論六國事一段，《治要》並未收錄。由此亦可佐證《治要》特別看重有秦一代之教訓。

〔註10〕　路溫舒語，見《治要》卷17，頁219。

〔註11〕　東方朔語，見《治要》卷18，頁238。

甚至引成帝時「外親持權」以至「妨賢人路，濁亂天下」之近事告誡哀帝，「危亡之徵，陛下所親見也。今奈何反覆劇於前乎？」〔註12〕曹冏則廣引夏、商、周、秦、兩漢事以論封建。〔註13〕其例甚多，不勝枚舉。

　　若將這類奏疏具體內容略加分析，則易知史事如何在奏疏裡發揮功效。且以劉向為例。《治要》卷15大篇幅收錄了劉向三篇封事上疏。其二則是針對漢成帝營建昌陵，制度奢泰而上言。文中引用張釋之一言而令文帝感悟、「遂為薄葬」的故事，又歷數黃帝、堯、舜、禹、湯、文、武、周公、秦穆公、樗里子等「聖帝明王、賢君智士」之葬處，皆甚微薄，反之，吳王闔閭、秦惠文王等及秦始皇，違禮厚葬，或遭發墓暴屍，或致民怨沸騰而天下傾覆，「明暗之效，葬之吉凶，昭然可見」。如此悉心正反並陳，示其利害，總望皇帝能從中瞭悟孰可為、孰不可為的準則：

> 唯陛下上覽明聖黃帝、堯、舜、禹、湯、文、武、周公、仲尼之制，下觀賢智穆公、延陵、樗里、張釋之意。孝文皇帝去墳薄葬，以儉安神，可以為則；秦昭、始皇增山厚葬，以侈生害，足以為戒。〔註14〕

這一段總結，幾乎是所有引史例於奏疏者共同的心跡。抽離薄葬這一項具體論題，他們的論調與思維模式幾乎是一致的：後見之明，讓歷史事例的教訓意義顯得深切。弊害的醜惡在後世旁觀者的眼裡原形畢露，愈發令人震懾，明聖賢智的高貴則好似添上一層救贖般的神聖，在晦暗幽闃的反襯裡更形光燦。明暗之間的落差，在對比式的陳述裡被強化，被加深，同時引發歆慕、厭棄的雙面心理。這是一種說服策略，以明聖賢智的實現為目標，以歷史「教訓」的突顯為手段。四平八穩的正面說教，容易被當成老生常談而輕忽；引入歷史的「教訓」，便能增添波瀾起伏的戲劇性，勾起皇帝切身的危機感。當皇帝心中開始意識到威脅的存在、意識到處境的危險，從而啟動隱微的求救機制，奏疏的效力就跨出一大步。

　　《治要》引錄劉向的第三篇奏疏，針對的是當時最迫切的外戚問題。亦即大將軍王鳳以元帝后兄的身分，圖謀不軌，遂使西漢國柄落入王家之手，劉氏政權岌岌可危。其論述口吻之強烈，正反映內心的萬般焦慮。這樣的焦

〔註12〕鮑宣語，見《治要》卷19，頁245。
〔註13〕曹冏之論，見《治要》卷26注引《魏氏春秋》，頁332。
〔註14〕見《治要》卷15，頁189～190。

慮是源自眼前「上無繼嗣，政由王氏」〔註15〕的局勢，更是源自於歷史。從歷史當中，可以找到太多「大臣操權柄、持國政，未有不爲害」〔註16〕的鐵證，好比「田氏取齊，六卿分晉，崔杼殺其君光，孫林父、甯殖出其君衎，弒其君剽，季氏卒逐昭公」，〔註17〕都是著名的春秋典故；又如秦之穰侯、漢之諸呂，都曾以外戚之姿，身掌大權，幾乎要釀成傾覆政權的危機。歷數過往的教訓，目的在托出這一句：「歷上古至秦漢，外戚僭貴未有如王氏者也！」〔註18〕當外戚的聲勢氣燄漲至高峰，朝政危機也隨之攀上高峰，若不即時補救，幾乎可以斷言「國祚移於外親」〔註19〕的必然結局。如此不惜筆墨、不憚勞煩地串連各種相關事例，其目在使成帝從血淋淋的歷史裡警醒，當機立斷：

> 夫明者起福於無形，銷患於未然。宜……援近宗室，親而納信，黜遠外戚，無授以政。……如不行此策，田氏復見於今，六卿必起於漢。爲後嗣憂，昭昭甚明。不可不深圖，不可不早慮也。唯陛下……覽往事之戒，居萬安之實。〔註20〕

此中精神，一言以蔽之，「覽往事之戒」而已。此五言，已完全貫徹劉向對朝政問題的思考歷程與研究方法。在歷史上，國家重器引發后族貴戚覬覦的事件屢見不鮮，若不及早遏止，覬覦之心終將演變爲篡奪的實際行動，田氏、六卿諸例在案，斑斑可考。如能識得歷史軌迹，便能從中明察禍福，掌握「起福」「銷患」的樞機，不再重蹈歷史覆轍。「覽往事之戒」，大用在此。

　　《治要》在有限的篇幅中，收錄這許多奏疏，代表《治要》重視這些言論，也重視言論背後「覽往事之戒」的歷史思維。具體議題因時而異，但應當持有的原則與態度卻是歷久而常新。當年劉向對漢成帝的勸諫，到了唐代，已是一椿歷史公案；奏疏中句句與朝政弊端針鋒相對，這在貞觀初年一派欣欣向榮的盛世瑞氣中，是尋不著現實指對的。顯然，《治要》之意，並不在於假前人之言論，指摘當朝之缺失；而是透過前人之眼目，儘可能清晰地呈現政局裡各種可能發生的禍害，要君王預先警惕，防範於未然。這一層涵意，

〔註15〕見《治要》卷15，頁190。
〔註16〕劉向語，見《治要》卷15，頁190。
〔註17〕劉向語，見《治要》卷15，頁190。
〔註18〕劉向語，見《治要》卷15，頁191。《治要》脫「僭」字，據《漢書》補。
〔註19〕劉向語，見《治要》卷15，頁191。
〔註20〕劉向語，見《治要》卷15，頁191。

巧妙地隱藏在《治要》的去取刪節之中。繼續看劉向的例子，在劉向的三篇
諫言之後，《治要》擷取以下幾句作爲最後收尾：

> 向自見得信於上，故常顯訟宗室，譏刺王氏及在位大臣，言多痛切，
> 發於至誠。終不能用。向卒後十三歲而王氏代漢。〔註21〕

雖僅寥寥數十字，意旨卻不言而自明。劉向當年的憂慮，在他死後十三年，
果然應驗。這又是一重歷史教訓，不聽忠臣言，敗亡在眼前。此類不言自明
的意旨，在《治要》裡曾多次出現：好比卷 12 載趙王不聽趙括母之言，中
秦反間計，使趙括代廉頗，秦遂坑殺趙卒數十萬；〔註22〕同卷亦載楚懷王不
聽用屈原，屈原卒被上官大夫讒害而遭流放、最後自投汨羅而死，《治要》
以幾句極富警示意味的文字作結，「原既死之後，楚日以削，竟爲秦所滅」；
〔註23〕齊桓公更慘，同樣也是不聽忠臣言，「管仲死，而桓公不用管仲言，
卒近用三子，三子專權」，結局則是桓公死六十七日宮中莫敢棺，「屍蟲出于
戶」。〔註24〕對此，《治要》都以直白簡潔的語句直述，絲毫不予掩飾。

　　歷史「教訓」無處不在，除了當面進呈的奏疏之外，各種政論、史論文
字都不脫歷史教訓的影子。成敗興亡的問題，不僅政治家感興趣，史學家也
感興趣，而兩個領域的專業與用世關懷，便在這個問題的探討上取得最大的
交集。在《治要》對〈秦始皇本紀〉的節選裡，「太史公曰」是一段重點內容，
其中包含司馬遷的評論，與西漢政治家賈誼所著〈過秦論〉的片段。賈誼從
秦帝之爲政分析敗亡原由，在反省的同時，積極性是很強烈的：他欲從紛繁
的世局變化中，直指最關鍵的時間點，並直言假使帝王於彼時採取不同的施
政方向，歷史的結局便會完全改寫。〔註25〕於是一面批評亡秦之過，另一面

〔註21〕見《治要》卷 15，頁 191～192。
〔註22〕見《治要》卷 12，頁 160。
〔註23〕見《治要》卷 12，頁 161。
〔註24〕見《治要》卷 11，頁 151。
〔註25〕賈誼對秦始皇、秦二世的討論，模示十分相似：
> 秦兼諸侯，南面稱帝，……當此之時，守威定功，安危之本，在於此矣。秦
> 王懷貪鄙之心，行自奮之智，……以暴虐爲天下始，孤獨而有之，故其亡可
> 立而待。借使秦王計上世之事，並殷周之迹，以制御其政，後雖有驕淫之主，
> 而未有傾危之患也。……
> 今秦二世立，天下莫不引領而觀其政，……天下嗷嗷，斯新主之資也，此言
> 勞民易爲仁也。向使二世有庸主之行，而任忠賢，……約法省刑，……而暴
> 亂之姦止矣。二世不行此術，而重之以無道，……（《治要》卷 11，頁 150
> ～151）

隨即指出避禍措施。這是政治家對歷史的積極詮釋。這些積極的政治建言，
賈誼是以「先王」為結穴的：

> 先王見始終之變，知存亡之機，是以牧民之道，務在安之而已。
> 〔註26〕

也就是說，歷史之於政治的積極意義，常以「先王」的施政為歸結。「先王」
的高標與準繩，不只在理論上足以作為後人施政的參照座標，透過歷史分析，
更能在現實上獲得充分支持。政治家慣以歷史為佐證資料，印證「先王」的
真知灼見；史學家則好從龐大而整全的歷史觀察中，歸納出一種真理般的通
則，甚至可以在政治領域裡提出前瞻性的指示，而這樣的指示時而又能回頭
與先王之所言相互扣合。司馬遷是史學大家，他在對秦朝提出總結性評論的
時候，並不像賈誼那樣著眼於政治施為的細節，而聚焦在「雍蔽」這個心理
問題上，引入「先王」之所作為以相對照，優劣得失，高下立判。經過歷史
的回顧對比之後，他遂歸結出一項極富現實意義的通則：

> 野諺曰：「前事之不忘，後事之師。」是以君子為國，觀之上古，驗
> 之當世，參以人事，察盛衰之理，審權勢之宜，去就有序，變化應
> 時，故曠日長久，而社稷安矣。〔註27〕

這是從歷史觀察出發，以「為國」要領作結。在政治領域裡，史學家與政治
家雖則起點有別，卻都抱持著現實關懷，步向同一終點，路途上幾乎是並肩
而行。賈誼曾在〈治安策〉中論述「禮誼」、「教化」的重要，厲聲言道：「人
主胡不引殷周秦事以觀之也！」〔註28〕幾乎直通史遷「觀之上古，驗之當今」
之意。這些取徑於歷史的分析文字，都被《治要》抄錄下來，顯示編者對於
這樣的論調心心相印。同樣對秦投以觀注眼光者，還有陸賈、賈山等人。陸
賈逐篇著成《新語》，緣起於劉邦「試為我著秦所以失天下，吾所以得之者，
及古成敗之國事」〔註29〕的指示；這則故事，以及《新語》的篇章，都被收
錄在《治要》之中。〔註30〕賈山「孝文時言治亂之道，借秦為諭，名曰〈至
言〉」，〔註31〕而〈至言〉一文，幾乎成為《治要》〈賈山傳〉的唯一重點。當

〔註26〕　《治要》卷11，頁151。
〔註27〕　《治要》卷11，頁148～149。
〔註28〕　《治要》卷16，頁206。
〔註29〕　《治要》卷16，頁198。
〔註30〕　〈陸賈傳〉節選，見卷16；《新語》節選，見卷40。
〔註31〕　《治要》卷17，頁214。

「致用」的熱情懷抱開顯，歷史與政治相輔相成，相得益彰，兩者之間彷彿不存在任何隔礙。精彩的史論往往便是在存亡得失的轉關處闡發深邃的洞見，《後漢書》的〈皇后紀序〉、〈宦者傳序〉、〈西羌傳論〉等，所論的對象俱是政治場域裡的重要群體，都足以牽動朝政安危的整體局勢。正如陳壽在〈后妃傳序〉的眞情呼告：「嗚呼！有國有家者，其可以永鑒矣！」〔註32〕此等文章，融會歷史的覃思與現實的熱情，固然是史論，目之爲政論又何嘗不可呢？無怪乎《治要》甚加珍惜而予以收錄了。〔註33〕

歷史之所以能形成教訓，在於皇帝的自我感覺與現實局勢之間存在著的巨大落差。深居宮中的皇帝，太容易自我感覺良好，一廂情願地將眼下的安逸等同太平，直到局勢一夕翻盤，恐怕都還沒能弄清究竟發生什麼事，至死仍被疑惑憾恨的迷霧裏捲，徒呼奈何。是以魏徵提起亡隋，總要帶著沉重的感歎：

> 昔隋氏之未亂，自謂必無亂；隋氏之未亡，自謂必不亡。所以甲兵屢動，徭役不息，至於將受戮辱，竟未悟其滅亡之所由也，可不哀哉！〔註34〕

到底是什麼原因造成這樣的巨大落差？如何避開困阨，遠離危難，是人們面對歷史最初始的探求。自一身之微，至一國之巨，莫不適用。研讀歷史之人，懷抱著這樣的關切，從歷史之中汲取智慧；身爲熟習歷史的大臣，他們希望皇帝也能懷抱同樣的關切，在威嚴的歷史面前，冷靜而理智地俯首自省。自古賢臣提出的諍言，經常涉及到這個最根本，也最切合實際的問題。在他們的奏疏當中，往往會出現這般一針見血、直截了當的棒喝。如劉向：

> 人君莫不欲安，然而危；莫不欲存，然而亡。失御臣之術也。

如貢禹：

> 自成、康以來，幾且千歲，欲爲治者甚眾，然而太平不復興者，何也？以其舍法度而任私意，奢侈行而仁義廢也。〔註35〕

如董仲舒：

〔註32〕見《治要》卷25，頁316。
〔註33〕范曄〈皇后紀序〉見《治要》卷21，頁256～257；〈宦者傳論〉見卷24，頁303；〈西羌傳論〉見卷24，頁310～311。陳壽〈后妃傳序〉見卷25，頁316。此外尚有干寶〈晉紀總論〉，見卷29注引，頁371～372。
〔註34〕《貞觀政要集校》卷8，頁441。
〔註35〕貢禹語，見《治要》卷19，頁245。

夫人君莫不欲安存而惡危亡，然而政亂國危者甚眾。所任者非其人，
而所由者非其道也。〔註36〕

如左雄：

人君莫不好忠正而惡讒諛；然而歷世之患，莫不以忠正得罪，讒諛
蒙倖者，蓋聽忠難，從諛易也。〔註37〕

如高堂隆：

臣常疾世主莫不思紹堯舜湯武之治，而蹈踵桀紂幽厲之跡；莫不嗤
笑季世惑亂亡國之主，而不登踐虞夏殷周之軌。〔註38〕

綜覽往古，在歷史與現實的雙面映照之下，所能得出的竟是這般近乎悲劇性
的反諷。在大臣心中，這絕非傲世輕佻的揶揄嘲諷，而是十分嚴肅的考驗。
當他們義正詞嚴地向皇帝鄭重宣講，胸中懷著多少「殷憂啟聖」、「多難興邦」
的企盼。那麼，帝皇莫不欲安，然而危，這是莫可奈何的嗎？京房則曰：非
也。《治要》收錄了這麼一篇生動的君臣問答：

（京）房嘗宴見，問上曰：「幽厲之君何以危？所任者何人也？」
上曰：「君不明而所任巧佞。」房曰：「知其巧佞而用之耶？將以為
賢也？」上曰：「賢之。」房曰：「然則今何以知其不賢也？」上曰：
「以其時亂而君危知之。」房曰：「若是任賢必治，任不肖必亂，
必然之道也，幽厲曷不覺寤而更求賢，曷為卒任不肖，以至於是？」
上曰：「臨亂之君，各賢其臣，令皆覺寤，天下安得危亡之君？」
房曰：「齊桓公、秦二世，亦嘗聞此君而非笑之，然則任豎刁、趙
高，政治日亂，盜賊滿山，何不以幽厲卜之而覺寤乎？」上曰：「唯
有道者，能以往知來耳。」房因免冠頓首曰：「……《春秋》所記，
災異盡備。陛下視今，為治耶？亂耶？」上曰：「亦極亂耳，尚何
道？」房曰：「今所任用者誰與？」上曰：「然幸其愈於彼，又以為
不在此人也。」房曰：「夫前世之君，亦皆然矣。臣恐後之視今，
猶今之視前也。」〔註39〕

〔註36〕 董仲舒語，見《治要》卷17，頁224。
〔註37〕 左雄語，見《治要》卷23，頁293。
〔註38〕 高堂隆語，見《治要》卷26，頁341。
〔註39〕 此前《治要》並有簡單的前情提要：「京房字君明，東郡人也。以孝廉為郎。
時中書令石顯專權，顯友人五鹿充宗為尚書令，與房同經，論議相非，二人
用事。」《治要》卷19，頁247～248。

層層追問，直要從歷史逼出現實的癥結。大臣與皇帝間討論歷史教訓，其記
載之詳實，莫過於此。「人君莫不欲安，然而危；莫不欲存，然而亡」的背後，
說得更直接一點，便是「曷不覺寤」的質問。人君能否「覺寤」絕對是治亂
的一大關鍵，下節將有詳論。而從這則故事至少可以很清楚地看到，對「後
之視今，猶今之視前」的恐懼，實已道出歷史戒懼的根源意識。

以這樣深沉的棒喝語爲奏疏諫言開場，在貞觀年間的奏疏裡，亦常見相
似的影跡。魏徵的上疏便是顯著的例子：

> 臣觀自古受圖膺運，繼體守文，控御英傑，南面臨下，皆欲配厚德
> 於天地，齊高明於日月，本枝百世，傳祚無窮。然而克終者鮮，敗
> 亡相繼。其故何哉？所以求之，失其道也。殷鑑不遠，可得而言。
> 〔註40〕

與漢代奏疏的簡潔相比，魏徵的文句顯然更爲繁複華麗，但兩者運用的手法
是相同的。縱觀歷史演變大局，剪除過程的枝蔓，危機便清晰浮現，也更爲
儆人。以此法開門見山，目的在要求皇帝直面理想與現實嚴重矛盾的窘境，
正視問題的迫切性。質問是個引子，重點在於解答；這就像是先對歷史進行
診斷，而後以旁觀者後見之明的思考，開出一套救治藥方。當然奏疏的重點
在於現實施政的建言，歷史教訓無論以什麼樣的形式提出，相形之下都不過
是引起動機的技巧，與論述的手段；然而，若少了歷史「疏通知遠」的視野
與思維，那樣宏闊的論述，與論述中灌注的深沉憂思，也就無法形成了。正
是因爲貞觀時代君臣雙方都懷抱著濃厚的歷史意識，魏徵等大臣開出的藥方
裡，除了施政建言的實務之外，更包含一種治本之方，直接從心態上下手，
不斷強化「居安思危」的信念與自覺，要求從根源處摘除病因。直到貞觀後
期，這種思維模式的效力依舊持續著，《貞觀政要·論慎終》篇載錄貞觀十六
年君臣的一段對話：

> 太宗問魏徵曰：「觀近古帝王，有傳位十代者，有一代兩代者，亦有
> 身得身失者。朕所以常懷憂懼，或恐撫養生民不得其所，或恐心生
> 驕逸，喜怒過度，然不能自知。……」徵對曰：「……伏願陛下常能
> 自制，以保克終之美，則萬代永賴。」〔註41〕

〔註40〕《貞觀政要集校》卷1，頁16。
〔註41〕《貞觀政要集校》卷10，頁547。

「自制」源於居安思危的憂患意識，貞觀君臣以此爲「愼終」之法，得力於歷史教訓多矣！

總之，從《治要》之選錄到貞觀奏疏，背後運行的是同一套由回顧歷史淬鍊出的時事針砭。歷史的教訓，是大臣們手中掌握的確鑿證據，使他們得以將充沛的自信注入鏗鏘言論，天不怕地不怕，將深沉憂慮表述得振振有詞。反之，知而不言，卻是愧對良心。「以往鑑來，言之若輕，成敗甚重」，〔註42〕這是歷史之「用」；但也因爲牽扯上現實，關涉乎成敗，使得懂得歷史的爲政之士永遠肩負著沉重卻迫切的使命。「致用」的積極意態，在這些直言極諫、將個人死生置之度外的大臣身上，表現得淋漓盡致。這樣的「致用」精神，是一口源源不絕的活泉，對國家安危、天下興亡的深切關懷，便由此汩汩流出。這正是《治要》深契的精神所在！

讓我們再回到《治要》輯錄的重心與精神意向來檢視。就歷史教訓而言，關於營建宮室、厚葬、外戚專權、小人進讒害賢等諸多面向所能招致的朝政危機，都屬於歷史教訓的實用內容，能提供皇帝作爲檢視施政的參考指標，是明確可操作的準則，不能說不重要；但這仍只是以史「致用」粗淺的一個面向。《治要》收錄這些奏疏，當然也有這個層次的需求，但絕非僅止於此。試想，若《治要》眞以論事爲上，何不乾脆打破史籍卷次的排序，別立名目，將各條奏疏資料重新編組，以類相從，這樣豈不是既清晰又能突顯重點？然而《治要》卻沒有這麼做。這代表《治要》並無意於從典籍中整理出一套國政弊端的檢核清單，供皇帝逐條審視。《治要》若是教材，它要呈現給皇帝的還包含更深層、更抽象的微旨。從散見於各卷的奏疏中，我們至少能抽繹出兩個重點：一是透過歷史教訓、覽往事之戒的自覺，培養出透視隱伏危機的洞察力，這是有爲的當政者應具備的態度與方法；二是基於洞悉世變、明察歷史，轉而激發對現世無止境的深憂遠慮，只因不忍心眼睜睜目睹歷史的預言一語成讖，就是赴湯蹈火，也要爲保住那懸崖勒馬的一線希望，拚力一搏。通史以「致用」，在魏徵等大臣的眼中，是在朝居官者的義務，更是良心事業，與撼動士子心靈的火種。通過《治要》的纂集，見證了這火光一朝復一朝的延續。《治要》貌似信手雜鈔，毫無統系，卻也因此讓我們得以從表層形式之中，進一步窺見那脈脈流注的深層情懷。

〔註42〕楊阜語，見《治要》卷26，頁338～339

第二節　修身勵德之用

　　《治要》喜談君、臣、后妃各類人物，且富含正面典範。舉凡「立德立言，作訓垂範」者，其功在「弘獎名教，崇太平之基」，《治要》皆「片善不遺」地予以收錄。〔註43〕正向人物的覆蓋範圍，遍及朝廷裡外上下，比起「教訓」裡針對的幾種角色，更為開闊普及。《治要》史部從史籍中輯錄各類正向人物的事跡，其意不唯褒揚而已，更在樹立一種值得效法的「修身」楷模。此亦為「致用」精神的表顯。

　　收錄正向人物典型的用意，在某些列傳的選錄裡表現得格外清楚。好比東晉高崧諫勿服食修煉：

　　　高崧，字茂琰。廣陵人也。累轉侍中。哀帝雅好服食，崧諫以為「非萬乘所宜，陛下此事，實是日月之一蝕也」。帝欲脩鴻寶禮，崧反覆表諫，事遂不行。〔註44〕

《治要》對〈高崧傳〉所選錄的文字，僅此而已。短短五十餘字中，提了兩件事，一是諫服食，二是諫鴻寶禮，但都是點到為止，既沒有過程，也沒有諫言的細節內容，顯得十分粗略。歷史上慷慨陳詞的諫言太多，《治要》只能擇「要」收錄；但那份慷慨的熱情與慷慨的文字同樣重要，精彩的諫言需要細細品味，而剛正忠直的人物典範則多多益善，且只需幾筆精簡勾勒，其風貌神采便躍然紙上，不會佔去太多篇幅。這種「事略」的選錄形式，在樹立人物典範時，發揮了高度功效。

　　再舉清廉為例。《治要》在有限的篇幅中，總不忍割捨「忠清在公，憂國忘私，不營產業，身沒之後家無餘財」〔註45〕一類的生平總述，足見清廉實為《治要》最看重的德行之一。是以胡質、胡威父子之清慎，〔註46〕吳隱之之廉節，〔註47〕都成為該傳主要的選錄重點。楊震初出為官，即有夜不受金與清白吏子孫兩段小故事，對此，《治要》編者顯然亦津津樂道，而特收錄於〈楊震傳〉中：

　　　楊震……遷東萊太守。道經昌邑，故所舉茂才王密為昌邑令，謁見。

〔註43〕引文皆見〈治要序〉。
〔註44〕見《治要》卷30，頁398。
〔註45〕語出《治要》卷26〈徐邈傳〉，頁342。相似之例又如卷27〈諸葛亮傳〉，頁346；卷25〈鮑勛傳〉，頁321；卷27〈董和傳〉，頁348。
〔註46〕胡質、胡威事見《治要》卷30，頁397。
〔註47〕吳隱之事見《治要》卷30，頁398。

至夜，懷金十斤以遺震，震曰：「故人知君，君不知故人，何也？」
密曰：「暮夜無知者。」震曰：「天知，神知，我知，子知。何謂無
知！」密愧而出。……性公廉，子孫常蔬食步行，故舊長者或欲令
爲開產業，震曰：「使後世稱爲清白吏子孫，以此遺之，不亦厚乎？」
〔註 48〕

楊震外荷國家之任，內懷廉潔之德，秉公清白，光明磊落。這樣的操守，成
了楊家祖孫相傳的庭訓。是以自楊震以降，「四世太尉，德業相繼」，〔註 49〕
俱能「先公道而後身名」，〔註 50〕無愧於宰相之位。以清廉的操持自正其身，
在朝居官方能不受財賄、盡忠抗直。史書對楊震中子楊秉私行廉潔的描述，
《治要》也加以收錄，想必是基於同樣的信念：

秉性不飲酒，嘗從容言曰：「我有三不惑，酒、色、財也。」〔註 51〕

不爲財惑，亦不爲酒色所惑，其心朗然，無愧天地，是以能在宦官橫行天下
的時代，明辨是非，堅守正道。「震畏四知，秉去三惑」，〔註 52〕遂成爲後人
所仰望、稱頌的人臣典型。若能以清廉之士典選舉，則大有端正世風之效，
好比曹魏時的毛玠、崔琰，「所用皆清正之士，……務以儉率人，由是天下之
士，莫不以廉潔自屬。雖貴寵之臣，輿服不敢過度。」〔註 53〕對此，《治要》
〈毛玠傳〉不僅收錄曹操「用人如此，使天下人自治，吾復何爲哉」的讚賞，
亦於注文中引〈先賢行狀〉云：

玠雅量公正，在官清恪。其典選舉，拔貞實，斥華僞，進遜行，抑
黨與，四海翕然，莫不屬行。貴者無穢欲之累，賤者絕姦貨之求。

吏絜於上，俗移於下，民到于今稱之。〔註 54〕

毛玠在官，一掃穢欲姦貨之習，「移風易俗」之功可謂大矣。清德廉行本是個
人修身準則，當它被推擴爲用人取士的檢驗標準，便產生了直接而迅速的改
變效力，不過卻也可能引發弊端。與毛玠同時的和洽，就曾提出警示：「儉素
過中，自以處身則可，以此格物，所失或多。……古之大教，務在通人情。

〔註 48〕見《治要》卷 23，頁 282。
〔註 49〕語出《後漢書》卷 54〈楊震傳〉，頁 1790。「四世太尉」指楊震、震子秉、秉
　　　　子賜、賜子彪，俱位至三公。
〔註 50〕范曄語。同上注，頁 1791。
〔註 51〕見《治要》卷 23，頁 284。
〔註 52〕范曄語，見《後漢書》卷 54〈楊震傳〉，頁 1791。
〔註 53〕見《治要》卷 25，頁 319。
〔註 54〕同上注，頁 320。

而凡激詭之行，則容隱僞矣。」〔註55〕《治要》不唯收錄此番言論，更於注文中引用孫盛的評語：

> 孫盛曰：夫矯枉過正則巧僞滋生，以克訓下則民志險隘，非聖王所
> 以陶化萬物，閑邪存誠之道。和洽之言，於是允矣。〔註56〕

從長遠的格局來看，「移風易俗」一事顯然還有更深層而複雜的心理層面需要考量。可見《治要》在標舉修身典範的同時，依舊不離治國理政的根本關懷。綜毛玠、和洽二傳觀之，「立教觀俗，貴處中庸」〔註57〕便有著十分實際的建言價值了。

此外，地方父母官的典型，也以「事略」的形式呈現在《治要》中。如郭伋：

> 郭伋字細侯，扶風人也。王莽時，為并州牧。建武九年，拜潁川太
> 守。十一年，調為并州刺史。引見讌語，伋因言補選眾職，當簡天
> 下賢俊，不宜專用南陽人。帝納之。伋前在并州，素結恩德；及後
> 入界，所到縣邑，老幼相攜，逢迎道路。所過問民疾苦，聘求耆德
> 雄俊，設几杖之禮，朝夕與參政事。始至行部，到西河美稷，有童
> 兒數百，各騎竹馬，於道次迎拜。伋問曰：「兒曹何自遠來？」對曰：
> 「聞使君到，喜，故來奉迎。」伋辭謝之。及事訖，諸兒後送至郭
> 外，問使君何日當還，伋計日告之。既還，先期一日，伋為違信於
> 諸兒，遂止于野亭，須期乃入。〔註58〕

「愛民如子」的比喻，就在郭伋與諸兒的至誠相待中，親切地體現出來。又如西門豹以智禁絕河伯娶婦、魯恭以淳德感化百姓、使罪者自知慙悔，宋均退貪殘、進忠善，使惡虎東游、蝗不至境……〔註59〕諸如此類的故事，都標顯著地方官的典範。在《隋書・循吏傳論》裡，魏徵曾稱揚父母官移風易俗之功，而「內懷直道，至誠待物」、「所居而化，所去見思」，〔註60〕實為教化地方之極則。《治要》透過這些有畫面、有對白、極富故事性的「事略」，不僅突顯出鮮明的人物性格，更為「古之善牧人者，養之以仁，使之以義，

〔註55〕和洽語，見《治要》卷26，頁336。
〔註56〕同上注。
〔註57〕和洽語，同上注。
〔註58〕見《治要》卷22，頁271。
〔註59〕西門豹事見《治要》卷12，頁167～168。魯恭事見《治要》卷21，頁265～
266。宋均事見《治要》卷22，頁276。
〔註60〕語出《隋書・循吏傳》「史臣曰」，頁1688。

教之以禮」〔註61〕的範式，提供了真實例證。

　　當然，后妃、宗室諸王與外戚，也各有典型，《治要》同樣以「事略」載之。后妃儀表，如和熹鄧皇后：

> 和熹鄧皇后諱綏，太傅禹之孫也。選入宮爲貴人，恭肅小心，動有法度，帝深嘉愛焉。及后有疾，特令后母兄弟入親醫藥，不限以日數。后言於帝曰：「宮禁至重，而使外舍久在內省，上令陛下有幸私之譏，下使賤妾獲不知足之謗，上下交損，誠不願也。」帝曰：「人皆以數入爲榮，貴人反以爲憂，深自抑損，誠難及也。」每有讌會，諸姬貴人競自修整，簪珥光彩，袿裳鮮明，而后獨省素，裝服無飾。陰后以巫蠱事廢，立爲皇后。是時方國貢獻，競求珍麗之物，自后即位，悉令禁絕，歲時但供紙墨而已。〔註62〕

此與明德馬皇后固辭舅氏之爵，〔註63〕同樣都是淑賢謙讓之后德表徵。宗室儀表，則如：

> 琅耶王伷字子將，宣帝第五子。受詔征吳。孫晧請降，進拜大將軍。伷既威屬尊重，加有平吳之功，而克己恭儉，無矜滿之色。統御文武，各得其用。百姓悅仰，咸懷惠化。〔註64〕

> 高密王泰字子舒，宣帝弟馗之子也。封爲隴西王，遷太尉。爲人廉靜，不近聲色。身爲宰輔，食大國之租，服餝麤素，肴饍疏儉，如布衣寒士。事親恭謹，居喪哀戚，謙虛下物，爲宗室儀表。〔註65〕

同卷所錄之扶風王駿、齊王攸、安平王孚，也都屬於同類型的人物，《治要》以同樣的簡述模式，〔註66〕總的描繪出「宗室儀表」的理想典型，與犯上作逆，「驕亂日甚，終無悛志」的齊王冏，恰成正反對比。〔註67〕不唯宗室，外戚亦有可爲儀表者：

> 陰識字次伯，南陽人。光烈皇后之兄也。以征伐軍功增封，識叩頭讓曰：「天下初定，將帥有功者眾。臣託屬掖庭，仍加爵邑，不可以

〔註61〕　語出《隋書・循吏傳序》，頁 1673。
〔註62〕　見《治要》卷 21，頁 259。
〔註63〕　見《治要》卷 21，頁 257～259。
〔註64〕　見《治要》卷 29，頁 373～374。
〔註65〕　見《治要》卷 29，頁 375。
〔註66〕　扶風王駿、齊王攸皆見《治要》卷 29，頁 374。安平王孚見《治要》卷 29，頁 375。
〔註67〕　齊王冏見《治要》卷 29，頁 374。

　　　示天下。」帝甚美之。〔註68〕

此外陰興、樊宏等，亦皆以謙讓而見收於《治要》。〔註69〕不難發現，《治要》
有意為皇室人物立下修身典範，而此一修身又以「讓」為中心，連帶涵括了
謙、儉等內容。謙讓雖僅是修身的部份展現，於宗室、外戚而言，亦已足矣；
何況宗室、外戚若能守持謙讓之德，自然能夠免除宮廷傾軋惡鬥的風雨。

　　以上諸例，都反映出《治要》有意藉著某些人物形象的塑造，來鼓吹提
倡特定的人品人格。即便是東漢後期嚴重動搖國本、其惡罄竹難書的宦官，《治
要》仍在那「剝割萌黎，競恣奢欲，搆害明賢，專樹黨類」〔註70〕的一群醜
類中，選載了一位「清忠奉公」、「辭讓懇惻」、忠心帝室又能進諫帝王的呂強，
〔註71〕顯見宦官並非青一色皆是污濁之輩，亦有正人君子存焉。《治要》於類
型人物中塑畫其正者、善者，可以說便隱含著修身勵德的傾向。

　　再從另一角度觀之。若從《治要》裡尋找「修身」典型，將會同時發現
積極型與消極型兩種面向。在后妃、宗室、外戚等宮廷人物中，尤其容易看
到消極的例子。所謂消極，指的是基於避禍心理而呈現的美德，當事人往往
因為看見過往教訓而恐懼，深知存亡禍福的關口，故以警誡畏慎之姿，在關
口嚴加防守，以此自警，亦以示人。此時，謙讓、知足便登上修身的最高價
值。明德馬皇后曾說：「常觀富貴之家，祿位重疊，猶再實之木，其根必傷。」
〔註72〕因此堅辭兄弟之封爵；語雖涵蓄，卻透露著保身之道的深沈思考。樊
宏則將這種警惕、戒懼的心理表現得更為清楚：

　　　樊宏字靡卿，南陽人。世祖之舅也。宏為人謙柔畏慎，不求苟進。
　　　常戒其子曰：「富貴盈溢，未有能終者。吾非不喜榮勢也，天道惡滿
　　　而好謙，前代貴戚，皆明戒也。保身全己，豈不樂哉！」宗族染其
　　　化，未嘗犯法。帝甚重之。〔註73〕

觀「前代貴戚」以為「明戒」，由此而建立知所進退的修身準則，這樣的思
維軌跡與貞觀君臣對歷史「教訓」的注視很是接近。且不唯宗室、外戚如此，
《治要》錄王昶〈誡子書〉，亦以「玄默冲虛」、「知足」為極則。〔註74〕這

〔註68〕見《治要》卷22，頁272。
〔註69〕陰興、樊宏皆見《治要》卷22，頁272。
〔註70〕語出范曄《後漢書·宦者傳序》，見《治要》卷24，頁303。
〔註71〕呂強見《治要》卷24，頁305～306。
〔註72〕見《治要》卷21，頁258。
〔註73〕見《治要》卷22，頁272。
〔註74〕王昶事見《治要》卷26，頁342。

當然也屬於「修身」的範疇。這樣的修身，並不是儒家的積極「立德」，反而更近似明哲保身式的謙退抑損，約而言之，即老子所謂「知足不辱，知止不殆，可以長久」。以此與激奮躍進的忠諫相比，顯得深靜而平淡。

此類道家式的修身，之所以受《治要》青睞，恐怕不是因為看重道家思想，而是因為其中運行著貞觀君臣甚為熟習的戒懼意識。「覽往事之成敗，察將來之吉凶」，這是王昶為子孫提示的有效方法，憑藉著這樣的審視，便足以預知「保持世家，永全福祿」的標的能否達成。〔註75〕觀察興衰軌跡的眼光，與以史為鑒的精神同條共貫；戒懼意識之下的深沈危機感，便足以維持住一種謙抑的姿態，退守在保身全生的防線，以戒除躁進貪婪與自守清靜來完成修身。

事實上，在《貞觀政要》歸納出的貞觀論題當中，涉及修身者比如「論儉約」、「論謙讓」、「慎所好」、「論奢縱」、「論貪鄙」等等，諸如此類以私己嗜慾為核心癥結的問題，貞觀君臣幾乎都採上述的途徑來防範。好比唐太宗就曾告誡臣下：

> 朕嘗謂貪人不解愛財也，至如內外官五品以上，祿秩優厚，一年所得，其數自多。若受人財賄，不過數萬，一朝彰露，祿秩削奪，此豈是解愛財物？規小得而大失者也。……且為主貪，必喪其國；為臣貪，必亡其身。……朕今以蜀王為元龜，卿等亦須以延年為覆轍也。〔註76〕

太宗透過利弊得失的分析，發現貪財者終究盡喪其財的矛盾現象。當時還沒有投資報酬率的概念，歷史上想必也有不少人悄無聲息地收受財賄，並在高明的掩飾下享盡榮華；但太宗卻寧可篤定地相信因貪「喪國」、因貪「亡身」是必然，這是從實存趨勢裡抽取出的法則，歷史上的教訓比比皆是，那些暗中受賄而自以為無事者，並非無事，只是「一朝彰露」的時機未至而已。言中舉出「教訓」，從反面激發恐懼之情，使人為求避禍而不敢貪。太宗也是如此告誡自己的，史載：

> 貞觀元年，太宗謂侍臣曰：「自古帝王凡有興造，必須貴順物情。……朕今欲造一殿，材木已具，遠想秦皇之事，遂不復作也。古人云：『不作無益害有益。』『不見可欲，使人心不亂。』固知見可欲，

〔註75〕引言出自王昶，見《治要》卷26，頁342。
〔註76〕見《貞觀政要集校》卷6，頁363。

其心必亂矣。……」〔註77〕

言談中引用老子之教，多少表露出對黃老治術清靜無爲的認同。而這種消極的「不見可欲」，實有「常謙常懼」〔註78〕的態度在背後支撐，而「常謙常懼」之心又由歷史「教訓」所引發。這一層面的「修身」，表現爲消極的「無爲」，表面上近似道家，內在的思維理路則主要爲貞觀君臣所熟習的戒懼意識，從而形成貞觀君臣特有的修身風景。

延續著以史鑑爲基礎的「修身」脈絡，還可以對《治要》裡的「君德」作進一步的討論。《治要》對「君德」這個論題必然是重視的，否則不會在卷12注文中特別選錄魏文帝與羣臣對「三不欺於君德孰優」的討論。此一討論，重在從「不能欺」、「不忍欺」、「不敢欺」三種施政成效的高下分判，區辨出「任德」與「任察」，也就是德治與法治兩種施政風格的優劣，將「安仁之化」推爲第一。〔註79〕足見在《治要》編者眼中，施行仁政是君德的重要基礎。此意在《治要》對本紀的節選裡也能清楚看出。舉凡國君的仁民愛物的作爲，《治要》都深爲嘉許而予以載錄。堯、舜、禹、湯、周文王、周武王等「聖王」，固不待言；《治要》選錄秦繆公「霸西戎」以前的一段小故事，充分反映出仁德之功：

> 秦繆公與晉惠公合戰，爲晉軍所圍。於是岐下食善馬者三百人馳冒晉軍解圍，遂脫繆公，而反生得晉君。初，繆公亡善馬，岐下野人共得而食之者三百餘人。吏逐得欲法之，繆公曰：「君子不以畜產害人。吾聞食善馬肉不飲酒，傷人。」乃皆賜酒而赦之。三百人聞秦擊晉，皆求從；從而見繆公窘，亦皆推鋒爭死，以報食馬之德。
> 〔註80〕

一念寬仁，遂成日後解圍脫困之良緣，在生死交關之際見證了善有善報絲毫不爽。《治要》透過剪裁，精簡地保存這段故事，教化國君的意味十足。天下一統之後，好些明君養民愛民的詔書，也都被收錄在《治要》之中，如東漢光武帝〈禁郡國獻異味詔〉，漢明帝〈幸辟雍行養老禮詔〉、〈申明科禁詔〉，漢章帝〈行秋稼詔〉、〈產子勿復算詔〉、〈詔三公〉、〈冬至後不報囚詔〉、〈敕

〔註77〕見《貞觀政要集校》卷6，頁317～318。
〔註78〕魏徵語，見《貞觀政要集校》卷6，頁323。
〔註79〕見《治要》卷12，頁168。此段討論錄於《史記・西門豹傳》之後，摘自裴駰《集解》。
〔註80〕見《治要》卷11，頁144。

侍御史司空）等；〔註81〕《治要》甚至將〈章帝紀論〉全文收錄，顯然有高崇仁政之意：

> 論曰：魏文帝稱：「明帝察察，章帝長者。」章帝素知民厭明帝苛切，事從寬厚。感陳寵之議，除慘獄之科，深元元之愛，著胎養之令。割裂名都，以崇建周親；平傜簡賦，而民賴其慶。又體之以忠恕，文之以禮樂，故乃蕃輔赳諧，羣后德讓。謂之長者，不亦宜乎！在位十三年，郡國所上符瑞，合於圖書者數百千所。嗚呼懋哉！〔註82〕

相對之下，「永平之政」雖與「建武」齊名，但明帝在《治要》裡的地位，終究還是因其嚴明過度至乎苛察而減分。崇尚仁政，走的是儒家「爲政以德」的老路，不能算是《治要》的特殊見解。以「仁」爲基礎，可以具體開顯出儉德，〔註83〕無爲，〔註84〕刑措等等，〔註85〕而「振兵」征伐也唯有在「勤恤民隱而除其害」的前提下，才具備充分的正當性。〔註86〕這一部分是我們所熟知的「君德」，屬於傳統的君德典型。

　　然而《治要》對君德的關注並非僅限於此。在歷史意識的牽引下，魏徵等編者還著意於更深一層的剖析，直探人君所應具備的心態，簡而言之，即「自省」與「納諫」。與前者相較，這種內發的自覺意識，顯得更爲冷靜理智，面對多變的世局也更能展現出廣闊的容受力與靈活調動的彈性，且同時體現一種謙遜與畏懼的姿態。對《治要》而言，此種「君德」實是更根本而首要

〔註81〕以上諸詔並見《治要》卷21，頁253～256。

〔註82〕見《治要》卷21，頁256。陳寵上疏勸帝蕩滌苛法、行仁政之事，載於卷22，頁279。

〔註83〕《治要》提及儉德處，如帝堯。注中特引墨子對堯的描述：「墨子以爲堯堂高三尺，土堦三等，茅茨不剪，採椽不斲，夏服葛衣，冬服鹿裘。」見卷11，頁141。

〔註84〕《治要》提及無爲者，如卷15載錄曹參之治齊、與膠西蓋公之言，又錄班固之一段注文：「夫獄市兼受善惡，若窮極姦人，姦人無所容竄，反且爲亂。秦人極刑而天下叛，孝武峻法而獄繁，此其效也。老子曰：『我無爲，民自化；我好靜，民自正。』參欲以道化爲本，不欲擾其末也。」頁194。

〔註85〕《治要》之稱刑措者，如卷11〈五帝本紀〉之末，於注文引《帝王世紀》之論，稱美「自庖犧至于堯舜，神道設教，可謂至政無所用刑矣。」頁141。又如〈周本紀〉有「成康之際，天下安寧，刑措四十餘年不用」之說，見卷11，頁143。

〔註86〕「勤恤民隱而除其害」，意在表明武王伐紂的動機，語出周穆王時祭公謀父「先王耀德不觀兵」之諫，見《治要》卷11，頁143。如《治要》載黃帝事跡，有云：「神農氏世衰，諸侯相侵伐，而神農氏弗能征。於是軒轅乃習用干戈，修德振兵，以與炎帝戰于阪泉之野。」意亦同此。見卷11，頁140。

的爲君之美德。

「自省」與「納諫」看似兩回事，實是同一精神。君王以能「自省」爲上，具體展現爲下詔責躬或求聞朝政得失；而當人臣提出朝政針砭或進呈諫言，君王若能懷有「納諫」的雅量與改過的誠意，依然是自省之德的光輝。無論是主動求諫還是被動納諫，當中都貫穿著君王自身的自省自覺。仔細來看，納諫之中仍有主動心理存焉，帝王須有自發的自省意識，進諫、納諫雙方，才可能共成其美。是以堯、舜之爲聖君，《治要》特貴其能「置欲諫之鼓」、「立誹謗之木」；〔註87〕東漢明帝下詔罪己，亦爲《治要》所首肯而載錄：

> 八年，日有蝕之。詔曰：「朕以無德奉承大業，而下貽民怨，上動三光，日蝕之變，其災尤大。永思厥咎，在予一人。羣司勉修職事，極言無諱。」於是在位者皆上封事，各陳得失。帝覽章深自引咎，乃以所上班示百官，詔曰：「羣寮所言，皆朕之過。人冤不能理，吏黠不能禁，而輕用民力，繕治室宇，出入無節，喜怒過差。永覽前戒，悚然兢懼，徒恐薄德，久而致怠耳。」〔註88〕

視災異爲上天譴告的文化傳統，經常成爲人君反躬自省的契機。《治要》的纂輯雖以人事爲重，卻也適時借用災異的題材，表彰人君自省的眞誠。黃初二年日蝕，有司奏免太尉，曹丕之詔亦是一例：「灾異之作，以譴元首，而歸過股肱，豈禹湯罪己之義乎？其令百官各虔厥職。後有天地之眚，勿復劾三公。」〔註89〕展現出人君自省的誠意與不委過的擔當。天生聖明之君，極其罕見，過失在所難免，然而過失並不必然導致失敗，自省意識能使人君常存警戒，求聞己過，知過即改，完成「自省」與「納諫」的良性循環。

除了正式詔書之外，在君臣平時的應對過程中，倘使人君有願意認錯的姿態，也爲《治要》所稱許。劉邦在這方面常有良好的表現：如即位之初曾因不滿蕭何爲民請苑而繫之獄，聞王衛尉之勸而改悔，立赦出之；〔註90〕聞酈食其「必欲聚徒合義兵，誅無道秦，不宜踞見長者」一語，即「輟洗起衣，

〔註87〕《治要》卷11選錄五帝本紀，注中引《帝王世紀》所載：「帝堯置欲諫之鼓。」「舜立誹謗之木。」以注文補充正文之所無，正顯示《治要》對求諫精神的重視。二者均見頁141。
〔註88〕《治要》卷21，頁254。
〔註89〕見《治要》卷25，頁313。
〔註90〕見《治要》卷15，頁193。選文中詳錄劉邦與王衛尉的問答，與赦出蕭何後的自悔之語，反映出劉邦從質疑猜忌到寬釋改悔的心理變化歷程。

延食其上坐謝之」；〔註 91〕不聽婁敬之勸阻，執意出兵擊匈奴，後果敗，自悔
不能用其言，更封敬二千戶侯；〔註 92〕聽張良諫而還軍霸上；〔註 93〕聽周昌諫
而遂定太子。〔註 94〕劉邦之成功，多半由其臣之能，而非由其自身之力，「納
諫」便成為促成功業的關鍵因素。及至後世，劉邦也常因納諫而被稱頌，如
梅福即稱：「昔高祖納善若不及，從諫若轉圜，聽言不求其能，舉功不考其素。」
〔註 95〕東漢陳忠欲勸安帝納諫，亦以劉邦之能納諫而將其列為「仁君」之一。
〔註 96〕在《治要》裡，還有另一號評價不差的君主：孫權。孫權之能「感寤」，
與劉邦之能納諫，異曲同工。是以其能窮治邪臣典校呂壹；〔註 97〕能因劉基
之諫而免虞翻之死，並敕「自今酒後言殺，皆不得殺」；〔註 98〕能謝陸遜之子
抗，坦承「吾前聽用讒言，與汝父大義不篤，以此負汝」。〔註 99〕凡此種種，
皆是「自省」意態之言行表露，亦皆受《治要》所推許而予以選錄。

　　嚴格來說，「自省」不能算是具體德目，只能說是一種「意識」，一種基
於各方面體認而發的一種總體自覺──包含對自身身分及其權責與影響力的
體認，對君國臣民全面關係的體認，對自身智謀見識之侷限的體認，對歷代
君王之得失的體認，當然也包含對君位可能喪失的體認等等。但此一意識對
人君而言，卻是一切德目得以實現的基礎。即便是堯、舜聖王，都要「置欲
諫之鼓」、「立誹謗之木」，〔註 100〕遑論其他等而下之的君主呢？古時聖君或生
而知之，自然體現各種層面的君王之德；後世明主，或學而知之、或困而學
之，莫不因自省自覺而能不斷向上超越。《治要》於東漢光武帝載錄一段總述
式的稱許，即表露出自省自覺的強大效力：

　　　　每旦視朝，日晏乃罷。數引公卿郎將講經論治，夜分乃寐。……雖
　　　　身濟大業，兢兢如不及，故能明慎政體，總攬權綱，量時度力，舉
　　　　無過事，退功臣而進文吏，戢弓矢而散馬牛。雖道未方古，斯亦止

〔註 91〕見《治要》卷 16，頁 197。
〔註 92〕見《治要》卷 16，頁 199。
〔註 93〕見《治要》卷 15，頁 195。
〔註 94〕見《治要》卷 15，頁 196～197。
〔註 95〕見《治要》卷 19，頁 240。
〔註 96〕見《治要》卷 22，頁 280。
〔註 97〕見《治要》卷 27，頁 356。
〔註 98〕見《治要》卷 27，頁 354。
〔註 99〕見《治要》卷 28，頁 357。
〔註 100〕見《治要》卷 11 注引《帝王世紀》，頁 141。

　　戈之武焉。〔註101〕

「講經論治」，在經典與現實的對照下開發自省的素材，同時也不斷啓發自省的契機，總的呈現爲一番開國新氣象，是以理朝施政井井有條，君國臣民各安其位。凡此種種，皆以「兢兢如不及」爲源源不絕的內在動力；而兢兢之心，即以自省意識爲原型。

　　對貞觀君臣而言，講論經史的「好學」亦與「自省」直接關連，當中貫穿的是以史爲鑒的意識。因讀書得見歷史「教訓」，由教訓激起警惕與自覺，對於君德的養成尤其重要。太宗對此亦有相當的認識，曾道：

　　　朕每閒居靜坐，則自內省。恆恐上不稱天心，下爲百姓所怨。但思
　　　正人匡諫，欲令耳目外通，下無怨滯。〔註102〕

其求諫之心，所以能眞誠殷切至此，在於從歷史教訓裡，已能清晰體認「明主思短而益善，暗主護短而永愚」〔註103〕之理，深知驕矜拒諫的禍害。〔註104〕而魏徵等大臣，亦在歷史回顧中期勉太宗取法乎上，在修身上反求諸己，如魏徵云：

　　　以古作鑒，施於己者也。鑒貌在乎止水，鑒己在乎哲人。能以古之
　　　哲王，鑒於己之行事，則貌之妍醜宛然在目，事之善惡自得於心，
　　　無勞司過之史，不假芻蕘之議，巍巍之功日著，赫赫之名彌遠。爲
　　　人君者，可不務乎？〔註105〕

「鑒」字是魏徵爲君德提煉出的文眼，無論是鑒照聖哲，抑或鑒照惡類，目的總是歸於「自省」，從歷史世界裡回過頭來，看清自己的善惡優劣，然後擇善而從，並落實爲勤而行之的動力。這樣的鑒照，是時時刻刻的功夫，是以一路上兢兢戒愼。魏徵曾在上疏中辨析君德的三種優劣等級，其輕重緩急的先後次序，即是以自省意識的強度與實踐的力度作爲區別標準：

　　　若能鑒彼之所以亡，念我之所以得，日愼一日，雖休勿休。焚鹿臺

〔註101〕見《治要》卷21，頁253。
〔註102〕見《貞觀政要集校》卷2，頁87。
〔註103〕唐太宗語，見《貞觀政要集校》卷2，頁85。
〔註104〕如貞觀初，太宗嘗謂公卿曰：「人欲自照，必須明鏡；主欲知過，必藉忠臣。……
　　　　至如隋煬帝暴虐，臣下鉗口，卒令不聞其過，遂致滅亡。……」見《貞觀政
　　　　要集校》卷2，頁83。又如太宗曾云：「朕觀古來帝王，驕矜而取敗者，不可
　　　　勝數。不能遠述古昔，至如晉武平吳、隋文伐陳以後，心逾驕奢，自矜諸己，
　　　　臣下不敢復言，政道因茲弛紊。」見《貞觀政要集校》卷1，頁49。
〔註105〕見《貞觀政要集校》卷5，頁293。

之寶衣，毀阿房之廣殿，懼危亡於峻宇，思安處於卑宮，則神化潛通，無爲而治，德之上也。若成功不毀，即仍其舊，除其不急，損之又損。雜茅茨於桂棟，參玉砌以土階，悅以使人，不竭其力。常念居之者逸，作之者勞，億兆悅以子來，羣生仰而遂性，德之次也。若惟聖罔念，不愼厥終，忘締構之艱難，謂天命之可恃，忽采椽之恭儉，追雕墻之靡麗，因其基以廣之，增其舊而飾之。觸類而長，不思止足，人不見德，而勞役是聞，斯爲下矣。〔註106〕

「殷憂而道著，功成而德衰」〔註107〕就是貞觀君臣從歷史探究得到的寶貴教訓，要想突破魔咒般的鎖鏈，唯有憑藉「鑒彼之所以亡，念我之所以得」的危機意識與自省自覺，驅策出「日愼一日，雖休勿休」的積極進取。

與「君德」相對，則有「臣節」。《治要》亦透過選錄，爲「臣」這一大群政治要角，樹立修身典範。「臣」所指涉的範圍有廣有狹。廣義而言，所謂「普天之下，莫非王土；率土之濱，莫非王臣」，舉凡君王統攝勢力所及，皆爲王之臣屬；狹義而言，則專指受官襲爵、領有朝廷俸祿之士。《治要》之所謂「臣」，以狹義居多。〈治要序〉「貞心直道，忘軀殉國」二語，十足反映出《治要》對「臣節」的正向期待。在朝臣之中，正邪忠奸二端的起伏消長，往往直接牽動天下政局的興衰治亂；而兩端相傾軋的張力，又在群小持權、世衰道危之際達到極致。「忠良由其放逐」的悲歌慷慨，見證著一個朝代由輝煌盛世走向衰亡。然而也正是在風雨如晦、雞鳴不已的昏暗天色之下，忠貞之士奮起的情操，與一往無悔的救世熱忱，方能在眾昏獨醒的對照裡顯得格外耀眼。「貞心直道」的價值總是深深銘刻在「忘軀殉國」的悲劇裡，昇華爲永恆的「臣節」典範，可歌可泣。

「臣節」的提出，自然帶有教忠教孝的名教目的，這在貞觀君臣看來，自是十分可貴的德目。是以魏徵主編的《隋書》，記載隋末拒亂殉國之臣的「誠節」一傳，即居於類傳之首。〔註108〕所謂「誠節」，具體來說即是一「忠」字，

〔註106〕《貞觀政要集校》卷1，頁16～17。
〔註107〕同上注，頁17。
〔註108〕《隋書·誠節傳序》云：
　　《易》稱：「聖人之大寶曰位，何以守位曰仁。」又云：「立人之道曰仁與義。」然則士之立身成名，在乎仁義而已。故仁道不遠，則殺身以成仁，義重於身，則捐生而取義。是以龍逢投軀於夏癸，比干竭節於商辛，申蒯斷臂於齊莊，弘演納肝於衛懿。爰逮漢之紀信、樂布，晉之向雄、嵇紹，凡在立名之士，莫不庶幾焉。至於臨難忘身，見危授命，雖斯文不墜，而行之蓋寡，固知士

〔註109〕堅守臣道，捨生而取義，「甘就葅醢之誅，以徇忠貞之節」。〔註110〕存亡得失之際尤其是檢視臣節的關鍵時刻，所謂「死不可追，生無再得，故處不失節，所以爲難矣」。〔註111〕重「義」輕「生」，是「臣節」的基本精神，《治要》的選錄也積極反映出這種面向。蘇武北海牧羊，誓死不降匈奴，向來被視爲臣節的精神指標，「臣事君猶子事父，子爲父死，無所恨」一語，鏗然有聲，《治要》錄之。〔註112〕又如《治要》卷25所錄之龐德、閻溫，閻溫守城不降馬超，龐德苦戰不降關羽，俱被害。《治要》一方面聚焦兩人臨難絕命的最後畫面，浴血奮戰之中猶義憤言道「寧爲國家鬼，不爲賊將」、〔註113〕「夫事君，有死無貳」；〔註114〕一方面又收載曹操、曹丕父子對龐德的追思、追諡之策，明言「殞身殉節，前代美之」，〔註115〕推崇之意不言自明。

重「義」輕「生」的另一種面向，展現爲在朝堂上秉公仗義，爲所當爲、言所當言，不避貴戚，甚至以清流自居，疾惡如仇。《治要》秉著求治的精神，當然極爲重視此類「臣節」裨補朝政闕失的積極意義。這類故事在《治要》史部中比比皆是。舉賢堅拒請託，如蓋勳、〔註116〕如史弼。〔註117〕疾惡如仇，奮不顧身以抗小人，如諸葛豐、〔註118〕如李固、〔註119〕如杜喬、〔註120〕如陳蕃、〔註121〕如潘濬。〔註122〕不懼權貴、執法無所偏私，如司馬穰苴、〔註123〕如孫武、〔註124〕如蓋寬饒、〔註125〕如延篤。〔註126〕而在此脈絡之

之所重，信在茲乎！非夫內懷鐵石之心，外負凌霜之節，孰能安之若命，赴蹈如歸者也。皇甫誕等，當擾攘之際，踐必死之機，白刃臨頸，確乎不拔，可謂歲寒貞柏，疾風勁草，千載之後，懍懍如生。（《隋書》卷71，頁1639）

〔註109〕隋文帝楊堅之父名忠，是以《隋書》將「忠」字換去。
〔註110〕同上注，頁1659。
〔註111〕《隋書·誠節傳》史臣云。同上注，頁1658。
〔註112〕蘇武事見《治要》卷17，頁221。
〔註113〕龐德語，見《治要》卷25，頁327。
〔註114〕閻溫語，見《治要》卷25，頁328。
〔註115〕曹丕賜諡策語，見《治要》卷25，頁328。
〔註116〕蓋勳事見《治要》卷23，頁291。
〔註117〕史弼事見《治要》卷24，頁297。
〔註118〕諸葛豐事見《治要》卷19，頁249。
〔註119〕李固事見《治要》卷23，頁295～296。
〔註120〕杜喬事見《治要》卷23，頁296。
〔註121〕陳蕃事見《治要》卷24，頁297～300。
〔註122〕潘濬事見《治要》卷28，頁359。
〔註123〕司馬穰苴事見《治要》卷12，頁155～156。
〔註124〕孫武事見《治要》卷12，頁156。

下，「酷吏」甚至也能因「搏擊豪強」而翻出正向價值，如董宣。〔註127〕
《治要》特收錄范曄《後漢書》之〈李杜傳論〉及〈陳蕃傳論〉，深入地揭
舉「國家昏亂有忠臣」的意蘊：

> 論曰：順、桓之間，國統三絕，太后稱制，賊臣虎視。李固據位持
> 重，以爭大義，確乎而不可奪。豈不知守節之觸禍？恥夫覆折之傷
> 任也。觀其發正辭，及所遺梁冀書，雖機失謀乖，猶戀戀而不能已。
> 至矣哉社稷之心乎！其顧視胡廣、趙戒，猶糞土也。〔註128〕

> 論曰：桓、靈之代，若陳蕃之徒，咸能樹立風聲，抗論惛俗。而
> 驅馳嶮阨之中，與刑人腐夫同朝爭衡，終取滅亡之禍者，彼非不
> 能絜情志、違埃霧也，愍夫世士以離俗爲高，而人倫莫能相恤也。
> 以遁世爲非義，故屢退而不去；以仁心爲己任，雖道遠而彌厲。
> 及遭值際會，協策竇武，自謂萬世一遇也，懔懔乎伊望之業矣。
> 功雖不終，然其信義足以攜持世心。漢代亂而不亡百餘年間，數
> 公之力也。〔註129〕

此處的篤志守「節」，不只是單純的效忠而已，更是以社稷爲己任的承擔，自
始至終，不曾變改。其實「臣節」也並不難把握，唯「公」而已，唯「正」
而已，《治要》藉東漢任延之口清楚道出：

> 忠臣不私，私臣不忠。履正奉公，臣子之節。〔註130〕

是以「奉公不撓，疾惡如仇」，〔註131〕「正身無玷，死心社稷」，〔註132〕「建
忠抗節，志經王室」〔註133〕之類表顯志節之詞，屢見於《治要》之中，成爲
備受崇重的「臣節」典型。

　　公正之心是臣子履踐臣節的重要力量。忠臣不僅能在朝中群小、亡國叛
賊面前，堅守重「義」輕「生」的臣節綱領，更可將剛節憤氣轉上一階，直
對天子。天子握有生殺大權，對人臣之「生」有十足的宰制力，而人臣於天

〔註125〕蓋寬饒事見《治要》卷19，頁248。
〔註126〕延篤事見《治要》卷24，頁297。
〔註127〕董宣事見《治要》卷24，頁302。
〔註128〕見《治要》卷23，頁296。
〔註129〕見《治要》卷24，頁300。
〔註130〕見《治要》卷24，頁302。
〔註131〕陳蕃稱美翟超、黃浮之言，二人因勇抗宦官而獲罪。見《治要》卷24，頁298。
〔註132〕陳蕃對李膺、杜密、范滂等黨錮之士的推崇。見《治要》卷24，頁299。
〔註133〕竇武稱許李膺等黨錮之士之言。見《治要》卷24，頁300。

子面前仍能持「義」自重，不避直言極諫，豈非「臣節」之發皇？《治要》
對於「諫」字情有獨鍾，在許多故事的選錄裡充分展現進諫的各種形式。
微子、箕子、比干是史上公認的三種典型代表；〔註134〕其後繼之者，或以
滑稽爲諫，如優孟、優旃；〔註135〕或以寓言爲諫，如伍子胥、吳太子友。
〔註136〕此類「臣節」，總在帝王盛怒、群臣「畏威失正」〔註137〕之際，激
起最高昂的抗直剛勇，不避身死，面折廷爭。朱雲、〔註138〕薛廣德、〔註139〕
申屠剛、〔註140〕屈晃、〔註141〕鍾離意〔註142〕等，都是以具體行動，甚至
激烈手段，力表進諫決心。更有甚者，極諫之時口出極端之言，不避忌諱。
且看李雲之語：

> 孔子曰：「帝者，諦也。」今官位錯亂，小人諂進，財貨公行，政治
> 日損，尺一拜用，不經御省。是帝欲不諦乎！〔註143〕

膽敢以此狂言「露布上書」，簡直不要命！但有意思的是，《治要》於李雲事
不唯錄其駭人之言而已，更載此言所引發一連串的後續效應：先是帝得奏震
怒，後有杜眾、陳蕃、楊秉、沐茂、上官資等先後上疏請救，然後是陳蕃論
救之疏，末了以「帝恚甚。……詔切責蕃、秉，免歸田里。茂、資貶秩二等，
雲、眾皆死獄中」收場。陳蕃的辯詞在此處出現，顯見《治要》對於「不識
禁忌、干上逆旨」的忠諫之言，「其意歸於忠國」，是深以爲然的。〔註144〕
《貞觀政要》曾有一段記載：

> 貞觀八年，陝縣丞皇甫德參上書忤旨，太宗以爲訕謗。侍中魏徵進

〔註134〕三人之事，《治要》收錄於卷11，頁152。
〔註135〕優孟、優旃事見《治要》卷12，頁167。
〔註136〕伍子胥、吳太子友事俱見《治要》卷12所收《吳越春秋》。《治要》於《吳越
春秋》所收僅此二則，正足以說明《治要》對諫言的重視。
〔註137〕宋均語，見《治要》卷22，頁276。
〔註138〕朱雲攀殿檻折，事見《治要》卷19，頁240。
〔註139〕薛廣德諫漢成帝應乘輿而不當乘船，至謂：「陛下不聽臣，臣自刎以血汙車輪，
陛下不得入廟矣。」事見《治要》卷19，頁242。
〔註140〕申屠剛諫光武不宜逸遊，「諫不見聽，遂以頭軔乘輿輪」。事見《治要》卷22，
頁270。
〔註141〕屈晃固爭太子，入諫，「叩頭流血，辭氣不撓」。事見《治要》卷28注文中所
引《吳曆》，頁359。
〔註142〕鍾離意事，《治要》卷22載：「帝性褊察，好以耳目引發爲明，故公卿大臣數
被詆毀。……朝廷莫不悚慄，爭爲嚴切，以避誅責，唯意獨敢諫爭。」頁276。
〔註143〕李雲語，見《治要》卷23，頁288。
〔註144〕以上俱見《治要》卷23，頁288。

言曰：「昔賈誼當漢文帝時上書云『可爲痛哭者一，可爲長嘆息者
六。』自古上書，率多激切。若不激切，則不能起人主之心。激切
即似訕謗，惟陛下詳其可否。」太宗曰：「非公無能道此者。」令
賜德參帛二十段。〔註145〕

魏徵期望皇帝對「激切」之言多所包容，其意基本上仍與「納諫」是相同的，
難度卻比納諫來得更高。《治要》卷22曾收錄一篇上疏，作者是東漢安帝時
尚書陳忠，此文內容並不是論述某項具體政事，也不是針砭朝政之失，而是
以「豫通廣帝意」爲主旨，爲皇帝預先作好面對「激切」諫爭的心理準備。
〔註146〕編者收錄此疏於《治要》之中，應該或多或少也存有幾分「豫通廣
太宗之意」的用心吧。

一如《治要》以「納諫」爲「君德」之重點，《治要》又以「進諫」作爲
「臣節」的標徵，正與君德相輔相成，互爲彰顯。對此，貞觀君臣原有著良
好的默契與共識。太宗嘗言：

君臣本同治亂，共安危，若主納忠諫，臣進直言，斯故君臣合契，
古來所重。〔註147〕

史載虞世南「至性抗烈，每論及古先帝王爲政得失，必存規諷，多所補益」，
〔註148〕魏徵更是「每以諫諍爲心，恥君不及堯、舜」，〔註149〕皆以其自身言
行體現臣節風骨。所以《治要》卷12錄《史記‧管晏傳贊》數語，實非偶然，
而深具代表性：

太史公曰：吾讀《晏子春秋》，詳哉其言之也。至其諫說犯君之顏，
此所謂進思盡忠，退思補過者哉！〔註150〕

《治要》卷33於《晏子春秋》的內容選錄甚多，足見其對晏子的推崇。晏子
符應了《治要》對人臣典範形象的設想，以「諫說犯君之顏」爲具體表徵，
而「進思盡忠，退思補過」，則是貫徹「臣節」的核心情操。以此觀之，漢濱
遺老雖是避世躬耕的「逸民」，卻以直言不諱針砭天子，體現著與忠諫異曲同

〔註145〕見《貞觀政要集校》卷2，頁106。
〔註146〕《治要》簡述背景云：「安帝始親朝事，連有灾異，詔舉有道公卿百僚各上封
　　　　事。忠以詔書既開諫爭，慮言事者必多激切，或致不能容，乃上疏豫通廣帝
　　　　意曰：……」見卷22，頁279。
〔註147〕見《貞觀政要集校》卷3，頁147。
〔註148〕見《貞觀政要集校》卷2，頁74。
〔註149〕見《貞觀政要集校》卷2，頁67。
〔註150〕見《治要》卷12，頁155。

工的「臣節」精神，《治要》予以收錄，便也有充分的理據了。〔註151〕

第三節　現實施政之用

　　治國是何等大事，廣及朝章典制、禮法政刑、官吏任免、民生經濟、社會風俗、國防軍事、對外邦交……龐雜繁複如此。而治國所涵蓋的這種種面向，在歷朝歷代的施爲方式、實施成效、遭遇的困境與因應對策等等，都很詳實地記載在史書之中。如此一來，治國的各方面都可以從史書裡覓得相關記錄。歷史承載著人類發展的軌跡，將各項寶貴的經驗留存下來，在後人眼中，尤其是有心成事的政治家的眼中，便成了極爲可貴的參考意見。

　　紀傳體史書裡的「志」，即是取一種貫通的眼光觀察一代政制，除了載錄實況，也往往收入朝臣的相關重要議論，以便讀者對於該制度施行之本意、施行之得失，有更全面的理解。故《治要》卷14收錄《漢書》〈禮樂志〉、〈刑法志〉、〈食貨志〉，以及卷29收錄《晉書》〈刑法志〉、〈百官志〉，反映出《治要》對政制的重視。就關切現實施政的精神來看，《治要》與史志確有相通之處。但《治要》的著眼點又較史志所載之典章制度更爲寬廣，涵蓋更完整、更切合實際的治國議題。此類議題的呈現，則散見在各人物列傳的節選之中。相關議題及其在《治要》裡的呈現，略可整理如下：

　　內政方面：

　　關於尚德緩刑的施政方向。見於：路溫舒、陳寵、王朗等傳，及司馬遷〈循吏傳論〉、〈酷吏傳論〉及范曄〈酷吏傳論〉等。〔註152〕

　　關於執法的公正原則。見於：張釋之、郭躬、高柔等。〔註153〕

　　關於肉刑的討論。見於：杜林、班固〈刑法志〉、〈晉書刑法志〉等。

〔註154〕

〔註151〕漢濱遺老事見《治要》卷24，頁309。

〔註152〕路溫舒見《治要》卷17，頁219～220。陳寵見《治要》卷22，頁279～280。王朗見《治要》卷25，頁321～322。司馬遷〈循吏傳論〉、〈酷吏傳論〉見《治要》卷12，頁166。范曄〈酷吏傳論〉見《治要》卷24，頁302～303。

〔註153〕張釋之見《治要》卷17，頁212～213。郭躬見《治要》卷22，頁279。高柔見《治要》卷26，頁337。

〔註154〕杜林見《治要》卷22，頁267～268。班固〈刑法志〉，見《治要》卷14，頁172～175。〈晉書刑法志〉見《治要》卷29，頁379～381。

關於民生經濟。見於：朱暉、班固〈食貨志〉等。〔註155〕

關於選官舉才。見於：韋彪、夏侯尚、荀彧、毛玠、盧毓、劉毅等。
〔註156〕

關於官吏考課。見於：朱浮、陳元、左雄、杜恕、劉廙等。〔註157〕

關於國家教育。見於：范曄〈儒林傳序〉等。〔註158〕

關於封建諸侯。見於：主父偃、曹植傳注引孫盛曰、劉頌、陸機等。
〔註159〕

關於帝王之宮室、苑囿、畋獵等事。見於：東方朔、薛廣德、鍾離意、
崔琰、鮑勛、辛毗、楊阜等。〔註160〕

關於立后。見於：劉輔、李雲、棧潛等。〔註161〕

關於定太子。見於：周昌、賈詡、崔琰等。〔註162〕

關於天下風俗。見於：王吉、馬廖、和洽等。〔註163〕

關於地方施政。見於：西門豹、卓茂、郭伋、第五倫、宋均、張綱、种
暠、任延等傳，及范曄〈循吏傳序〉等。〔註164〕

〔註155〕朱暉見《治要》卷22，頁278～279。班固〈食貨志〉見《治要》卷14，頁
175～182。

〔註156〕韋彪見《治要》卷22，頁267。夏侯尚見《治要》卷25，頁316-317。荀彧
見《治要》卷25，頁317。毛玠見《治要》卷25，頁319～320。盧毓見《治
要》卷26，頁335～336。劉毅見《治要》卷30，頁384～386。

〔註157〕朱浮見《治要》卷22，頁272～273。陳元見《治要》卷22，頁273～274。
左雄見《治要》卷23，頁293～294。杜恕見《治要》卷25，頁325～327。
劉廙見《治要》卷26，頁334～335。

〔註158〕范曄〈儒林傳序〉見《治要》卷24，頁308。

〔註159〕主父偃見《治要》卷18，頁232～234。曹植傳「（太元）六年」條下注引孫
盛曰，見《治要》卷26，頁331。劉頌見《治要》卷30，頁389～391。陸機
見《治要》卷30，頁396～397。

〔註160〕東方朔見《治要》卷18，頁237～238。薛廣德見《治要》卷19，頁242。鍾
離意見《治要》卷22，頁275～276。崔琰見《治要》卷25，頁319。鮑勛見
《治要》卷25，頁320～321。辛毗見《治要》卷26，頁337～338。楊阜見
《治要》卷26，頁338～339。

〔註161〕劉輔見《治要》卷19，頁249。李雲見《治要》卷23，頁287～288。棧潛所
上疏見《治要》〈文德郭皇后傳〉，卷25，頁316。

〔註162〕周昌見《治要》卷15，頁196。賈詡見《治要》卷25，頁317～318。崔琰見
《治要》卷25，頁319。

〔註163〕王吉見《治要》卷19，頁242～243。馬廖見《治要》卷21，頁264～265。
和洽見《治要》卷26，頁336。

〔註164〕西門豹見《治要》卷12，頁167～168。卓茂見《治要》卷21，頁265。郭伋

外交方面：

關於匈奴。見於：婁敬、韓安國、主父偃、魏相、蕭望之、臧宮等。
〔註165〕

關於南蠻諸郡及藩屬。見於：嚴助、賈捐之等。〔註166〕

關於西羌。見於：范曄〈西羌傳〉及〈西羌傳論〉、江統等。〔註167〕

關於鮮卑。見於：范曄〈鮮卑傳〉、田豫等。〔註168〕

此外尚有總論政事之奏疏策論多篇，並非專對一事發論者。如賈誼、鼂錯、董仲舒、王吉、貢禹、桓譚、李固、王肅等。〔註169〕現實施政的各類面向，包括殆盡。

《治要》在列傳中多方蒐羅各項治國議題而予以鋪展論述，與史志相比，除了範圍更寬闊、內容更全面之外，至少還有三項特點：

第一，以列傳徐徐鋪敘，能獲得具體而清晰的背景提示。換言之，當《治要》從列傳著眼，重點就不純然在於施政議題與相關「制度」本身，而兼及提出討論的「人」，以及「人」所身處的環境及時代。與時代裡具體的人事相比，制度相對是抽象的。就現實施政的實用意義來說，具體的「人」及其具體存在的情境，所能描繪的圖像更清晰、更細緻，相對地也提示了更多實際施作時所需考量的線索。在《治要》當中，即便是正經嚴肅的廟堂奏疏，多半也都會附上簡短的前情提要。歷史提供了問題情境，而奏疏議論則提供了解決問題的方法。一問一答，極具便利性，不需先架構理論，再找實例來

見《治要》卷22，頁271。第五倫見《治要》卷22，頁274。宋均見《治要》卷22，頁276。張綱見《治要》卷23，頁285～286。种暠見《治要》卷23，頁286。任延見《治要》卷24，頁301～302。范曄〈循吏傳序〉見《治要》卷24，頁301。

〔註165〕婁敬見《治要》卷16，頁198～199。韓安國見《治要》卷17，頁221～223。主父偃見《治要》卷18，頁232～234。魏相見《治要》卷19，頁246～247。蕭望之見《治要》卷19，頁251。臧宮見《治要》卷21，頁260。

〔註166〕嚴助見《治要》卷18，頁230～232。賈捐之見《治要》卷18，頁235～237。

〔註167〕范曄〈西羌傳〉及〈西羌傳論〉見《治要》卷24，頁309～311。江統見《治要》卷30，頁393。

〔註168〕范曄〈鮮卑傳〉見《治要》卷24，頁311～312，傳中載蔡邕疏。田豫見《治要》卷26，頁342。

〔註169〕賈誼見《治要》卷16，頁200～207。鼂錯見《治要》卷16，頁207～211。董仲舒見《治要》卷17，頁223～227。王吉見《治要》卷19，頁242～243。貢禹見《治要》卷19，頁243～245。桓譚見《治要》卷22，頁268～269。李固見《治要》卷23，頁294～296。王肅見《治要》卷25，頁322～323。

作應用練習，透過歷史，理論與實例，一次滿足。此例於《治要》中隨處可見，〔註170〕而最顯著的表現，在《三國志》「魏志」明帝紀。《治要》在明帝之青龍三年、景初元年，正文竟只有「三年」、「景初元年」六字而已，顯然僅用以標示時間，別無所記，卻在注文裡大幅收錄《魏略》內容。考《三國志》於青龍三年與景初元年並無缺文，何以《治要》作如此取捨？其中原由，大概是《魏略》更符合上述將前情提要與奏疏諫言並載的模式，且《魏略》裡的前情提要更為詳盡。以「（青龍）三年」下之注文為例：

> 《魏略》曰：是年起大極諸殿，築總章觀，又於芳林園中起陂池，
> 楫櫂越歌。又於列殿之北立八坊，諸才人以次序處其中，秩名擬百
> 官之數，使博士馬均作水轉百戲魚龍蔓延，備如漢西京之制，築閶
> 闔諸門闕外罘罳。太子舍人張茂以吳、蜀數動，諸將出征，而帝盛
> 興宮室，留意於翫飾，賜與無度，帑藏空竭；又錄奪士女前已嫁為
> 吏民妻者，還以配士，既聽以生口自贖，又簡選其有姿色者，內之
> 掖庭。乃上書諫曰：……〔註171〕

這不僅是敘述當年的問題，連帶也把張茂的考量與憂慮鋪陳一番，問題意識與議題的針對性都很明確。再下「景初元年」注引《魏略》，模式正相雷同，亦是先簡述當年概況，再引錄董尋上書：

> 《魏略》曰：是歲，徙長安諸鐘簴、駱駝、銅人、承露盤。盤折，
> 銅人重不可致，留于霸城。大發銅鑄作銅人二，號曰翁仲，列坐于
> 司馬門外。又鑄黃龍、鳳皇各一，置內殿前。起土山於芳林園，使
> 公卿羣僚負土成山，樹松竹雜木善草於其上，捕山禽雜獸置其中。

〔註170〕姑舉數例，可見一斑：
　　　　司馬相如字長卿，蜀郡人也。為郎，嘗從上至長楊獵。是時天子方好自擊熊
　　　　豕，馳逐野獸，相如因上疏諫，其辭曰：……（卷18，頁227）
　　　　梅福字子真，九江人也。成帝委任大將軍王鳳，而京兆尹王章素忠直，譏鳳，
　　　　為鳳所誅，羣下莫敢正言，故福上書曰：……（卷19，頁240）
　　　　蔡邕字伯喈，陳留人也。靈帝時信任閹豎，災變數見。天子引咎，詔羣臣各
　　　　陳政要。邕上封事曰：……（卷23，頁291）
　　　　史弼字公謙，陳留人也。為北軍中候。是時桓帝弟渤海王悝，素行險辟，僭
　　　　傲多不法，弼懼其驕悖為亂，乃上封事曰：……（卷24，頁297）
　　　　（王朗）子肅字子雍，拜散騎常侍。……景初間，宮室盛興，民失農業，期
　　　　信不敦，刑殺倉促。肅上疏曰：……（卷25，頁323）
〔註171〕見《治要》卷25，頁314。

《魏略》載董尋上書曰：……〔註172〕

「《魏略》載董尋上書曰」云云，雖然節鈔自《三國志》裴《注》，出現在此，卻頗似編者選輯內容的指導語，指明《治要》關注的重點所在。一邊描述病徵，一邊提出處方，臨場感十分強烈。

第二，一切治國議題的考量標準俱在「以民爲本」，此意透過紀、傳反覆提示。制度固然重要，但治國的實際景況遠比制度理論更爲複雜，況且制度也理當是因時制宜的，制度的因革損益、利弊得失，還需在歷史的全局裡盱衡，才能體會到深處。《治要》的編纂用意不在施政制度的研究，因此不必仿效史志的模式，嚴謹而完備地將各項議題一字排開，再將歷史上所有相關討論，按時代先後依次編列；如此作法，又將回到「紛綸」「踏駁」的老路，恐使讀者「周覽汎觀」卻「勞而少功」。《治要》追求的是直接切中核心的重點要領，與其說他重視制度，不如說他更看重一種治國的通則，一種經過時間的汰選而留下的核心價值，最永恆也最切近，在數千年的盛衰更迭、治亂交替之中，其有效性已被一而再再而三地證明，大可直接採用，無庸置疑。是以無論內政方面，還是外交方面，《治要》所選錄的施政建言幾乎是朝著同一個方向會歸，簡而言之，即「以民爲本」四字。「民爲邦本，本固邦寧」是爲政的古訓，《治要》史部從歷史中選取材料，討論制度得失，或正說，或反說，總不離此根本精神。一如論奢僭之害，根本在於民不聊生，貢禹遂高唱：

王者受命於天，爲民父母。固當若此乎？〔註173〕

臣屬奢靡貪費，豈可縱任而使民「大飢餓死」？鮑宣談及當朝權貴汰侈無度，困窮百姓，則細細條列「七亡」、「七死」，具陳黎民之苦，而告誡帝王：

天下乃皇天之天下也。陛下上爲皇天子，下爲黎庶父母，爲天牧養元元，視之當如一。……治天下者，當用天下之心爲心，不得自專快意而已也。〔註174〕

所以言官談及後宮之女當出、冤獄當理諸問題，也多是從「以民爲本」的立場出發。〔註175〕魏文帝殺民間誹謗妖言者，高柔上疏，以爲「宜除妖謗賞告

〔註172〕見《治要》卷25，頁314～315。
〔註173〕貢禹語，見《治要》卷19，頁244。
〔註174〕鮑宣語，見《治要》卷19，頁246。
〔註175〕相關言論見於《治要》者，如楊終之上疏（卷22，頁280）、周舉之對策（卷23，頁294）等。

之法，以隆天父養物之仁」。〔註176〕駱統論及徭役問題，特別揭示以民爲本的原則，與君民相需的理論：

> 材須民生，強賴民力，威恃民勢，福由民殖，德俟民茂，義以民行。六者既備，然後應天受祚，保族宜邦。《書》曰：「眾非后無能胥以寧，后非眾無以辟四方。」推是言之，則民以君安，君以民濟，不易之道也。〔註177〕

可注意者，在對外夷是否用兵的政策上，《治要》的選錄顯然大抵以不出兵爲主要意見，原因無他，亦在「以民爲本」四字。面對珠厓郡多次叛亂，漢元帝本已議定派遣大軍討伐，賈捐之則以民生爲重，主張棄郡。《治要》不僅收錄賈捐之的一番議奏，更載元帝接納此建言後的詔書，明白道出最後的關鍵抉擇，實以「憂萬民」爲依據：

> 夫萬民之飢餓，與遠蠻之不討，危孰大焉？……今關東大困，倉庫空虛，無以相贍，又以動兵，非特勞民，凶年隨之。〔註178〕

東漢初，臧宮原想趁匈奴飢疫疲困之時，發兵出擊，《治要》特載光武帝回應之詔，詔謂：「今國無善政，災變不息，百姓驚惶，人不自保，而復欲遠事邊外乎？」此以「息民」爲先之意，與漢元帝正同；《治要》並記曰「自是諸將莫敢復言兵事者」。〔註179〕「以民爲本」，固然是群臣共持的主張，落實與否還需看皇帝願不願躬行其道。秦皇的暴虐，漢武帝的奢華、窮兵黷武，在《治要》裡總是負面教材；相對而言，東漢光武、明帝、章帝、和帝的爲政，是被緬懷歌詠的，《治要》多錄此四帝之詔書，並及范曄之紀論，便是再清楚不過的反映。〔註180〕將「以民爲本」作爲施政基準，可說是《治要》對帝王最根本的要求，甚至只要能展現出以民爲本的風範，哪怕只是一點點，都值得嘉許。是以晉武帝即便得位不正，《治要》仍選錄泰始五年勿罪妖言之詔、咸寧四年勿獻異服奇技之詔、太康元年不聽封禪之詔。然正文亦僅此三條而已。〔註181〕漢明帝之爲政，「外內無倖曲之私，在上無矜大之色，斷獄得情，號居

〔註176〕高柔語，見《治要》卷26，頁337。
〔註177〕駱統語，見《治要》卷27，頁355。
〔註178〕漢元帝詔，見《治要》卷18，頁237。
〔註179〕光武帝詔，見《治要》卷21，頁260。
〔註180〕對四帝的選錄，見《治要》卷21，頁252-256。
〔註181〕對晉武帝的選錄，見《治要》卷29，頁369～370。晉武帝的負面形象，則透過注文顯露出來。

前世十二」，〔註182〕唯一美中不足的地方，是過於嚴切。《治要》於東漢陳元、第五倫、鍾離意、宋均、寒朗、陳寵等傳之節選內容中，都涉及明帝之苛察嚴切及其衍生的弊害。建武、永平之政，雖然都是帝皇的高標，在《治要》眼中，無疑有著高下之別，原因無他，亦在「以民爲本」四字而已。

　　第三，借用列傳裡的生平事跡爲媒材，以活潑生動的方式談論制度。同樣是關注具體制度施爲，透過列傳的文字畫面，則能將君臣互動的場景重現，在雙方的臨場激盪裡完成意見表述。這中間暗藏的訊息，遠比意見本身來得豐富。治國固然嚴肅，但施政的原則卻不必總是硬梆梆的教條，從一些富含意趣的小故事裡，同樣能夠使人獲得領悟與啓發；而其面貌比起那些板起臉來訓誡皇帝的奏疏，則顯得更親切、更平易近人。張釋之執法，體現法律之前人人平等的公正精神，豈不正是傳頌千古的故事？〔註183〕蜀漢之簡雍諫濫罰，則是饒富趣味之一例：

> 簡雍，字憲和，涿郡人也。爲昭德將軍。時天旱禁酒，釀者有刑。吏於人家索得釀具，論者欲令與作酒者同罰。雍從先主遊觀，見一男子行道，謂先主曰：「彼人欲行淫，何以不縛？」先主曰：「卿何以知之？」雍對曰：「彼有淫具，與欲釀者同。」先主大笑，而原欲釀者。〔註184〕

《治要》對〈簡雍傳〉的選錄，僅此一段。簡雍以另類思考勸諫劉備，令人莞爾，但其中牽涉的卻是嚴肅的判刑原則。這樣的節選，頗符合前章所提到的「小說意趣」；對《治要》來說，輕鬆詼諧的短小文字，顯然有其大用存焉。不過像簡雍這樣的例子，在《治要》裡畢竟是少數，多半內容還是在濃厚的政治教化意味之中，宣揚「弘闡名教」的價值。再舉執法之一例，好比于定國：

> 于定國字曼倩，東海人也。其父于公，爲郡決曹，決獄平。羅文法者，于公所決皆不恨。郡中爲之立生祠，名曰于公祠。定國少學法於父，爲廷尉。其決疑平法，務在哀鰥寡，罪疑從輕，加審愼之心。朝廷稱之曰：「張釋之爲廷尉，天下無冤民；于定國爲廷尉，民自以爲不冤。」遷御史大夫。爲丞相。始定國父于公，其閭門壞，父老

〔註182〕范曄語，見《治要》卷21，頁254。
〔註183〕張釋之事，見《治要》卷17，頁212。
〔註184〕《治要》卷27，頁347。

方共治之，于公謂曰：「少高大閭門，令容駟馬高蓋車。我治獄，未
嘗有所冤，子孫必有興者。」至定國爲丞相，子永爲御史大夫，封
侯傳世云。〔註185〕

此即《治要》對〈于定國傳〉選錄的全部內容。這一段要談的，仍是執法原
則的問題。然而此段之中，沒有生硬的說教，卻在一段又一段平凡而親近的
故事裡，勾畫出一番動人的神貌。罪疑從輕、哀愍鰥寡，黎庶感戴；仁心理
獄，報在子孫。再舉攸關民生經濟之一例，見東漢朱暉反對均輸等法之事：

朱暉字文季，南陽人也。爲尚書僕射。是時穀貴，縣官經用不足，
朝廷憂之。尚書張林上言：「穀所以貴，由錢賤故也，可盡封錢，一
取布帛爲租，以通天下之用。又鹽，食之急者，雖貴，民不得不須，
官可自鬻。又宜因交趾益州上計吏往來，市珍寶收採其利。武帝時
所謂均輸者也。」帝然之，有詔施行。暉獨奏曰：「王制，天子不言
有無，諸侯不言多少，食祿之家不與百姓爭利。今均輸之法，與賈
販無異。鹽利歸官，則下人窮怨；布帛爲租，則吏多奸盜，誠非明
主所宜行也。」帝卒以林等言爲然。得暉重議，因發怒，切則諸尚
書。暉因稱病篤，不肯復署議。尚書令以下惶怖，謂暉曰：「今臨得
譴讓，奈何稱疾？其禍不細。」暉曰：「行年八十，蒙恩得在機密，
當以死報。若心知不可，而順旨雷同，負臣子之義。今耳目無所聞
見，伏待死命。」遂閉口不言。諸尚書不知所爲，乃共劾奏暉。帝
意解，寢其事。〔註186〕

此一政策往復爭議的過程原極糾雜，經《治要》刪減後僅存一往一返，〔註187〕
明確突顯「食祿之家不與百姓爭利」的主要意見，正符應《治要》所重視的
「以民爲本」的治國原則。但《治要》不唯選錄此意見，更將朱暉對自身理

〔註185〕《治要》卷19，頁241～242。
〔註186〕《治要》卷22，頁278～279。
〔註187〕張林上言後，先是「詔諸尚書通議。暉奏據林言不可施行，事遂寢。後陳事
者復重述林前議，以爲於國誠便」，帝方然之而下詔施行，此是《治要》略去
之第一處。第二處在帝得暉重議而發怒切責諸尚書之後，「暉等皆自繫獄。三
日，詔敕出之。曰：『國家樂聞駁議，黃髮無愆，詔書過耳，何故自繫？』」
暉因稱病篤，此段曲折歷程《治要》亦予省略。第三處省略則是整個事件的
最終結局：「後數日，詔使直事郎問暉起居，太醫視疾，太官賜食。暉乃起謝，
復賜錢十萬，布百匹，衣十領。」上所引文俱見《後漢書》卷43，頁1460
～1461。

念的確信、甚至是不惜犧牲生命以堅持正理的決心，一併保留下來。如果《治要》所求只在施政措施的正確性，大可不必將整個爭論事件的後續發展記載得如此巨細靡遺，但《治要》卻將大段的敘事保留下來。朱暉「行年八十」以下的表白，真誠而痛切地道出忠臣的心聲，這也是《治要》所特別關注的「臣節」風範。朱暉只憑一人之力，頑強地與整個朝廷的意見抗拒，這是何等危險艱困的環境！將這個環境連同朱暉的政見一併呈現，透露出的訊息更豐富，也更複雜。心思細膩如太宗，讀至此類段落時，心中想必也會興起一陣深刻的省思吧。

第四節　增篤情義之用

　　《治要》史部的選錄，就人物而言，以君臣為大宗。在選錄內容中呈現出君臣互動的畫面，本來是很順理成章的。但觀察《治要》史部的選取，則可以發現，《治要》在正常的君臣互動之外，似乎還刻意聚焦在某些特定鏡頭，刻意留下某些話語與身影。這些鏡頭也可歸納在君臣互動的範疇，其性質也能算是政事討論，卻又不是政事討論可以涵括得盡，因為其中迴盪著更為複雜的情感因素；有些鏡頭甚至完全溢出實際政事之外，純粹是個人情志的宣告或抒懷。這是一個很有意思的現象。若從讀者後設的角度來看，倒像是一種潛藏的策略：編者在選擇史事的同時，其自身所重視的精神不經意地透過選文浮現出來，但讀起來卻不覺刻意，讀者反而隨著閱讀進度的推展，逐漸累加情感上的認同，終於在不知不覺中被這樣情感渲染，跟著編者一齊感憤、一齊痛惜。《治要》在編纂之初，究是有意為之，抑或因深刻的同情共感而不覺引入，事隔千年，難以逆知。不過，無論這個現象是否為一種選輯策略，就其出現之頻繁程度，至少可以作如此推論：君臣互動、與君臣之間的情誼，在《治要》編者眼中，絕對是重要的一項課題。這就為《治要》之「致用」提供了一個截然不同的觀察基礎。

　　五倫之中，君臣居其一。歷代君王與當朝眾臣，無論素質如何參差，在朝政運作過程中總免不了頻繁互動。而若將互動關係稍加分析，便會產生「情」、「義」的辯證問題。《治要》以「臨事不惑」為期，而君臣相交，牽扯到人心複雜的情愫，正是一大「惑」源。無論明主暗主、忠臣姦臣，於君臣之際皆有「情」，卻唯獨忠良之臣能夠符應「義」的規範，力持公正；而忠臣之「義」，又往往在「情」的貫注中更見光輝。正邪忠奸的差異，即在

此幾微之間。若人主未加深察，則幾乎無可避免地要被蒙蔽或迷惑。自古昏庸之君，身死國亡，原因固然極為複雜，但幾乎都包含有識人不明、任人不忠這個要項。如此說來，國朝之盛衰興亡，其根苗莫不在君臣之際。對於這個問題，《治要》的警覺性是很高的。除了前引京房與漢元帝的對論應答之外，如左雄、張紘都曾深入探討過這個問題，也都為《治要》所收錄。左雄之論云：

> 臣聞人君莫不好忠正而惡讒諛，然而歷世之患，莫不以忠正得罪，讒諛蒙幸者，蓋聽忠難，從諛易也。夫刑罪，人情之所甚惡；貴寵，人情之所甚欲。是以世俗為忠者少，而習諛者多。故令人主數聞其美，稀知其過，迷而不悟，至於危亡也。〔註188〕

張紘之論云：

> 自古有國有家者，咸欲修德政，以比隆盛世。至於其治，多不馨香，非無忠臣賢佐、闇於治體也，由主不勝其情，弗能用耳。夫人情憚難而趣易，好同而惡異，與治道相反。傳曰：「從善如登，從惡如崩。」言善之難也。人君承奕世之基，據自然之勢，操八柄之威，甘異同之歡，無假取於人；而忠臣挾難進之術，吐逆耳之言，其不合也，不亦宜乎？雖則有譽，巧辯緣間，眩於小忠，戀於恩愛，賢愚雜錯，長幼失敘，其所由來，情亂之也。故明君悟之，求賢如饑渴，受諫而不厭，抑情損欲，以義割恩，上無偏謬之授，下無希冀之望。宜加三思，含垢藏疾，以成仁覆之大。〔註189〕

前者偏重在人臣「習諛」之心理，後者偏重在分析人君好諂佞而惡忠言的原由，而兩者都將根本原因指向「人情」，更直接地說，即「不勝其情」。人臣不勝其情，是以不敢進忠正之言；人君不勝其情，是以迷失在小人的巧言令色，疏遠忠正之臣，甚而加害之。「情」與「欲」相連，關係到人性最深層、最私密的醜惡。關於人性的本質是善是惡的的問題，《治要》似未表明清楚的立場；〔註190〕事實上，以求治的現實意義而言，即便把人性辯證得細緻精微，

〔註188〕見《治要》卷23，頁294。

〔註189〕見《治要》卷27，頁353。

〔註190〕《治要》子部雖收錄孟子四端之心與善性之說，但以收錄篇幅大小來看，《孫卿子》獨佔一卷，遠比《孟子》多出許多。荀子主張博學，又云「君子生非異也，善假於物也。故君子居必擇鄉，遊必就士，所以防邪僻而近中正也」，也與貞觀君臣的論調較為相近。《治要》所錄《孟子》，見卷37，頁484～

恐怕也沒有太大的實際用處。歷史的現實就擺在眼前，說人性是善也好、是惡也罷，都只是一種抽象的理論而已，無力改變現實。不如就承認「人情」吧。〔註191〕從歷史的教訓裡認清人情的弱點，對於低劣、晦暗、卑陋的一面，能有所「悟」、進而能惕勵改悔者，張紘謂之「明君」，《治要》肯定也許爲明君。

就人君而言，如何在這方面免「惑」，最根本的解決方式，實在「抑情損欲，以義割恩」八字。顯然「情」與「義」是相對的，若比「情」爲病，「義」便是救治之藥。情、義對舉的架構，曾在魏徵的諫言裡出現。當時長樂公主將下嫁，太宗對此女特別鍾愛，因「敕所司資送倍於長公主」，魏徵以爲長公主是天子姊妹，公主是天子之女，輩分差了一級，「情雖有殊，義無等別」，〔註192〕太宗不應以私情亂了上下尊卑的法度。文德皇后聞之，對魏徵特加讚揚：

> 嘗聞陛下敬重魏徵，殊未知其故，而今聞其諫，乃能以義制人主之情，眞社稷臣矣！〔註193〕

「以義制人主之情」，一語道破諫言的目的與本質。魏徵還曾在上疏裡明白告訴太宗：

> 非仁無以廣施，非義無以正身。惠下以仁，正身以義，則其政不言而理，其教不肅而成矣。〔註194〕

義以正身，再加上仁以惠下，人主的能事畢矣。

義者，宜也。就人主而言，即是明辨是非正邪的洞察力，要求的是準確、精微的觀察判別。「義」的具體展現，不外乎對事與對人：對事，要能在國家施政大節上有洞察力與判斷力，如此方能在朝政議論的眾說紛紜之中，做出

486。所錄《孫卿子》，見卷38，頁499～512。

〔註191〕關於貞觀君臣對「性」、「情」的討論，《貞觀政要》有一則記載可資參照：**太宗嘗謂中書令岑文本曰：「夫人雖稟定性，必須博學以成其道，亦猶蜃性含水，待月光而水垂；木性懷火，待燧動而焰發；人性含靈，待學成而爲美。……」文本曰：「夫人性相近，情則遷移，必須以學飾情，以成其性。《禮》云：『玉不琢不成器，人不學不知道。』所以古人勤於學問，謂之懿德。」**（《貞觀政要集校》卷7，頁385～386）
岑文本意識到「情」的變動流蕩可能造成弊害，而提出「以學飾情」的說法。貞觀時代重視學問，或即有此心理意識存焉。

〔註192〕魏徵語，見《貞觀政要集校》卷5，頁285。

〔註193〕見《貞觀政要集校》卷5，頁285。

〔註194〕見《貞觀政要集校》卷5，頁293。

最正確、符合國家人民長遠利益的抉擇。《治要》即輯錄不少具高度參考價值
的政事建言，如前文所述。對人，則要能具備「察人」的能力，能從臣下的
言詞、意態、作為之中，窺見其用心是否純正，而不再只是糊裡糊塗順從自
己的欲望與好惡。皇帝要能做到「近君子而遠小人」，先得要分明君子、小人
的差別。魏徵就曾多次於上疏中為太宗析論君子、小人的細微差異。〔註 195〕
對國君而言，「察人」尤其是一項重要的能力，而這項能力是有養成方法的。
如劉向《說苑》提出「人臣之行，有六正六邪」的觀察，並逐條詳細羅列。
這不僅被魏徵引用在上疏裡，〔註 196〕也被詳細收取在《治要》中，〔註 197〕
為皇帝提供明忠奸、辨正邪的一套工具。

　　不過，「察人」的方法能夠習得，施政的洞見也能夠培養，這些雖然都很
重要，畢竟還都屬於外部工具。掌握工具，不能保證操作得當；有了察人之
術和政治見解，並不代表就能契合「義」的規準，從此不再為「情」所惑。
換言之，要能透達「義」的內涵，只談操作守則是不夠的，還須從君臣關係
的本質作更深入的剖析與認識，正本清源。「情」何等複雜，而君臣關係牽涉
到政治場域的權勢地位、與整個國家的龐大利益，不僅盤根錯節，更容易節
外生枝，可謂集複雜糾結之大成，處處都可能隱伏「惑」根。要做一番徹頭
徹尾的正確釐清，並非易事，卻甚有必要。那麼，君臣一倫究竟該如何析解
呢？

　　先從君臣關係的本質下手。回溯君臣關係最初締結的時刻，臣的一方反
而擁有較高的主動性與選擇權，是否效忠、與效忠到何種程度，都由臣方決
定。這種君臣之間的相對性，導致君主對臣下的態度，將得到直接的反饋，

〔註 195〕如云：「君子揚人之善，小人訐人之惡。聞惡必信，則小人之道長矣；聞善或疑，
　　　　　則君子之道消矣。」見《貞觀政要集校》卷5，頁292。又如：「君子小人，貌
　　　　　同心異。君子掩人之惡，揚人之善，臨難無苟免，殺身以成仁。小人不恥不仁，
　　　　　不畏不義，唯利之所在，危人自安。」見《貞觀政要集校》卷5，頁309。
〔註 196〕魏徵於上疏中引用《說苑》，見《貞觀政要集校》卷3，頁167～168。魏徵
　　　　　於明引正文前並有擇官用人方面的簡要提點：「貴則觀其所舉，富則觀其所
　　　　　與，居則觀其所好，習則觀其所言，窮則觀其所不受，賤則觀其所不為。因
　　　　　其材以取之，審其能以任之，用其所長，掩其所短。進之以六正，戒之以六
　　　　　邪，則不嚴而自勵，不勸而自勉矣。」
〔註 197〕見《治要》對《說苑・臣術》篇的節選，卷43，頁574～575。除了「六正六
　　　　　邪」之外，《治要》選錄察人的相關內容，還如管仲對易牙、開方、豎刁等三
　　　　　人，分別從「殺其子以事君」、「背親以事君」、「自宮以事君」等三項「非人
　　　　　情」的作為，而斷言三人不宜為相。事見《治要》卷11，頁151。

是故君主尊重臣下確有其必要性。如孟子所言：

> 君之視臣如手足，則臣之視君如腹心；君之視臣如犬馬，則臣之視
> 君如國人；君之視臣如土芥，則臣之視君如寇讎。

這段千古不移的警語，《治要》子部亦收錄之。〔註 198〕在史部當中，《治要》亦取豫讓之語：「范中行氏皆眾人遇我，我故眾人報之；至於智伯，國士遇我，我故國士報之。」〔註 199〕又取韓信之言：「臣得事項王數年，官不過郎中，位不過執戟……漢王授我上將軍印，數萬之眾，解衣衣我，推食食我，言聽計用。吾得至於此，人深親信我，背之不祥。」〔註 200〕其意皆與孟子的宣告異曲同工。為人君者莫不望臣子盡忠，《貞觀政要》中記唐太宗曾思衛懿公與弘演之事，半是嚮往半是慨嘆，以為弘演超乎常情的盡忠恐成絕響：「狄人殺衛懿公，盡食其肉，獨留其肝。懿公之臣弘演呼天大哭，自出其肝，而內懿公之肝於其腹中。今覓此人，恐不可得。」魏徵則引豫讓與智伯的故事作為回應，把問題導向國君自身的態度與作為：「在君禮之而已，亦何謂無人焉？」〔註 201〕在另一次上疏裡，魏徵論及「君臣相遇，自古為難」的問題，有云：

> 雖臣之事君無有二志，至於去就之節，尚緣恩之薄厚，然則為人上
> 者，安可以無禮於下哉！〔註 202〕

由此觀之，「事君以忠」固然是人臣的本分，但人君自身也該為君臣關係的狀態維繫負起責任，所謂「君使臣以禮」〔註 203〕是也。

君臣關係既非自然天成，而是後天相對成立，那麼又該憑著什麼原則建立並鞏固呢？《治要》屢次嚴正莊重地表述公私分明的根本理則。需知君、臣都扮演著治國的角色，「君為元首，臣作股肱」，君臣一體，是因「治國」之「公」而相結合；循「私」而親暱愛幸，是則為害。如汲黯，行儀威嚴，至使皇帝「不冠不見」，其見嚴憚敬禮如此，蓋因其心至公、其行至公，不容君臣之際有一毫之私存焉。〔註 204〕劉備與孔明之所以成為君臣關係的典

〔註 198〕見《治要》卷 37，頁 486。
〔註 199〕《治要》卷 12，頁 161。
〔註 200〕《治要》卷 15，頁 186。
〔註 201〕此事見《貞觀政要集校》卷 5，頁 268～269。
〔註 202〕見《貞觀政要集校》卷 7，頁 404。
〔註 203〕「君使臣以禮，臣事君以忠。」出自《論語·八佾》，見《治要》卷 9，頁 116。董宣上書亦曾引及之（卷 25，頁 315）。
〔註 204〕汲黯事，見《治要》卷 17，頁 214。

範，亦在其間之「至公」。〔註205〕此公私分明的觀念，唐太宗也能把握，貞觀元年便曾以「滅私徇公，堅守直道」，訓勉羣臣直言政事過誤，不得「上下雷同」。〔註206〕又初即位時，面對「秦府舊左右未得官者，並怨前宮及齊府處分之先己」的風聲，太宗即以「至公之道」深自堅持，回應道：

> 古稱至公者，蓋謂平恕無私。……故知君人者，以天下爲心，無私於物。昔諸葛孔明，小國之相，猶曰『吾心如秤，不能爲人作輕重』，況我今理大國乎？……用人但問堪否，豈以新故異情？凡一面尚且相親，況舊人而頓忘也！才若不堪，亦豈以舊人而先用？今不論其能不能，而直言其怨嗟，豈是至公之道耶？〔註207〕

舊時人情與任能授官，公私分際，太宗是看得很清楚的；且太宗不唯以「至公之道」責己，亦期望眾臣所思所爲也能符應「至公」之理。不過太宗有時也會錯失原則，幸而有魏徵等當面諫言予以導正。如房玄齡等曾道逢掌管百工繕作的少府監，問「北門近來更有何營造」，不料太宗聞之卻責玄齡「何預君事」，玄齡隨即拜謝；魏徵對雙方的表現都不滿意，以爲：

> 玄齡既任大臣，即陛下股肱耳目，有所營造，何容不知？責其訪問官司，臣所不解。且所爲有利害，役功有多少，陛下所爲若是，當助陛下成之；所爲不是，雖營造，當奏陛下罷之。此乃君使臣、臣事君之道。玄齡等問既無罪，而陛下責之，臣所不解；玄齡等不識所守，但知拜謝，臣亦不解。〔註208〕

君臣如以公道行事，爲臣者自可訪問，何須拜謝；爲君者自當容許，何可譴責。貞觀十年，貴要告訐三品以上官輕蔑越王李泰事件，也是具有代表性的例子。當時太宗「大怒作色」，厲言訓斥諸臣，「玄齡等戰慄，皆拜謝」，唯有魏徵一人持正不撓，「正色而諫」；太宗聞之，大爲稱賞：

> 凡人言語理到，不可不服。朕之所言，當身私愛。魏徵所論，國家大法。朕嚮有忿怒，自謂理在不疑。即見魏徵所論，始覺大非道理。爲人君言，何可容易！〔註209〕

能讓太宗心回意轉、心服口服的，是「理」，而此理即在公私的區辨上見。魏

〔註205〕陳壽語，見《治要》卷27，頁345。
〔註206〕見《貞觀政要集校》卷1，頁27-28。
〔註207〕見《貞觀政要集校》卷5，頁278～279。
〔註208〕見《貞觀政要集校》卷2，頁131。
〔註209〕見《貞觀政要集校》卷2，頁136。

徵之所爲，正體現所謂「履正奉公，臣子之節」。君待臣以「公」，臣事君亦以「公」，方是理想的君臣相與之道。換言之，臣對君之「義」，亦當以「公」爲根本內容。

由此推言，人臣在「故主」、「新主」之間是可以不存在矛盾的。太宗曾於賜韋挺的書信上說：

> 昔齊境之難，夷吾有射鉤之罪；蒲城之役，勃鞮爲斬袂之仇。而小
> 白不以爲疑，重耳待之若舊。豈非各吠非主，志在無二。〔註210〕

他又曾以齊桓、管仲之事比擬自己與魏徵的關係：「卿（魏徵）罪重於中鉤，我任卿逾於管仲，近代君臣相得，寧有似我與卿者乎？」〔註211〕而魏徵之事太宗，亦「喜逢知己之主，竭其力用」。〔註212〕可見貞觀君臣對此已具高度共識。新故不是問題，公私才是關鍵。是以《治要》對於欒布哭彭越、〔註213〕鮑永哭更始、〔註214〕袁渙拒呂布、〔註215〕王脩葬袁譚〔註216〕等事，都正大光明地選錄，毫不迴避；更收錄范曄史論：

> 守義於故主，斯可以事新主矣。……誠能釋利以循道，居方以從義，
> 君子之概也。〔註217〕

認清了這一點，人君對於能效忠而堪受大任的亡國之臣，實在應該寬納而信任之。在這個方面，光武帝的表現倒有些比不上曹操了。《治要》卷22引范曄之論曰：「光武雖得之於鮑永，猶失之於馮衍。」〔註218〕顯然對光武的表現不夠滿意。曹操在《治要》裡則以一種特殊的形象呈現：一方面對大臣深懷猜忌（《治要》於此自是不以爲然）；但另一方面，曹操也是少見的能以欣賞眼光看待「守義於故主」之臣的君主，在層次上又比接受的雅量來得特出，爲《治要》所嘉許。如曹操敗袁譚，王脩爲譚故掾，乞收譚屍，再陳其志，自謂死無所恨，《治要》載「太祖嘉其義，聽之。」〔註219〕面對關羽亦然，操

〔註210〕見《貞觀政要集校》卷2，頁102。
〔註211〕見《貞觀政要集校》卷2，頁62。
〔註212〕同上注。
〔註213〕《治要》卷15，頁192。
〔註214〕《治要》卷22，頁271。
〔註215〕《治要》卷25，頁318。
〔註216〕《治要》卷25，頁318。
〔註217〕見《治要》卷22，頁271。
〔註218〕見《治要》卷22，頁270。
〔註219〕見《治要》卷25，頁318。

擒關羽，厚待之，然關羽始終心在劉營，自云：「吾極知曹公待我厚，然吾受劉將軍恩，誓以共死，不可背之，吾終不留。吾要當立效以報曹公，而後乃歸。」對此，「曹公義之」而不加追。〔註220〕賞愛其才又能成全其義，曹操在君臣關係的課題曾經展現如此可貴的一面，《治要》亦不遺其美，留與帝王參考。

　　的確，憑藉這些知性的途徑，或許能夠將人君所應具備的「義」型塑出來，且有一定的功效。但「情」的潛流始終隱伏著，隨時可能爆發危機，倘若一朝與「義」相左，不唯前功盡棄，後果更不堪設想。因此也不能只是一味灌輸「義」的應然之理，而於「情」坐視不管。那麼，該怎麼做呢？《治要》採取了一種聰明的辦法，將「義」與「情」雙管齊下，一方面在「義」上不斷澄清，一方面則從「情」下手，借力使力。那些刻意聚焦的鏡頭，便因此而出現了。

　　從《治要》史部中撿拾這些特殊鏡頭，可以發現他們幾乎是為「忠臣」量身打造。在這些鏡頭當中，君主退為配角，「忠臣」才是主角。《治要》編者手中握著筆如同聚光燈，將舞台上的光芒全留給了歷史上的忠臣。好比孔明，鞠躬盡瘁，自來是公認的忠臣典範，《治要》未載其著名的〈隆中對〉，卻記下劉備托孤之一節，自然是看重其「忠貞」的精神而特加突顯：

> 先主病篤，召亮屬以後事。謂亮曰：「君才十倍曹丕，必能安國，終定大事。若嗣子可輔，輔之；如其不才，君可自取。」亮涕泣曰：「臣敢竭股肱之力，効忠貞之節，繼之以死。」〔註221〕

然而若非值遇明主，忠臣的下場大半淒涼。君臣同心，戮力施展治國抱負，固是人間理想，但歷史上更多的是兩敗俱傷的悲劇。當群小得勢，氣燄高張，忠臣義士厲聲疾呼，欲以公義正道抗拒貴戚寵臣的自私貪婪，卻終究只似螳臂擋車。《治要》屢屢為古來忠臣留下最後的身影，刻寫其置生死於度外的器量，與始終心繫天下的深衷，雖被迫提前走到生命的盡頭，忠君奉國仍是其最後的顧盼，一往無悔。好比楊震，自居位以來，恆以公廉自守，清白傳家，見貴寵驕橫，傾搖朝廷，數數上疏，終不見採，又遭群小忌恚，遂為譖毀，竟獲詔遣歸本郡。《治要》幾乎記下楊震一生曾經歷的所有波折，更記下楊震切諫的深衷。他的諫言並不受皇帝青睞，在濁濁當世如石沉大海，但那剛正

〔註220〕見《治要》卷27，頁346。
〔註221〕見《治要》卷27，頁346。

不阿的決心、憂國憂民的懷抱，千載之下，依舊如中流砥柱般，屹立不搖；人生舞台落幕的那一刻，楊震的最後遺言，猶字字鏗鏘，落日餘暉也染上一層悲壯，這是一代忠臣對朝廷最後的回望，卻是後人對楊震永恆的不捨與敬仰：

> 震行至城西夕陽亭，乃慷慨謂其諸子門人曰：「死者士之常分，吾蒙恩居上司，疾姦臣狡猾，而不能誅，惡嬖女傾亂，而不能禁，何面目復見日月？身死之日，以雜木爲棺，布單被，裁足蓋形，勿歸冢次，勿設祭祠。」因飲鴆而卒。〔註222〕

史載太宗曾行至楊震墓，「傷其以忠非命，親爲文以祭之」，〔註223〕顯示了太宗對於忠臣同情共感的一面。又如鄭崇，亦秉著端正朝風之心數數諫爭，初爲帝用，終因直言而得罪貴戚，下場淒慘：

> 尚書令趙昌佞諂素害崇，知其見疏，因奏崇與宗族通，疑有姦，請治。上責崇曰：「君門如市，何以欲禁切主上？」崇對曰：「臣門如市，臣心如水，願得考覆。」上怒，下崇獄窮治，死獄中。〔註224〕

或如劉陶，懷憤上言要急八事，直指亂由宦官，卻遭宦官讒其通賊，無辜受死：

> 於是收陶下獄，掠治日急。陶自知必死，對使者曰：「朝廷前封臣，云何今反受邪譖？恨不與伊呂同疇，而以三仁爲輩！」遂閉氣而死。天下莫不痛之。〔註225〕

盡忠而枉死之臣，何代無之？《貞觀政要》曾記載唐太宗談及隋相高熲的一段話，那是動了眞感情的：

> 貞觀二年，太宗謂房玄齡等曰：「朕比見隋代遺老咸稱高熲善爲相者，遂觀其本傳，可謂公平正直，尤識治體。隋氏安危，繫其存歿。煬帝無道，枉見誅夷，何嘗不想見其人，廢書欽歎！……」〔註226〕

其實高熲之厄運，並非自煬帝方始。起初文帝對高熲萬分倚重，言聽計從，所有讒言盡皆斥去，「親禮逾密」；〔註227〕然而當立儲問題引爆君臣意見相左

〔註222〕見《治要》卷23，頁283。
〔註223〕見《貞觀政要集校》卷5，頁267。
〔註224〕見《治要》卷19，頁250。
〔註225〕見《治要》卷23，頁287。
〔註226〕見《貞觀政要集校》卷5，頁283。對於高熲遭文帝擯斥與太子楊勇廢立等事，太宗曾有更詳細的敘說，語見《貞觀政要集校》卷6，頁340。
〔註227〕語出《隋書》卷41〈高熲傳〉，頁1181。

的矛盾，隋文帝終究步上前朝後塵。魏徵於《隋書》史論中歸結道：「屬高祖將廢儲宮，由忠信而得罪；逮煬帝方逞浮侈，以忤時而受戮。」〔註228〕遂使一代「眞宰相」命喪黃泉，「天下莫不傷惜，至今稱冤不已」。〔註229〕

　　當局者迷，旁觀者清，在事件發生的當刻，人君在惑亂顛倒之中，恐怕還沒意識到問題所在，甚至可能完全陷入奸小的圈套，以爲忠臣被害死有餘辜；然而當後人以讀史的眼光重新審視，忠奸正邪的歷史評價，無可掩藏，被害的確實是朝廷忠臣，畢生清忠奉國，正是國君不可多得的股肱良佐，最終卻因忠直而慘死，怎不令人惋惜、悲憤，不勝唏噓。這不也是「情」的流露？這種「情」雖然不能等同於「義」，比起嗜欲私恩之情卻要高尚太多。如果人君會因此而對忠臣生發憐惜、珍重之心，代表他已能從忠臣被害的關鍵時刻認知到是非顛倒的錯誤。無辜受戮的冤枉，使人同情；而忠臣寧死不願棄守原則、不願變節求榮，在黑白混淆的滔滔濁世裡樹立一種卓然獨立的清貞典範，又是如此使人仰望。這些故事，不唯大臣讀之感憤，就是皇帝也會爲之動容的。

　　《治要》巧妙地運用這些故事，無形中增強皇帝愛惜忠臣的心理情感，這對於現實政治的運作當然有正向影響。當皇帝能夠體認到忠臣的可貴，能夠同情地理解忠臣直言不諱、犯顏極諫的剛毅正直，在不小心被臣下披逆鱗的大膽舉動觸怒的時刻，這些故事便是釋懷的契機。情感的薰染愈深，對忠臣的包容與珍視就愈寬闊、愈穩固。這也就是《治要》不願將忠臣自表心志的文字，從奏疏或故事裡割捨，而一貫予以保留、甚至特加選錄的原因。好比受孫策臨終託付的張昭，《治要》記其言：

　　　　愚所以事國，志在忠益，畢命而已。若乃變心易慮，以偷榮取容，

　　　　此臣所不能也。〔註230〕

又西漢成帝時，劉輔爲諫大夫，於封事中言道：

　　　　自念得以同姓拔擢，尸祿不忠，污辱諫諍之官，不敢不盡死。〔註231〕

又諸葛豐恨朝中無「伏節死義之臣」，曰：

　　　　使臣殺身以安國，蒙誅以顯君，臣誠願之。〔註232〕

────────────

〔註228〕同上注，頁1191。

〔註229〕同上注，頁1184。

〔註230〕見《治要》卷27，頁352。

〔註231〕見《治要》卷19，頁249。

〔註232〕見《治要》卷19，頁249。

傅變曰：

> 臣聞忠臣之事君，猶孝子之事父也，子之事父，焉得不盡其情？使臣身備鈇鉞之戮，陛下少用其言，國之福也。〔註233〕

陳蕃曰：

> 臣位列台司，憂責深重，不敢尸祿惜生，坐觀成敗，如蒙採錄，使身首分裂，異門而出，所不恨也。〔註234〕

董尋曰：

> 臣聞古之直士，盡言於國，不避死亡。……臣自比於牛之一毛，生既無益，死亦何損？秉筆流涕，心與世辭。〔註235〕

這些大臣幾乎要用以身殉國的壯烈犧牲，完成生命的終極價值。他們不求個人的飛黃騰達、榮華富貴，一心一意只求裨補朝政，使國政清明。「伏節死義」的心志，已達臣節的最高層次，此心志發而為「情」，便是這般慷慨激昂、熱血沸騰，貫通天地，至死不渝。誠如諸葛豐所言，「人情莫不欲安存而惡危亡」，而「忠臣直士」，卻能力行公忠之事、疾呼公忠之言，「不避患害」，豈不難能可貴。能為人之所不能為，這般氣度與膽識，就是皇帝也要敬畏三分。是故忠臣直士對於國家朝政的積極意義，不只在於一種剛毅不屈的人格典範而已，更關鍵的是，其所思所慮、所言所行，確實是與國家的正向發展同條共貫、合而為一的。正如東漢明帝時，寒朗廷爭冤獄的慷慨之言：

> 願一言而死。小臣不敢欺，欲助國耳。誠冀陛下一覺悟而已！〔註236〕

人君面對這樣的故事，在以「情」感同身受的同時，亦需在「義」的層面，深切體認忠臣持國的絕對價值。在理性、感性二方面，都能建立起對忠臣的尊敬與愛惜，方能臻至「君臣協契，義同一體」〔註237〕的境界，縱經風雨飄搖的試煉，君臣合德的根基依舊穩固。《治要》於此，盼之至切，亦憂之至深，是以不憚煩於注中兩引荀悅紀論，申言「知賢之難，用人知不易」，〔註238〕詳論「臣下之所以難言」之故，〔註239〕甚為痛切。鈔錄這些文字，用意無他，

〔註233〕見《治要》卷23，頁290。
〔註234〕見《治要》卷24，頁299。
〔註235〕見《治要》卷25，頁314～315。
〔註236〕見《治要》卷22，頁277。
〔註237〕魏徵語，見《貞觀政要集校》卷2，頁123。
〔註238〕荀悅語，其論見《治要》卷17注引，頁213～214。
〔註239〕荀悅語，其論見《治要》卷19注引，頁250。《治要》於〈東方朔傳〉選錄〈非有先生論〉，嗟嘆「談何容易」，意亦同此。（卷18，頁238～239）

唯望皇帝陛下開誠心、布公道，將渾身私情擺落，愛賢惜才、廣納忠諫，共為治國安民抖擻精神。

　　君臣之間的「惑」若能消除，即便未能達到斬草除根般徹底，只要皇帝能做到真誠流露對臣子的尊重關愛，除卻猜疑、屏棄讒謗、熄滅貪婪的私心，那麼君臣真心相與的畫面，該是多麼美好！劉備與孔明之君臣相得，古來稱頌不絕，《治要》亦引陳壽之言，盛讚「君臣之至公，古今之盛軌」。〔註240〕《治要》也收錄了不少史書裡的細膩刻畫，留下君臣之間令人動容的一頁。如孫權之於呂蒙：

> 蒙疾發，權時在公安，迎置內殿，所以治護者萬方，募封內有能愈蒙疾者賜千金。時有減加，權為之慘慼。欲數見其顏色，又恐其勞動，常穿壁瞻之，見其小能下食則喜，顧左右言笑，不然則咄唶，夜不能寐。病中瘳，為下赦令，令羣臣畢賀。後更增篤，權自臨視。卒，權哀痛甚。〔註241〕

又如光武之於祭遵：

> 遵為人廉約小心，克己奉公，賞賜輒盡與士卒，家無私財，……帝以是重焉。及卒，愍悼之尤甚。遵喪至河南縣，詔遣百官，先會喪所，車駕素服臨之，望哭哀慟。還幸城門，過其車騎，涕泣不能已。喪禮成，復親祠以太牢，如宣帝臨霍光故事。至葬，車駕復臨，贈以將軍侯印綬，朱輪容車，介士軍陳送葬，諡曰成侯。既藏，車駕復臨其墳，存見夫人室家。其後朝會，帝每歎曰：「安得憂國奉公之臣如祭征虜者乎！」遵之見思若此。〔註242〕

君臣之情自生年延續至歿後，猶存無限追思感懷，深篤若此。唐太宗本身對於臣子的情感，也是很真誠的。史載張公謹卒，太宗為表悼念之情，竟不顧「日子在辰，不可哭泣」的忌諱，而說道：「君臣之義，同於父子，情發於衷，安避辰日？」〔註243〕對於虞世南、魏徵等之逝世，其情更見深摯，史籍之中並有詳載。〔註244〕情誼深篤若此，則太宗讀至《治要》裡的這些故事，心中想必是感觸良深。《治要》不僅記錄下漢光武君臣互動的片段，也收錄〈後漢

〔註240〕陳壽語，見《治要》卷27，頁345。
〔註241〕見《治要》卷27，頁353。
〔註242〕見《治要》卷21，頁260。
〔註243〕見《貞觀政要集校》卷6，頁328。
〔註244〕詳見兩《唐書》本傳。

書二十八將傳論〉。〔註245〕光武對待開國功臣，一貫做到寬大包容，「保其福祿，終無誅譴」，〔註246〕眞是歷史上值得大書特書的仁厚！與劉邦誅戮功臣相對照，相去不啻幾千里矣。而人君即便不能做到始終如一，半途醒覺，一悟前非而慚赧愧悔，依舊扣人心弦。好比孫權之於張昭：

> 權以公孫淵稱藩，遣張彌、許晏至遼東，拜淵爲燕王。昭諫曰：「……」權與相反覆，昭意彌切，權不能堪，案刀而怒曰：「吳國士人，入宮則拜孤，出宮則拜君，孤之敬君，亦爲至矣，而數於眾中折孤，孤嘗恐失計！」昭孰視權曰：「臣雖知言不用，而每竭愚忠者，誠以太后臨崩，呼老臣於牀下，遺詔顧命之言故耳！」因涕泣橫流。權擲刀致地，與昭對泣。〔註247〕

這些故事，在在體現著君臣相與的眞摯情誼，甚至可說是君臣互動的良好典型。若帝王能推此心而行，則眾賢畢集於朝，濟濟多士共輔國政的情景，將不再是遙不可及的想望。〈公孫弘傳贊〉是現存《治要》所收錄的唯一一篇《漢書》論贊，其內容並不是什麼深刻的歷史洞見，不過是詳細條列武、宣二朝輔國大臣的名單而已。〔註248〕當年，班固稱美「漢之得人，於茲爲盛」；看在魏徵等大臣的眼中，又何嘗不希望後人著史，也能爲貞觀一朝寫下「唐之得人，於茲爲盛」呢？

　　憑藉這些故事，讀者一邊閱讀，也一邊思索，細細琢磨這些人物脈脈流露的情感，推敲那情之本源，那幽深隱微、幾難聞見的居心。故事所能提供的訊息、所能牽動的情感、所能觸發的省思，甚至是在潛移默化之中所能成就的感化力量，都太豐富。這些故事要說的當然不外是「尊賢」、愛賢的道理，但故事裡卻不將道理明說，而僅是用最平易的語言，捕捉最眞誠動人的畫面。通過這番情意通感的洗滌昇華，回過頭來，看那些戰國時代禮賢下士的著名典故，好比燕昭王「卑身厚幣以招賢者」、〔註249〕魏文侯「受子夏經藝，客段

〔註245〕見《治要》卷21，頁261～262。
〔註246〕范曄語，見《治要》卷21，頁261。
〔註247〕見《治要》卷27，頁352。
〔註248〕見《治要》卷18，頁229～230。《治要》完整收載群臣名單之處，尚有〈蘇武傳〉末所載漢宣帝圖畫於麒麟閣之十一人（卷17，頁221），與〈後漢書二十八將傳論〉之末的三十二功臣（卷21，頁261～262）。其中，麒麟閣功臣蓋爲宣帝中興，「思股肱之美」而繪，於輔政諸賢亦頗有感懷之意。貞觀年間，太宗亦曾命繪凌煙閣功臣二十四人，或許也是受歷史啓發。
〔註249〕《治要》卷11，頁152。

干木，過其閭，未嘗不軾」，〔註250〕則似乎不再需要什麼用賢而成、去賢而敗的利害算計，便能順理成章地認同欣賞；再看賈誼〈治安策〉苦口婆心陳述的「體貌大臣以厲其節」，〔註251〕那尊禮大臣、待臣以禮的大原則，彷彿也能自然而然地眞心接受了。

〔註250〕《治要》卷11，頁153。
〔註251〕見《治要》卷16，頁206。

第六章　結　論
——兼論貞觀史學的影響與侷限

　　《羣書治要》編纂於貞觀初年，帶有濃厚的貞觀色彩。從政治的角度切入，固然可以將貞觀君臣心目中的「治要」作一番歸納；從史學的角度切入，則能夠觀察到貞觀史學的精神風貌。這種精神以「致用」為基底，貫通貞觀一朝的政治、學術、文化，無處不顯，無所不在。

　　《治要》的成書，背後是貞觀初年相對成熟的史學環境。貞觀君臣的「歷史意識」十分強烈，太宗汲汲求治，察遠近成敗以為自身鑒戒；諸臣勤勤輔政，屢引古事得失勸諫太宗居安思危。濃厚的歷史意識，使得貞觀君臣一本正經地重視學問。為了「政致太平」，積極求學「古道」，他們對學問的研討，懷抱著現實致用的「論政」居心；學、政二者在致用思維裡融為一貫，「歷史意識」瀰漫滲透，遂使得「謙」、「懼」、「諫」成為學思主線，取鑑於歷史的意態，與論政並無二致。

　　這般深沉的歷史意識，為貞觀一朝開啓了史學史上成就輝煌的一頁。「修史」的成就顯而易見，也最為人所熟知。貞觀年間以國家之力修成前朝五代之史，又將國朝史編修的制度正式建立起來，開啓此下千餘年官修正史的傳統，使得歷史記載得以在國家力量的庇護之下，存續不絕。貢獻可謂大矣！然而貞觀史學的成就，實不僅止於此。歷史於貞觀君臣大有「用」處，此「用」與現實政治直接關連。太宗對五代史的主觀期待，乃是「欲見近代人主善惡，以為身誡」；魏徵作《隋書》序論，又為《梁》《陳》《齊》諸史作總論，便直

接鎖定興衰成敗，毫不迂迴，積極表現對前代「得失」的高度關切。虞世南作《帝王略論》，源自太宗「鑒往代之興亡，覽前修之得失」的興趣與需求；魏徵編《自古諸侯王善惡錄》，則寄託了太宗規戒子弟「見前言往行」「以爲規範」的深衷。在朝堂的施政問對之中，他們總要以歷史爲參照座標，引史議政，更憑史定策。凡此種種，都是貞觀君臣的「用史」成績。「大矣哉，蓋史籍之爲用也！」〔註1〕貞觀史學的大用，莫過於因歷史意識與致用精神，爲貞觀之治的盛世成就奠定兢兢業業的心理基礎。

《治要》正是在這樣的環境裡編成。求治是它的終極目的，而歷史（廣義的歷史，總稱過往的一切人事、言論）則是它所憑藉的重要資材。因著這樣的特性，我們可以說《治要》一書不僅是一部政治學的精華筆記，從另一個角度看，亦是貞觀「用史」的極佳例證。在太宗的全然信任之下，魏徵等臣奉命完成編纂《治要》的任務，帶有強烈的現實意圖。它不是單純的圖書輯集整理，更與隨方類聚的「類書」大異其趣。編者對經史百氏之言的「哀次」，在在都朝向他們所設定的「得一之旨」來匯歸；聚書雖博，透過刪削節鈔卻也沙汰出要而不繁的宗趣。而此宗趣，終究是以治道爲根本，發揚著現實致用的精神。

若從具體內容進一步審視《治要》的學術傾向，則會發現它與貞觀重「史」、用「史」的思潮不謀而合。《治要》的資料來源雖有經、史、子之別，但編者關心的議題卻僅聚焦在治道教材；而他們對治道教材的呈現，又特別喜歡採用「史」的鑒戒效果、以及與記「史」相仿的記述方式。經、史、子各部的界線，甚至是各個子家之間的派別差異，在編者重「史」的眼光裡，似已泯沒於無形。節鈔工作帶有主觀的輕重判斷，從前諸子所奉以通貫天地人的形上之「道」，到了《治要》編者眼裡直可刪略，他們無疑更看重「事」，因爲歷史教訓總是「深切著明」。太宗曾信誓旦旦要以堯舜周孔爲依歸，但從《治要》兼採各家的宏闊視野看來，貞觀君臣最重視的，與其說是「儒道」，不如說是「治道」，近乎「期於爲治最切」的雜家帝王學；而他們對「治道」的取擇標準，則是以歷史教訓作爲最主要的依從。是以本文稱之曰「以史學爲基礎的帝王學」。

《治要》史部二十卷，最是貞觀君臣用史意態的直接表現。在形式上，編者選擇紀傳體正史爲主要體裁，非紀傳體的內容節選則收入注文之中。大

〔註1〕 唐太宗〈修晉書詔〉，《唐大詔令集》卷81。

概因爲紀傳體史書的體裁特點完全能符合《治要》關切「人物」的需求。至於紀、傳、志等史書體例的出入分合，在編者眼中反倒不甚重要。〈治要序〉裡明確提出「爲君之難」、「爲臣不易」兩項治國大哉問，而史書裡可與之相應的內容，事實上遍佈在紀、傳、志，甚至在史家的論贊之中。另外，《治要》的節鈔雖來自紀傳體正史，卻有它自己的旋律與節奏，與馬、班以降的史學傳統並不緊密相合。《治要》的選錄意趣，展現爲：（一）「載有用之言」，包含奏疏、詔令、論議等書面文字，以及君臣問對之間靈動有致的口語文字。（二）「載有用之事」，或爲成敗興亡的國勢走向，或爲一帝一朝的政風總評，或爲個人行事作風的優劣得失，或爲讒構得逞的關鍵事由。（三）在正經的朝堂文字之外，有時也會出現富含「小說意趣」的片段。當然輕鬆趣味所承載的仍是嚴肅莊重的治國議題，但此等形式足以作爲理解太宗心思興趣的一個切面。（四）總的看來，《治要》對史籍的節鈔，與綱領式的史事鉤稽、史實簡述完全是不同路向；各個選錄段落以「事」的狀態從時間序列裡獨立出來，每一「事」都可對應到治理天下的議題，呈現爲一種解決問題的參考原則。這種節選狀態所映現的歷史眞實不免顯得支離破碎，然而編者懷抱的「致用意向」，卻得以在這樣的「取捨」之間達到完足。

「致用意向」，是編者貫注於《治要》史部的核心精神，以「稽古」爲憑藉，期能臻至「臨事不惑」的效用高標。具體來說，「致用」可以開展爲幾個層面：（一）「教訓之用」。在選錄時間區段上，朝代晚期的敗亂衰亡佔去的篇幅比承平時代更多，顯示出「取鑑於亡國」的訓誡意味；在選錄的奏疏中，又多半以歷史教訓爲進諫手段，與編者的心思互爲表裡。史論與政論，雖則視野不同、基點有異，卻在歷史「教訓」的意義上巧妙合流，成爲《治要》編者的現成利器。「教訓」力道之強勁，在於一針見血直搗帝王自以爲是的認知錯謬；這類擲地有聲的質問在歷古忠臣的奏疏議論裡多次出現，在在流露出由關切歷史教訓引發的致用熱情。（二）「修身勵德之用」。在反面人物之外，《治要》史部也常以事略形式收錄各類人物典型，在正面形象的宣揚中提供「修身」參照。不過編者對「修身」價值的理解依然不脫歷史意識的基底，故從成敗得失領略出「常謙常懼」之道，形成一種近乎道家謙退的消極立場。順著以史鑑爲基礎的修身思維，編者對「君德」、「臣節」也各有所重：就「君德」而言，寬仁、儉約之德備受編者肯定，因爲歷史證明這類君王總能締造盛世；但歷史也證明，唯有具備自覺意識的君王，才能日新其德而不墮惑敗

陳腐，因此他們更強調「自省」與「納諫」。與此對應，編者對於「臣節」固然也推崇「貞心直道」、疾惡如仇的內涵，但他們更強調臣對君的盡忠匡救之義，與「直言極諫」的無畏風骨。（三）「現實施政之用」。內政外交各種層面的施政制度相關議題，歷史上都曾經發生過，也都曾經被討論過；《治要》史部擷取不少代表意見，於治國實務頗有具體參考價值。這些言論在史部節鈔的脈絡裡出現，反映出編者對「史」的善用：首先，對於議政奏疏的選錄，多少附加簡略的前情提要，使得情境與奏疏之間呈現爲一種病徵與藥方的相對關係，便於運用；其次，編者在選錄各方制度的相關談論時，也有意強化制度背後應有的一貫精神，即「以民爲本」；其三，借用列傳裡生動活潑的故事切入生硬的制度問題，雖非長篇大論，卻往往發人深省，且能如小說般蘊涵豐富興味。（四）「增篤情義之用」。歷史現象顯示，隱蔽幽微的私欲私情，往往是啓動貪殘迷亂的樞紐；是以忠臣進諫，其意往往在「以義制人主之情」。明辨正邪的「察人」之法，固然是明君必備技能；要更徹底達到不惑，還須從義上正本清源。《治要》透過選錄，著意呈現君臣關係的相對性，更強調君臣之際公私分明的根本原則，從知性的層面強化應然之理。與此同時，編者藉由人物列傳的剪裁，爲忠臣情志留下鮮明而深刻的畫面，使讀者傷惜於他們的持正而死，動容於他們一片赤誠的忠耿自白；也刻畫了君臣相與的良性典範，使讀者嚮往其中和諧且相互珍惜的君臣情誼。知性與感性雙管齊下，帝王心頭默默陶冶對公忠體國的深切敬意，情義深篤，自然親賢臣、遠小人。

　　上至天子，下及群臣；高如廟堂，遠到地方；從國家到個人，從外顯的施政行事到內隱的情志感懷，《治要》史部幾乎全部都照顧到了。可以看出，在魏徵等大臣的心裡，歷史蘊藏著全方位的資產，更因與當身現實千絲萬縷的關連，而顯得彌足珍貴。憑藉歷史，可以上通古聖先賢在經書裡的千古垂訓，旁通先秦漢晉諸子談論政治的精闢見解。而經、史、子其實又融會爲一體，諸子論政，常能與史書裡收錄的議事文章相互發明；而經書裡聖賢的言論，同樣也是先王致治之要道，古來爲政之因藉，只是時間距離更爲邈遠罷了。《治要》一書，將「上始五帝，下盡晉年」的精華，濃縮在五十卷之中，以「致用」的使命與承擔，托起數千載厚實的歷史重量，獻給唐太宗，獻給令後世君臣心馳神往的貞觀治世。

　　總之，《治要》史部的選輯，因著現實致用的眼光，因著特定的讀者與特定的目的，展現出貞觀史學的獨到風采。這種面對古代典籍的特殊姿態，對

於其後的學術發展不會沒有影響。好比就形式而言，唐玄宗時吳兢所編的《貞觀政要》，就顯示出與《治要》十分近似的意趣。楊琪研究《貞觀政要》，曾將篇章體裁分為「事略」、「討論」、「語錄」、「奏疏」四類，這四類載述方式，像極了《治要》載錄的「有用之言」和「有用之事」。而從統計結果來看，論字數，以「奏疏」類最高；論章數，則帶有故事性質的「事略」「討論」「語錄」三類，章數總和就幾乎要佔去整部《貞觀政要》的九成，〔註2〕其面貌與《治要》從人物列傳裡節鈔的片段十分相近。《貞觀政要》寫的是貞觀君臣的言論行事，而其書寫形式，竟與《治要》的節鈔形式如此雷同，若說是《治要》在節鈔取捨中找到了一種可以承載「致用」精神的著述模式，而帶給後人形式上的新啟發，又何嘗不可能呢？

在總體精神上，《治要》以「稽古」為憑藉，將眼光投向現實，求取在政治上「致用」，這是貞觀史學「用史」特質的典型呈現。這種通史以「致用」的意態，或許也啟發了中唐史學的「經世」思潮。瞿林東先生提出中唐史學發展的趨勢之一，在於「明確提出史學的經世作用」，〔註3〕又以杜佑所著《通典》，「實采群言，徵諸人事，將施有政」，〔註4〕成就最高，也最具代表性。《通典》「採《五經》羣史，上自黃帝，至於我唐天寶之末，每事以類相從，舉其始終，歷代沿革廢置及當時羣士論議得失，靡不條載，附之於事。」〔註5〕書分九門，規模古今政教制度，體大思精，綱舉目張。其目的在「窮終始之要」，「始可以度其古，終可以行於今」，〔註6〕完全是通史致用的最佳註腳。時至中唐，學者致力的方向雖似已上升為從歷史中理出「禮樂刑政之源」，〔註7〕由真實的成敗得失引發的鑒戒意識則依舊存在。〔註8〕《通典》著意會通古今，內容之詳備、體例之嚴謹，都不是《治要》所能相提並論；然而該書彙編經史，意在「致用」，〔註9〕其「將施有政，用乂邦家」〔註10〕

〔註2〕 參見楊琪：《〈貞觀政要〉治道研究》（成都：巴蜀書社，2011），頁 36，表 2「《貞觀政要》篇章體裁、篇幅與典故數量一覽表」。

〔註3〕 瞿林東：《唐代史學論稿》，頁 18，〈中唐史學發展的幾種趨勢〉。

〔註4〕 語出〔唐〕杜佑：《通典》（臺北市：世界書局，1986），〈自序〉，頁 224-7。

〔註5〕 語出李翰〈通典原序〉，見《通典》，頁 224-5。

〔註6〕 同上注。

〔註7〕 語出《舊唐書・杜佑傳》。

〔註8〕 杜佑〈進通典表〉先言典制，隨後亦說「至於往昔是非，可為來今龜鏡，布在方冊，亦粗研尋」，則鑒戒云云仍非不著意者。

〔註9〕 李翰〈通典序〉為《通典》提煉出可貴的精神：「以為君子致用在乎經邦，經

的關懷，卻與《治要》編纂的用心若合符契。瞿先生分析盛唐、中唐史學之異同云：「中唐以前，人們對於史學和政治的關係是有相當深刻的認識的。但是，在中唐以前的史學家中，還不曾出現過這樣的情況：由史學家自己宣稱，他寫的史書將直接應用於政治統治。」〔註11〕在瞿氏看來，這位親自宣布「其著述將直接用來爲政治服務」、代表中唐經世思想的史學家，正是杜佑。〔註12〕而編成於貞觀年間的《治要》，雖不是正規史書，也無意創爲不朽巨著，但它的選錄已直接標舉「務乎政術」的方向，期望「用之當今，足以鑒覽前古；傳之來葉，可以貽厥孫謀」。〔註13〕在編纂動機與意向上，《治要》分明也是要「直接應用於政治統治」的；只是從後人的眼光來看，它畢竟不像《通典》那樣因具備清晰的架構、嚴密的系統，遂在學術標準的審視下被定位爲史學著作。

　　《舊唐書·杜佑傳》載，開元末年，已有劉秩「採經史百家之言，取周禮六官所職，撰分門書三十五卷，號曰《政典》」。劉秩是史學家劉知幾之子，《政典》一出，「大爲時賢稱賞」，說明當時的史學界確實隱然潛伏著一股尚實用、求經世的思潮。杜佑《通典》便是以此書爲基礎再加增廣，使其更臻完備。中唐的經世思潮，不僅體現在《通典》之類的「政書」上，當時編纂的「通史」之屬，也多半帶有裨益時政之用的期望。如史載大中五年（851），「太子詹事姚康獻《帝王政纂》十卷；又撰《統史》三百卷，上自開闢，下盡隋朝，帝王美政、詔令、制置、銅鹽錢穀損益、用兵利害，下至僧道是非，無不備載，編年爲之。」〔註14〕《統史》爲編年體通史，目的在「纂帝王美政、善事、詔令可利於時者」，〔註15〕仍是關切現實一路；推想《帝王政纂》的內容大抵也是同樣性質，只是更精簡、更聚焦罷了。

　　舉出這些現象只是想說明，中唐以降的史學著作所表現出的「經世」思維，必然經過一段時期的醞釀積累，不會是突地浮上檯面。從中唐向前追溯，可以發現貞觀史學的鑑戒意識裡，實已充盈著積極的「致用」能量；而貞觀

　　　邦在乎立事，立事在乎師古，師古在乎隨時。」
〔註10〕語出杜佑〈進通典表〉，見《舊唐書·杜佑傳》。
〔註11〕見《唐代史學論稿》，〈中唐史學發展的幾種趨勢〉，頁20。
〔註12〕同上注，頁21。
〔註13〕〈治要序〉語。
〔註14〕見《舊唐書·宣宗紀》。
〔註15〕《冊府元龜》卷607〈學校部·撰集〉，頁7002。

君臣對這種「致用」意態習以爲常，發爲引史論政的對談，發爲《帝王略論》、《羣書治要》等書的編纂，實已展現出濃厚的「經世」情懷。這些書籍的史學成就雖不及《通典》，其中貫注的「致用」精神卻是中唐「經世」思想的前奏，甚至也爲宋代《資治通鑑》開啓了「有資於治道」的意向端緒。

　　話說回來。《治要》揭示的「致用」精神，讓經史百氏的經世初衷重新甦醒，讓學問重新回到安邦治國的脈絡裡發揚貢獻，不再只是信口空談；這是《治要》、與《治要》背後的貞觀史學最可寶貴之處。不過，從另一個角度看，《治要》作爲歷史參考書，還是有其侷限的。《治要》既選擇節鈔的形式，就必然得犧牲歷史記述的完整性；且《治要》在擇取節鈔段落時，又是以編者心中的意向爲依歸，而不是以理清歷史的演進主軸、或勾勒大致的發展軌跡爲目的的。這些節鈔段落會集在一起，段與段之間除了前後次序合乎原書卷次之外，再沒有更進一步的分類或層遞關係，看來比較近似未經整編的初級素材。與正式的著作相比，顯得粗糙，後世讀者倉猝間可能不得要領。

　　又，《治要》的選錄，大體上呼應魏徵「守成」難於「創業」的看法。是以開國功臣征戰天下、掃蕩羣雄的英勇，在《治要》裡所佔的篇幅微乎其微；他們畢竟常是基於軍功之外的理由，如正色直言或君臣和洽之類，而被選錄。開國功臣在《治要》裡形象不全，只是一個例子，不難推知在其他人物身上也會發生同樣的情況。《治要》雖以「人物」爲主要關懷，但編者從史傳中提取的，多半只是該人物生命歷程的一些所謂重要片段。人的整體性被切割，人的複雜性也被遺落，讀者透過《治要》只能對該人物片面地認識，留下片面的印象，或許也將輕易的爲之貼上黑或白、正或邪、忠或奸、善或惡之類的大標籤。如果讀者在這種簡化的評價裡停滯不前，恐怕不免要對歷史作出程度不等的扭曲或誤解，反而觸犯了史學大忌。

　　也可以這麼說，如若《治要》所錄片段能夠恰如其分地呈現該人物的可貴特質，那麼節鈔的工作便相當於精煉或聚焦，有助讀者快速掌握核心精神。《治要》編者已採用這種辦法爲許多忠臣剪輯了鮮明的形象，能夠有效彰顯其竭誠奉公的忠心，如蕭望之、楊震、張昭等等。然而，有時《治要》所錄片段雖符合編者肯認的價值，就該人物本身而言卻是一種別有目的的特定表現，對於這類表現，史家本是給予負面評價的。好比叔孫通，雖以儒生自居且拜爲博士，行事進退卻不見儒生風操，故司馬遷說他「希世度務，制禮進退，與時變化，卒爲漢家儒宗」，語帶嘲諷；《治要》收錄叔孫通爭立太子不

惜死諫一段，所謂「陛下必欲廢嫡而立少，臣願先伏誅，以頸血汙地」，表面上是盡忠匡救，與其畢生所為作一對照，實在大相扞格。〔註16〕再舉一例。桓榮為東漢儒臣，溫恭謙讓，《後漢書》本傳稱其「辯明經義，每以禮讓相厭，不以辭長勝人，儒者莫之及」。但《治要》的節鈔段落裡，桓榮的風采卻完全被直詰皇帝的張佚奪去。張佚的正色詰問，正是魏徵心目中直言極諫的典範；但回到歷史場景，張佚的作為恐怕只是一種「逆情以干譽」的刻意表現，是以范曄特別在論中提醒，「君人者能以此察，則真邪幾於辨矣」。〔註17〕此類人物形象的失真，從史學反映歷史真實的角度看，不能不說是一種侷限。這樣的侷限，在《治要》所反映的貞觀「史學」裡，可說的確是存在的；不過這在《治要》本身卻未必是一種侷限，節鈔的目的本來就在強化或突顯某些重點價值，選錄片段不能反映人物全貌，乃是取捨操作時的正常現象，不足為怪。

　　為了證明古今載籍的「記事記言」，用意都在「昭德塞違，勸善懲惡」，也為了要使太宗領略「薰風揚乎百代」、「炯戒垂乎千祀」的威力，《治要》編者可說煞費苦心。其本意大概是希望發揮「以史制君」的效果，握住歷史評價的把柄，激勵太宗致力修身、勤勉為政。太宗在貞觀前期也的確是以此自我警惕的。然而，名聲也是雙面刃，運用得巧妙，可以為安邦定國的奮鬥助一臂之力；反之，如果由此滋生出對個人歷史評價的貪戀，卻會導致一種患得患失的心理，使得汲汲求「治」的初衷因摻雜了求「名」的渴望，而不再純粹。貞觀晚年，太宗向史臣索讀國史、甚至出言指導實錄書寫的公案，便足為後人借鏡。

〔註16〕叔孫通事見《治要》卷16，頁199。
〔註17〕桓榮、張佚事見《治要》卷22，頁274。

參考文獻

壹、傳統文獻

1. 〔秦〕呂不韋等原著，許維遹撰，《呂氏春秋集釋》，北京：中華書局，2009。
2. 〔漢〕司馬遷，《史記》，北京：中華書局，1982。
3. 〔漢〕班固，《漢書》；楊家駱主編：《新校本漢書並附編二種》，臺北：鼎文書局，1981。
4. 〔漢〕荀悅，《漢紀》，北京：中華書局，2005。
5. 〔漢〕陸賈原著，王利器撰，《新語校注》，北京：中華書局，1986。
6. 〔漢〕劉安等原著，劉文典撰，《淮南鴻烈集解》，北京：中華書局，1997。
7. 〔晉〕陳壽，《三國志》，臺北：世界書局，1977。
8. 〔劉宋〕范曄，《後漢書》，臺北：世界書局，1974。
9. 〔劉宋〕劉義慶原著，余嘉錫撰，《世說新語箋疏》，臺北：華正書局，1991。
10. 〔北齊〕顏之推原著，王利器撰，《顏氏家訓集解》，北京：中華書局，1993。
11. 〔梁〕蕭統選編，唐·李善等注，《六臣註文選》，杭州：浙江古籍出版社，1999。
12. 〔梁〕蕭繹撰，許逸民校箋，《金樓子校箋》，北京：中華書局，2011。
13. 〔唐〕姚思廉，《梁書》；楊家駱主編：《新校本梁書》，臺北：鼎文書局，1980。
14. 〔唐〕姚思廉，《陳書》；楊家駱主編：《新校本陳書》，臺北：鼎文書局，1980。
15. 〔唐〕李百藥，《北齊書》；楊家駱主編：《新校本北齊書》，臺北：鼎文書局，1993。

16. 〔唐〕令狐德棻等，《周書》；楊家駱主編：《新校本周書》，臺北：鼎文書局，1980。

17. 〔唐〕魏徵等，《隋書》，北京：中華書局，1973。

18. 〔唐〕李延壽，《南史》，臺北：鼎文書局，1976。

19. 〔唐〕房玄齡等，《晉書》；楊家駱主編：《新校本晉書並附編六種》，臺北：鼎文書局，1980。

20. 〔唐〕唐太宗，《帝範》，臺北：臺灣商務印書館，1975。

21. 〔唐〕虞世南撰，胡洪軍、胡遐輯注，《虞世南詩文集》，杭州市：浙江古籍，2012。

22. 〔唐〕吳兢撰，謝保成集校，《貞觀政要集校》，北京：中華書局，2003。

23. 〔唐〕劉肅，《大唐新語》，北京：中華書局，1984。

24. 〔唐〕劉知幾撰，清·浦起龍通釋，《史通通釋》，上海：上海古籍出版社，2009。

25. 〔後晉〕劉煦等，《舊唐書》，北京：中華書局，1975。

26. 〔宋〕歐陽脩等，《新唐書》，北京：中華書局，1975。

27. 〔宋〕司馬光，《資治通鑑》，臺北：榮文出版社，1980。

28. 〔宋〕王溥，《唐會要》，臺北：世界書局，1960。

29. 〔宋〕范祖禹，《唐鑑》，臺北：臺灣商務印書館，1977。

30. 〔宋〕宋敏求編，《唐大詔令集》，上海：商務印書館，1959。

31. 〔清〕孫希旦，《禮記集解》，臺北市：文史哲出版社，1980。

32. 〔清〕董誥等編，孫映逵等點校，《全唐文》，太原市：山西教育，2002。

33. 〔清〕紀昀等，《四庫全書總目提要》，石家庄市：河北人民，2000。

34. 〔清〕湯球輯，《九家舊晉書輯本》，收於《新校本晉書并附編六種》第五冊，臺北：鼎文書局，1976。

35. 〔清〕湯球輯，楊朝明校補，《九家舊晉書輯本》，鄭州市：中州古籍社，1991。

36. 〔清〕趙翼著，王樹民校證，《廿二史箚記校證》，北京：中華書局，2007。

37. 〔清〕嚴可均校輯，《全上古三代秦漢三國六朝文》，北京：中華書局，1958。

38. 吳云、冀宇校注，《唐太宗全集校注》，天津：天津古籍出版社，2004。

貳、近人論著

一、研究專著

1. 牛致功，《唐代的史學與〈通鑑〉》，西安：陝西師範大學出版社，1989。

2. 王壽南，《唐代人物與政治》，臺北：文津書局，1999。

3. 呂思勉，《隋唐五代史》，上海：上海古籍出版社，2005。

4. 杜來梭，《魏徵年譜》，北京：科學出版社，2011。

5. 汪籛，《唐太宗與「貞觀之治」》，北京：求實出版社，1981。

6. 岳純之，《唐代官方史學研究》，天津：天津人民出版社，2003。

7. 胡道靜，《中國古代的類書》，北京：中華書局，1982。

8. 胡寶國，《漢唐間史學的發展》，北京：商務印書館，2003。

9. 徐浩，《廿五史論綱》，上海：世界書局，1947。

10. 徐復觀，《兩漢思想史》，臺北：臺灣學生書局，1976。

11. 陝西人民出版社文藝編輯部編，《漢唐文史漫論》，西安市：陝西人民出版社出版，1986。

12. 張滌華，《類書流別》，北京：商務印書館，1985。

13. 程千帆，《閒堂文藪》，濟南：齊魯書社，1984。

14. 楊琪，《〈貞觀政要〉治道研究》，成都：巴蜀書社，2011。

15. 雷家驥，《中古史學觀念史》，臺北：臺灣學生，1990。

16. 趙克堯、許道勛，《唐太宗傳》，北京：人民出版社，1984。

17. 劉咸炘著，黃曙輝編校，《劉咸炘學術論集‧史學編》，桂林：廣西師範大學出版社，2007。

18. 歷史研究編輯部編，《唐太宗與貞觀之治論集》，陝西：陝西人民出版社，1982。

19. 錢穆，《中國史學名著》，臺北：三民書局，2006。

20. 錢穆，《兩漢經學今古文平議》，臺北：東大，2003。

21. 錢穆，《國史大綱》，北京：商務印書館，1996。

22. 錢穆，《經學大要》，臺北：蘭臺出版社，2000。

23. 錢鍾書，《管錐編》，北京：中華書局，1986，第四冊。

24. 謝保成，《隋唐五代史學》，廈門：廈門大學出版社，1995。

25. 瞿林東，《中國史學史綱》，北京：北京出版社，1999。

26. 瞿林東，《唐代史學論稿》，北京：北京師範大學出版社，1989。

27. 譚獻著，范旭侖整理，《復堂日記》，石家庄：河北教育出版社，2000。

28. 嚴紹璗，《日本藏漢籍珍本追踪紀實：嚴紹璗海外訪書志》，上海：上海古籍出版社，2005。

29. 嚴紹璗，《日藏漢籍善本書錄》，北京：中華書局，2007。

30. 嚴紹璗，《漢籍在日本的流布研究》，南京：江蘇古籍出版社，1992。

二、期刊與會議論文

1. 〔日〕石濱純太郎〈群書治要の史類〉，收錄於《東洋學叢編》第一冊。

2. 余洪波、劉余莉：〈《群書治要》中的觀人之法〉，《領導科學》，2014 年 06 期。

3. 吳金華，〈略談日本古寫本《群書治要》的文獻學價值〉，《文獻季刊》，2003 年 7 月第 3 期。

4. 吳金華，〈略談日本古寫本《群書治要》的文獻學價值〉，《文獻季刊》，2003 年第 3 期。

5. 呂效祖，〈《群書治要》及中日文化交流〉，《渭南師專學報》，1998 年第 6 期，頁 22～25。

6. 宋維哲，〈《群書治要》引經述略〉，《有鳳初鳴年刊》2 期，2006，頁 147～160。

7. 周勵，〈千古奇書《群書治要》涅槃重生〉，《西部大開發》，2012 年 07 期。

8. 林溢欣，〈從《群書治要》看唐初《孫子》版本系統——兼論《孫子》流傳、篇目次序等問題〉，《古籍整理研究學刊》，2011 年 03 期。

9. 林溢欣，〈從日本藏卷子本《群書治要》看《三國志》校勘及其版本問題〉，《中國文化研究所學報》53 期，2011，頁 193～216。

10. 胡曉利，〈試論《群書治要》中官吏清廉的生成機制〉，《吉林師範大學學報》，2013 年 9 月第 5 期。

11. 耿振東，〈淺談《群書治要》、《通典》、《意林》對《管子》的輯錄〉，《湖南學院學報》，2009 年 03 期。

12. 張蓓蓓，〈《金樓子》榷論〉，《何佑森先生紀念論文集》，頁 89～120。

13. 張蓓蓓，〈唐修《晉書》論衡〉，《中國古典文學與文獻學研究》第四輯，頁 323～364。

14. 張蓓蓓，〈略論中古子籍的整理——從嚴可均的工作談起〉，《漢學研究》32 卷第 1 期，頁 39～72。

15. 劉余莉、谷文國，〈《群書治要》的得人之道〉，《理論探索》，2014 年 04 期。

16. 劉余莉、谷文國，〈《群書治要》論用人大忌〉，《中共貴州省委黨校學報》，2014 年 03 期。

17. 劉余莉、劉紅利，〈《群書治要》論奢靡之害〉，《中共中央黨校學報》，2014 年 02 期。

18. 劉余莉、劉紅利，〈民貴君輕 富而後教——《群書治要》民本思想研究〉，《中共貴州省委黨校學報》，2013 年 05 期。

19. 劉佩德，〈《群書治要》、《說郛》所收《鬻子》合校〉，《管子學刊》，2014年04期。

20. 劉廣普、康維波，〈《群書治要》中的用人思想初探〉，《山東農業大學學報》，2014年04期。

21. 劉廣普、康維波，〈《群書治要》的治政理念研究〉，《理論觀察》，2014年11期。

22. 劉廣普、康維波，〈《群書治要》的農業思想研究〉，《理論觀察》，2014年12期。

23. 潘銘基，〈「昭德塞違，勸善懲惡」——論《群書治要》所引先秦諸子與治國之道〉，《諸子學刊》，2014年02期。

24. 盧華語，〈論魏徵的史學思想〉，《西南師範大學學報》，1998年04期。

25. 謝保成，〈論魏徵與《隋書》的進步歷史觀〉，《華南師範大學學報》，1986年第1期。

26. 鍾焓，〈《黃石公三略》西夏譯本注釋來源初探——以與《群書治要》本注釋的比較爲中心〉，《寧夏社會科學》，2007年05期。

27. 韓星，〈《群書治要》的治道思想及其當代意義〉，《觀察與思考》，2014年11期。

28. 韓麗華，〈《群書治要》修身治國、爲政以德的德治思想探析〉，《太原理工大學學報》，2014年04期。

29. 韓麗華，〈聖賢教育拯救危機——《群書治要》的聖賢教育思想與民族復興中國夢〉，《江南大學學報》，2014年04期。

30. 瞿林東，〈魏徵政論的歷史底蘊〉，《北京師範大學學報》，2012年第5期，頁85～93。

三、學位論文

1. 王維佳，《〈群書治要〉的回傳與嚴可均的輯佚成就》，復旦大學碩士論文，2013。

2. 吳剛，《從〈群書治要〉看貞觀君臣的治國理念》，陝西師範大學碩士論文，2009。

3. 沈芸，《古寫本〈群書治要‧后漢書〉異文研究》，復旦大學博士論文，2010。

4. 辛向勇，《唐人的隋史觀研究》，上海師範大學碩士論文，2010。

5. 周少文，《〈羣書治要〉研究》，國立台北大學碩士論文，2007。

6. 金光一，《〈群書治要〉研究》，復旦大學博士論文，2010。

7. 孫鑫，《〈隋書〉史論研究》，安徽大學碩士論文，2010。

8. 梁瑞，《淺論魏徵的儒學思想及其實踐》，雲南師範大學碩士論文，2006。

9. 羅彤華，《貞觀之治與儒家思想》，臺北：師大史研所，1984。

附　錄
《羣書治要・晉書》摘引來源探討

　　《治要・晉書》二卷以臧榮緒《晉書》爲底本。此說法先由清代張聰咸提出，後經胡適考定。〔註 1〕胡氏運用的材料是《黃氏逸書考》；其實從清湯球輯臧榮緒《晉書》、唐修《晉書》與《治要・晉書》的對照中，亦可發現一些跡象，可以作爲《治要・晉書》本於臧書的佐證。

（一）《治要》「晉書」二卷摘引來源的推論

　　《治要》卷 29、卷 30《晉書》，阮元謂此二卷「尚爲未修《晉書》以前十八家中之舊本」，至於究爲十八家中之何本，則未明言。然魏徵〈治要序〉既謂《治要》之作乃「採摭群書」而成，則《晉書》二卷必有典籍之依據，而非杜撰。

　　今問此二卷是否只據一種《晉書》？觀此兩卷，正文之下有雙行小字夾注，夾注內容則爲他本《晉書》的引文，計有三種：一爲孫盛《晉陽秋》，如武皇帝紀「泰始五年」下引「孫盛《陽秋》云」，陸機傳下引「孫盛《陽秋》載機〈五等論〉曰」；二爲干寶《晉紀》，如武皇帝紀「太康元年」下引「干寶《紀》云」，惠皇帝紀末引「干寶《紀》云史臣曰」；三爲習鑿齒《漢晉陽秋》，如劉毅傳中引「習鑿齒《陽秋》曰」。《治要》既將他本《晉書》內容標於注中，可知正文當只據一種《晉書》爲底本，再加剪裁。

〔註 1〕　詳見金光一：《〈群書治要〉研究》第五章〈《群書治要》所存佚書略考〉「一、臧榮緒《晉書》」，頁 83。

　　再問此一底本所指爲何？《治要》「晉書」二卷分有「紀」、「后妃傳」、「傳」、「刑法志」、「百官志」等部分，則所據當爲紀傳體之正史。《隋書‧經籍志》史部「正史」類下，有《晉書》八種，其中，唐存卷數最多者，有晉王隱《晉書》（本九十三卷，唐存八十六卷）、宋何法盛《晉中興書》（七十八卷全存）、齊臧榮緒《晉書》（一百一十卷全存）。然王隱書以西晉爲限，何法盛書以東晉爲始，唯有臧榮緒書「集東西二史，合成一書」（《史通‧外篇‧古今正史》），最爲完備。是以臧書雖被太宗批評「煩而寡要」（〈修晉書詔〉），仍舊爲唐修《晉書》之底本（《舊唐書‧房玄齡傳》）。《治要》「晉書」二卷所據，極可能爲臧榮緒《晉書》。

（二）《治要》「晉書」二卷本於臧榮緒《晉書》的證據

　　除了從各本《晉書》之朝代斷限、存佚情形推論之外，尚有其他線索可以依循。湯球有〈臧榮緒晉書輯說〉，文中說明臧榮緒《晉書》的特色：

> 究而審之，如言諸帝之事，不稱某帝而稱某祖、某宗；列傳諸人，
>
> 祇稱某郡人，不稱某郡某縣人之類，其體例多同。〔註2〕

並以爲後人於書中引《晉書》，或不標名，但據此等特點即可判斷爲臧榮緒《晉書》。湯氏所以言此，來自大範圍輯佚諸家書之所識得，其言可信。檢視《治要》29、30兩卷，也的確可以發現這樣的特點，而與唐修《晉書》等不同。所謂「言諸帝之事，不稱某帝而稱某祖、某宗」者，《治要》於表明傳主身分時仍用「諸帝」，觀諸帝紀與宗室諸王、太子等傳，莫不如此，如：

> 武皇帝諱炎，字安世，文帝太子也。
>
> 愍懷太子遹，字熙祖，惠帝長子也。
>
> 高密王泰字子舒，宣帝弟馗之子也。

然而記「事」之敘述，則確然「不稱某帝而稱某祖、某宗」，此較之唐修《晉書》，差異甚爲明顯。如：

> 劉寔字子眞，平原人也。**太祖**引參相國軍事。
>
> （唐修《晉書》作：參文帝相國軍事。）
>
> 段灼字休然，敦煌人也。爲鄧艾鎮西司馬，徵拜議郎。**世祖**即位，
>
> 灼上書追理艾曰……

〔註2〕　〔清〕湯球：《九家舊晉書輯本》，收於《新校本晉書并附編六種》（台北：鼎文，1976），第五冊，頁1，〈臧榮緒晉書輯說〉。

（唐修《晉書》作：武帝即位，灼上疏追理艾曰……）

其例頗多，姑不備舉。又所謂「列傳諸人，祇稱某郡人，不稱某郡某縣人之類」，亦爲一特色。觀《治要》所錄之傳，清一色皆「祇稱某郡人」，不如唐修《晉書》之詳。略舉數例：

劉毅字仲雄，東萊人也。（唐修《晉書》作：劉毅字仲雄，東萊掖人。）

吳隱之字處默，濮陽人也。（唐修《晉書》作：吳隱之字處默，濮陽鄄城人。）

上述兩點，爲湯氏所舉臧榮緒《晉書》之體例，與《治要》對照，則可發現《治要》忠實地反映這個現象，由此可以判斷《治要》「晉書」兩卷應本於臧榮緒《晉書》。

更有一現象值得注意。《治要・晉書》兩卷錄有「刑法志」、「百官志」二部分，「百官志」下只有一條：

中書郎李重以爲等級繁多，在職不得久，又外選輕而內官重，以使風俗大弊，宜釐改重外選、檢階級、使官人。議曰……

今檢唐修《晉書・職官志》，查無此條，而〈職官志〉皆爲晉代中央、地方各級官職的介紹，不見相關論議；再檢〈李重傳〉，曰：

于時內官重，外官輕，兼階級繁多，重議之，見〈百官志〉。

此與《治要》所錄，顯爲一事，唯《晉書》既曰「見〈百官志〉」，自然未錄其文。兩相對照則可發現：一、唐修《晉書》雖稱「見〈百官志〉」，然唐修《晉書》本身卻只有〈職官志〉而無〈百官志〉，此處明顯是作書時操之過急，直接從所據底本寫錄而未加檢核，一時大意所造成的疏漏。二、此處雖爲疏漏，卻顯示了唐修《晉書》必然有一依據的底本。《舊唐書・房玄齡傳》載唐修《晉書》之事，稱「以臧榮緒《晉書》爲主」，則此處「見〈百官志〉」之語，推測應該是本臧書而來，可惜湯球輯本未輯得「百官志」，未能提供進一步確證。三、回過頭來看《治要》，其「百官志」下引李重之議，恰恰補足了唐修《晉書・李重傳》之闕。則《治要・晉書》「百官志」下收錄李重論議，亦可支持《治要》「晉書」二卷以臧榮緒《晉書》爲底本的說法。

（三）《治要》「晉書」二卷與唐修《晉書》的比較

由以上推論可知，《治要》卷 29、卷 30，從體例、內容等方面，皆明顯反映出臧榮緒《晉書》的面貌，則其固本於臧榮緒《晉書》，又尊重原文。明

乎此，則將《治要》與唐修《晉書》對照，又可反映出一些現象：

上文提及《治要》錄有「刑法志」、「百官志」。「刑法志」下有三條，其中，「廷尉劉頌表曰」以下所引之表，及「衛展字道舒，河東人也。遷大理，上書曰」以下所引，包含衛展之上書、中宗元帝之詔令、王導等之議，皆為刑法相關之討論，唐修《晉書》錄其全文於〈刑法志〉；唯「侍中臣顗言」〔註3〕一條，不見於唐修《晉書》。「刑法志」與上引「百官志」狀況不同。觀唐修《晉書》，衛展無傳，而〈劉頌傳〉有「又論肉刑，見〈刑法志〉」一語，而實見諸〈刑法志〉中。可見唐修《晉書》之底本——臧榮緒《晉書》——本來或將相關論議置諸「志」中，至唐代重修《晉書》，有所調整，但並不全面。唐修《晉書》〈百官志〉將論議移除，應當是調整後的結果；〈刑法志〉保留論議，且較《治要》所引更為完整，顯然一仍臧書之例而僅略加刪改。

同理，比較《治要》之「紀」與唐修《晉書》之〈帝紀〉，亦可觀察出唐修《晉書》於臧書調整的痕跡。《治要》之「紀」除載帝王之詔令、行事之外，更有朝臣之言論、上書，如「惠皇帝紀」載永平九年將賜死愍懷太子事，引「司空張華曰」、「尚書僕射裴頠曰」，至免太子為庶人、幽於金墉城，又引永康元年「前西夷校尉司馬閻纘輿棺詣闕上書曰」，考唐修《晉書·孝惠帝紀》，於永平九年只載：「秋八月，以尚書裴頠為尚書僕射。……十二月壬戌，廢皇太子遹為庶人，及其三子幽于金墉城，殺太子母謝氏。」於永康元年亦只記：「三月，尉氏雨血，妖星見于南方。癸未，賈后矯詔害庶人遹于許昌。」而張華、裴頠之言，見於〈張華傳〉，閻纘之上書，見於〈閻纘傳〉。《治要》「成皇帝紀」引「集書令史夏侯盛表曰」，觀唐修《晉書·成帝紀》，只載「（咸和七年）秋七月丙辰，詔諸養獸之屬，損費者多，一切除之。」且唐修《晉書》似不見有夏侯盛一人，〔註4〕遑論其表。

唐太宗詔重修《晉書》，斥臧榮緒《晉書》「煩而寡要」，觀臧榮緒《晉書》諸「紀」，既錄帝王行事、詔令，又錄臣子書表，篇幅之巨可以想見，然其枝蔓繁雜，對讀者而言恐難切其要領。相較之下，唐修《晉書》之〈帝紀〉則

〔註3〕顗，《治要》作「顧」，據嚴可均校改。嚴可均《全晉文》卷33輯錄裴頠〈上言刑法〉一文，即自《治要》輯得。於此文之末，嚴可均注云：「《羣書治要》二十九引《晉書·刑法志》『侍中臣顗言』。案：『顧』字乃『顗』字之誤。」見《全上古三代秦漢三國六朝文》（北京：中華書局，1958），頁1647。

〔註4〕於張忱石編：《晉書人名索引》（北京：中華書局，1977），查無夏侯盛。

極爲精簡，此當是承太宗之意，於帝紀刪其煩蕪，故將朝臣之語各移入其本傳。〈百官志〉移除相關論議，應亦有刪繁之意，與〈帝紀〉相似。然諸〈志〉之間，體例不一，故〈百官志〉雖將論議刪略，〈刑法志〉卻仍保留原貌；且〈志〉、〈傳〉取捨標準不一，是以李重論內外官與階級之重要文章，竟爲唐修《晉書》遺落。

　　唐修《晉書》雖「以臧榮緒《晉書》爲主」，然亦「參考諸家」（《舊唐書・房玄齡傳》）。清吳士鑑《晉書斠注・序》云：

　　　李唐初葉十八家之史，存者無幾。虞、朱、謝、蕭諸家，見於《書鈔》、《類聚》、《御覽》者，不及王、何、臧三家之多。故唐臣載筆，頗采三家，而亦時有同異。干、鄧、徐、曹諸《紀》，取材更尠。惟孫氏《陽秋》評騭人物，列傳每依據之。若夫瑣語碎事，則劉義慶、郭澄之、裴啓之書參互錯綜，畧有耑緒。

是知唐修《晉書》就底本而言，除臧書外，亦自王隱《晉書》、何法盛《晉中興書》等處取材，資料較爲豐富，可參考之材料既多，於底本（臧書）的改動亦較大。無論從細處體例、或從大處如文章之取捨搬移，都可以看出，《治要》「晉書」二卷與唐修《晉書》，雖皆以臧榮緒《晉書》爲底本，然《治要》較唐修《晉書》更忠於臧書原文。

　　《治要》之成書，畢竟有其政治上勸戒訓範的目的，故其雖本臧書，時亦略加修改，斟酌字句之增刪，以強化懲勸褒貶之旨意。如「后妃傳」載賈后故事，唐修《晉書》尚稱「惠賈皇后」，《治要》卻直呼「惠賈庶人」。案，王隱《晉書》似已有「賈庶人」之稱，見於被賈后所害之「武悼楊皇后」傳，〔註5〕賈后本傳仍題曰「惠賈皇后」，傳中稱之爲「賈妃」、「賈后」。《治要》則直接使用「庶人」一詞，貶斥之意甚顯。又如「陶侃傳」：

　　　陶侃字士行，廬江人也。爲荊州刺史，政刑清明，惠施均洽，故楚郢士女莫不相慶。引接疎遠，門無停客。常語人曰：「大禹聖者，乃惜寸陰；至於眾人，當惜分陰。豈可逸遊荒醉，生無益於時，死無聞於後？是自棄也。」諸參佐或以談戲廢事者，乃命取蒲博之具，悉投之于江，吏將則加鞭朴，曰：「樗蒲者，牧奴戲耳。老莊浮華，

〔註5〕 此條下有湯球注曰：「《御覽》百三十八稱《晉書・后妃列傳》，案與《晉書》不同，蓋即引王隱書，故錄於此。又案此傳亦見於《御覽》百四十九，作〈晉后妃別傳〉。」（同注6，頁244～245）

> 非先王之法言，不可行也。君子當正其衣冠，攝其威儀，何有亂頭
> 養望，自謂宏達邪？」於是朝野用命，移風易俗。

勸珍惜分陰、斥老莊浮華，陶侃「望非世族，俗異諸華」（唐修《晉書》史臣
曰）的形象可見一斑。唐修《晉書》亦載此言，字句幾同，然史贊則多頌其
戮力勤王之功。《治要》於傳末所謂「於是朝野用命，移風易俗」者，未見於
唐修《晉書》，蓋由陶侃自身之勤儉風格而發，應出於《治要》編者之手，恰
可反映《治要》所重視、強調而欲廣行天下的價值。

結　語

　　湯球《九家舊晉書輯本》，輯得臧榮緒《晉書》十七卷、補遺一卷，然
所輯內容可與《羣書治要》參照者並不多。雖則如此，透過《治要》、唐修
《晉書》、臧榮緒《晉書》的對照，從體例與所錄文章之取捨編排上觀察，
仍可得出《治要·晉書》二卷確以臧榮緒《晉書》為本的結論。且將《治要》
與唐修《晉書》相參照，則可見《治要》更尊重臧書原文。《治要》有益政
道的目的，亦從字句斟酌增刪之間表出，直截顯明懲勸之旨，強化褒貶立場。
《治要·晉書》二卷，從文獻來看，相當程度留存了臧榮緒《晉書》的珍貴
線索；從歷史來看，則反映了貞觀初年君臣以史為鑑、積極的勵治態度。